ALICE
IM WUNDERLAND

Manga Classic Literature: Alice in Wonderland by Lewis Carroll

Text und Zeichnungen: Suk-Il Eo

Übersetzung aus dem Koreanischen: Renate Seo
Redaktion und Lektorat: Daniel Fischer
Satz: Noch & Noch, Datteln
Gesamtherstellung: Ullmann Medien GmbH, Rolandsecker Weg 30, 53619 Rheinbreitbach

ISBN 978-3-7415-2794-4

10 9 8 7 6 5 4 3 2 1

www.ullmannmedien.com

MANHWA – Klassiker für Kids

ALICE IM WUNDERLAND

Original: Lewis Carroll • Text und Zeichnungen: Suk-Il Eo

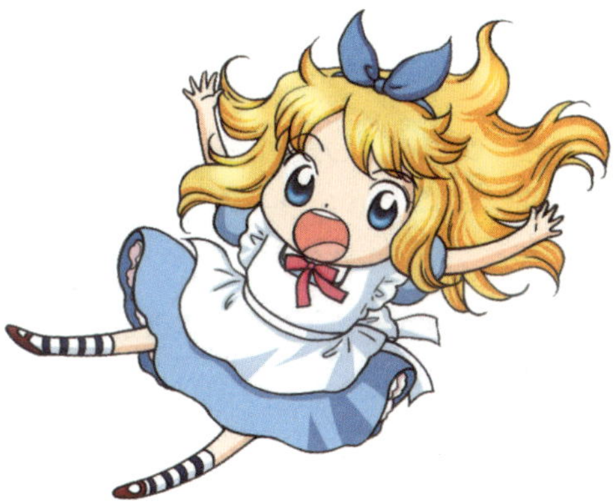

ULLMANN

Die Figuren

Alice
앨리스

ist ein neugieriges Mädchen, das beim Spazierengehen mit ihrer großen Schwester über einen Kaninchenbau ins Wunderland gelangt, wo sie viele Abenteuer erlebt.

Das weiße Kaninchen
흰 토끼

ist ein Untergebener der Herzkönigin und verhält sich ängstlich und misstrauisch. Wegen ihm verirrt Alice sich ins Wunderland.

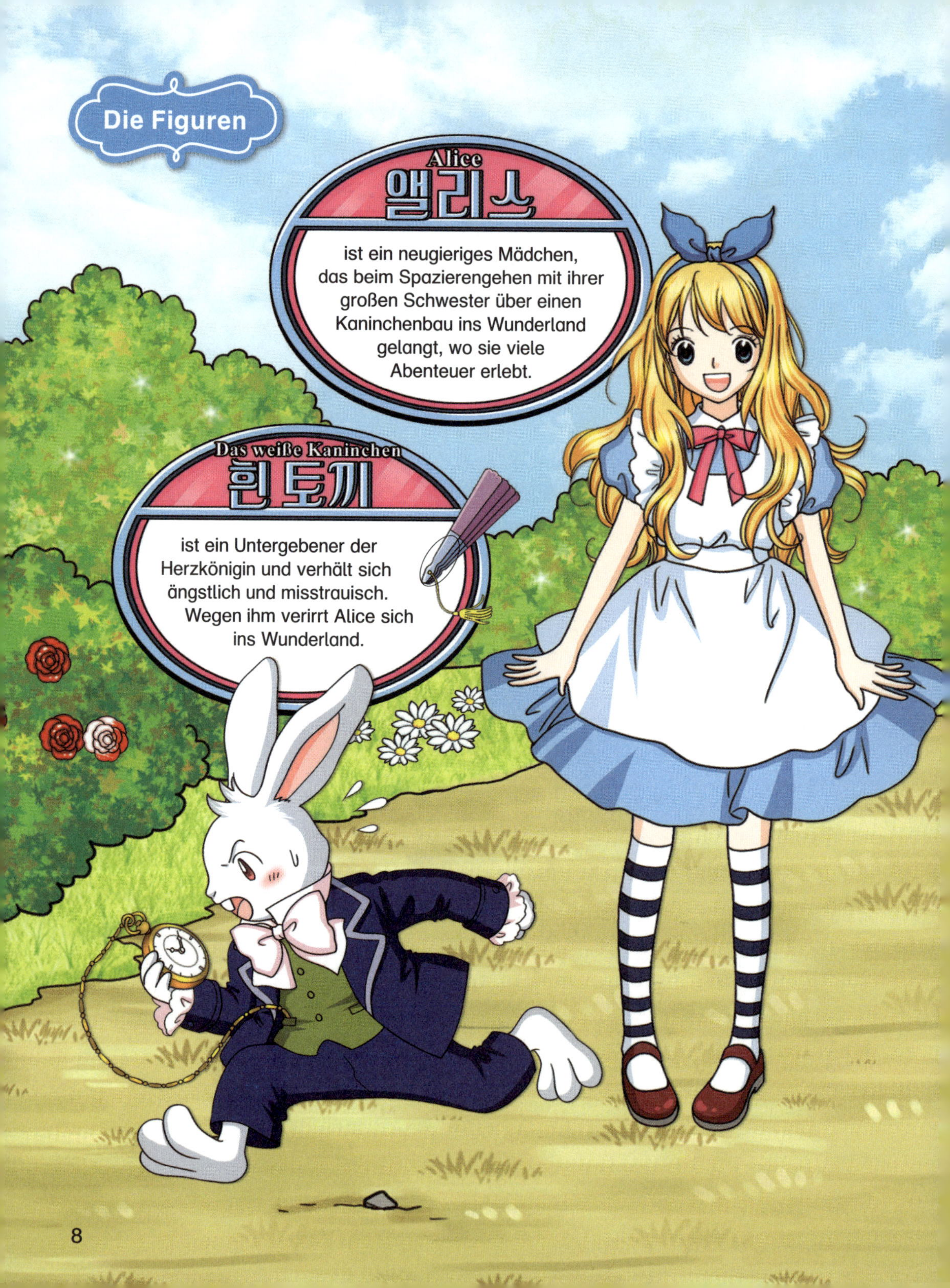

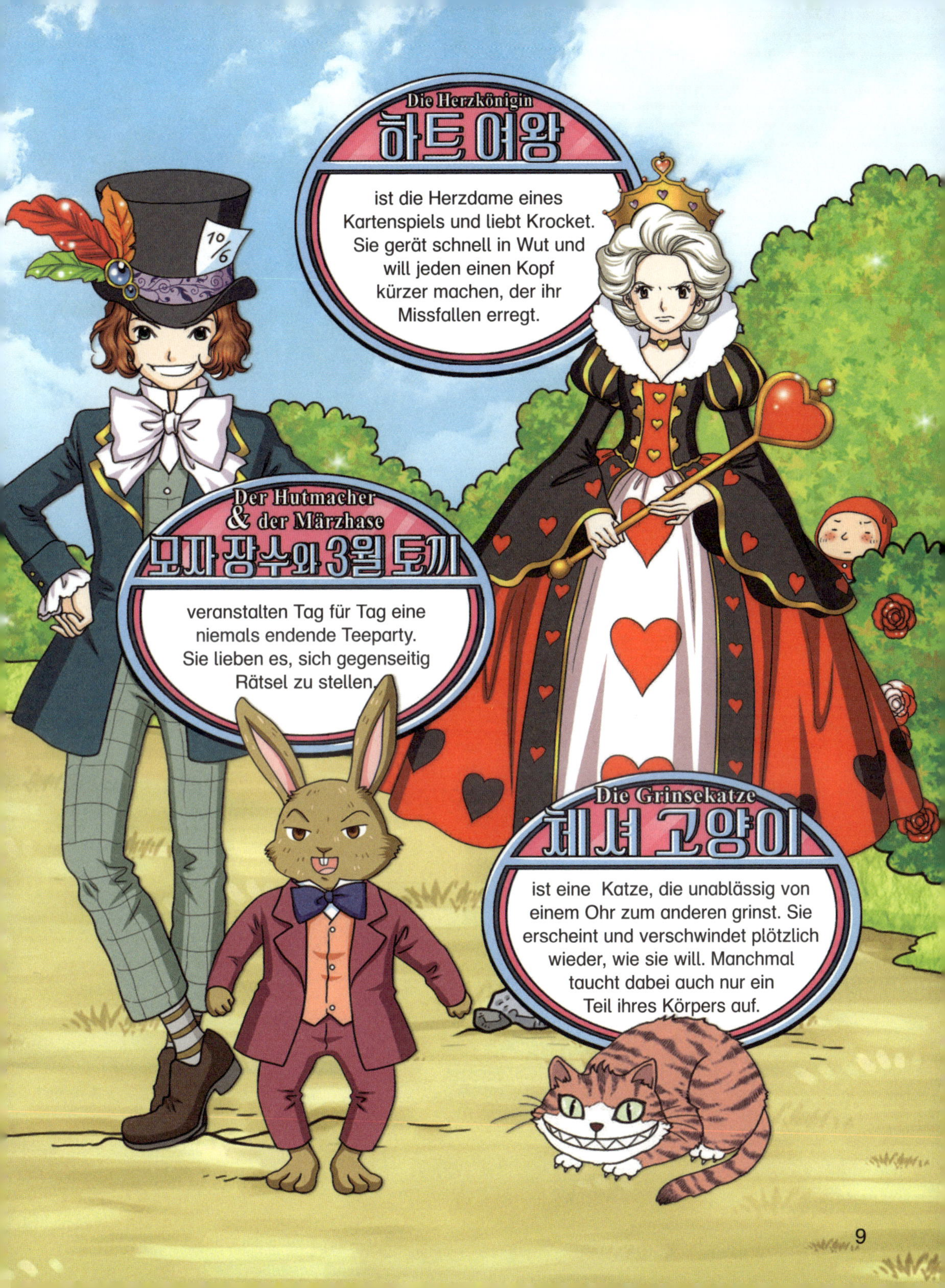
Die Herzkönigin
하트 여왕
ist die Herzdame eines Kartenspiels und liebt Krocket. Sie gerät schnell in Wut und will jeden einen Kopf kürzer machen, der ihr Missfallen erregt.
Der Hutmacher & der Märzhase
모자 장수와 3월 토끼
veranstalten Tag für Tag eine niemals endende Teeparty. Sie lieben es, sich gegenseitig Rätsel zu stellen.
Die Grinsekatze
체셔 고양이
ist eine Katze, die unablässig von einem Ohr zum anderen grinst. Sie erscheint und verschwindet plötzlich wieder, wie sie will. Manchmal taucht dabei auch nur ein Teil ihres Körpers auf.
10/6

Inhalt

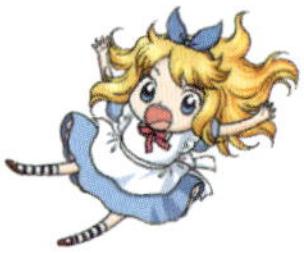

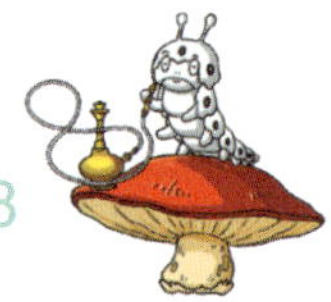

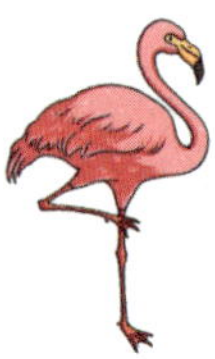

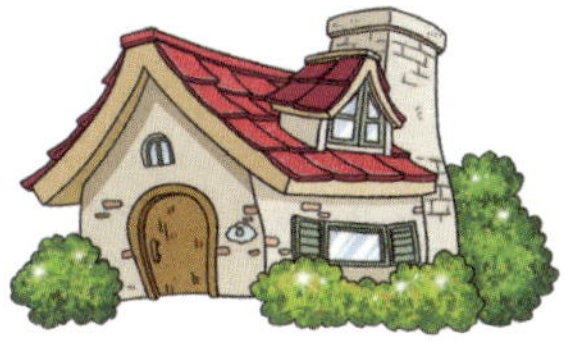

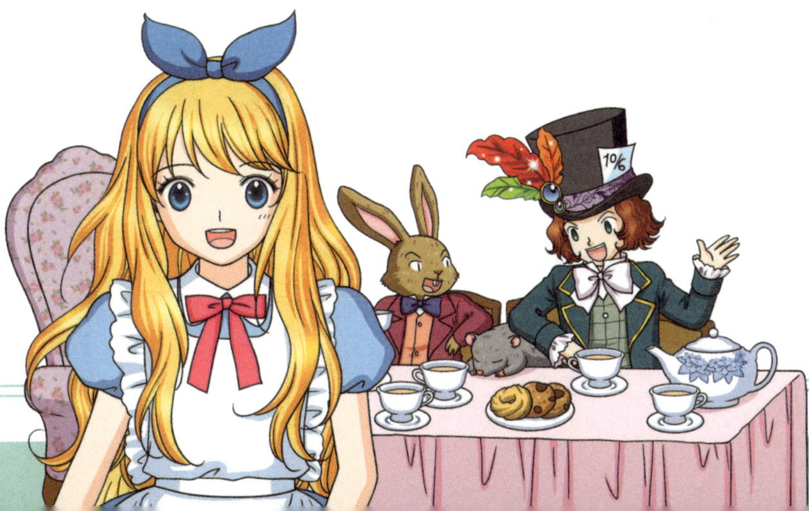

10/6

1. Kapitel

Hinein in den Kaninchenbau

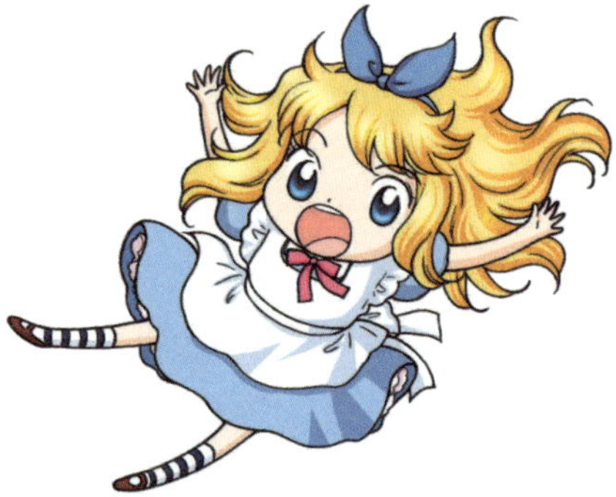

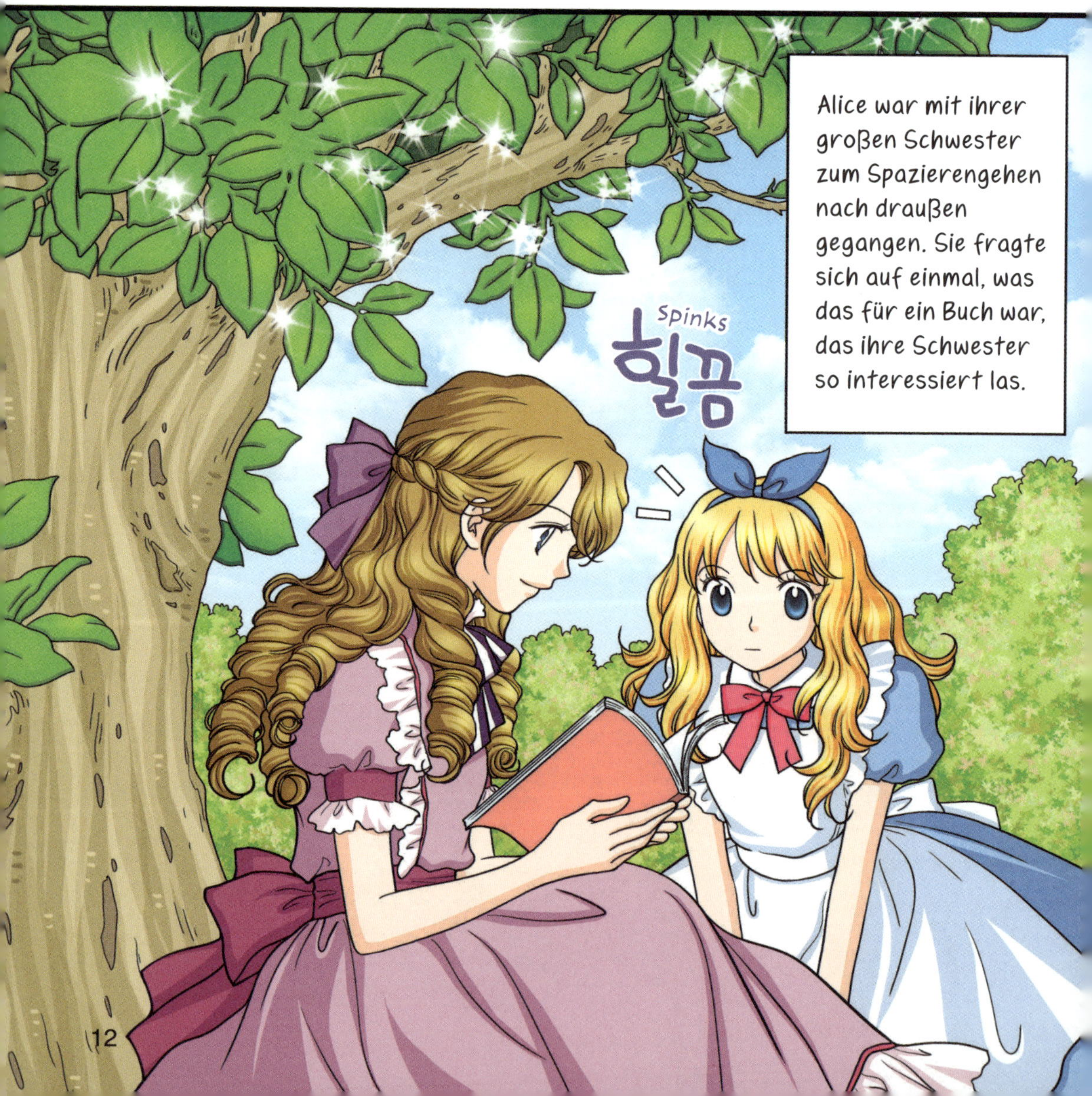

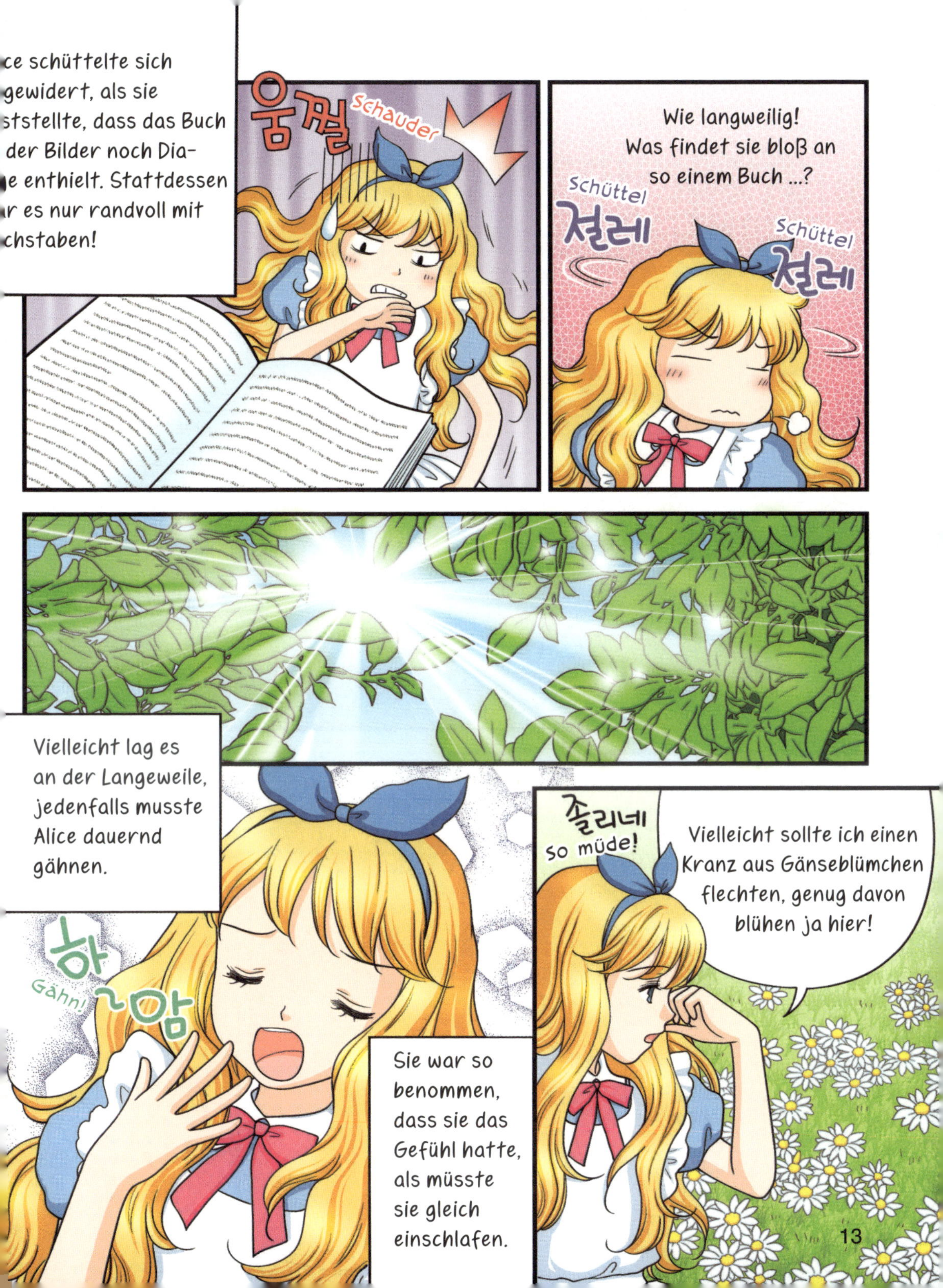
ce schüttelte sich
gewidert, als sie
tstellte, dass das Buch
der Bilder noch Dia-
e enthielt. Stattdessen
r es nur randvoll mit
chstaben!
움찔
Schauder
Wie langweilig!
Was findet sie bloß an
so einem Buch ...?
Schüttel
절레
Schüttel
절레
Vielleicht lag es
an der Langeweile,
jedenfalls musste
Alice dauernd
gähnen.
하
Gähn!
~암
Sie war so
benommen,
dass sie das
Gefühl hatte,
als müsste
sie gleich
einschlafen.
졸리네
So müde!
Vielleicht sollte ich einen
Kranz aus Gänseblümchen
flechten, genug davon
blühen ja hier!

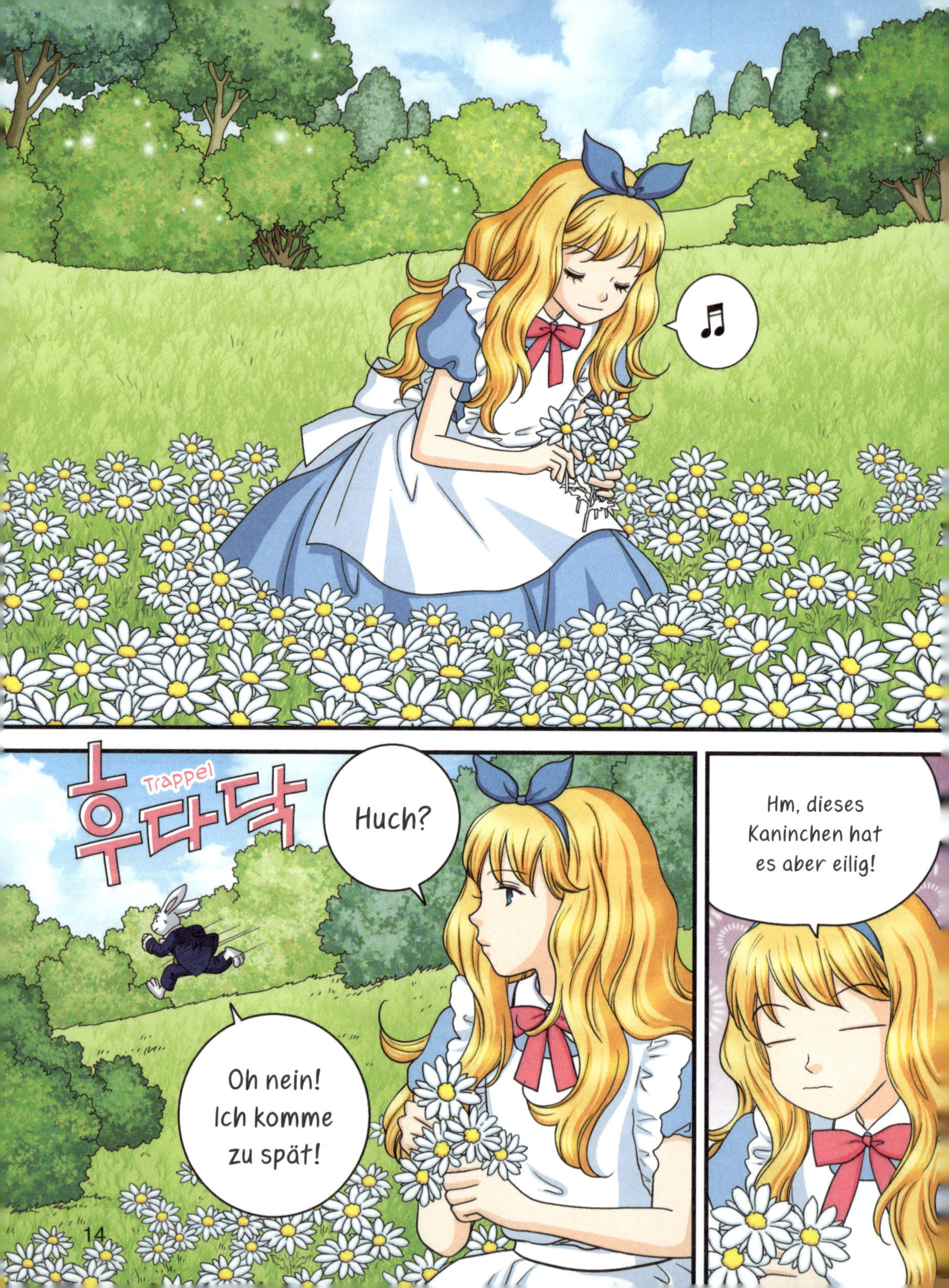
♫
후다닥
Trappel
Huch?
Oh nein! Ich komme zu spät!
Hm, dieses Kaninchen hat es aber eilig!

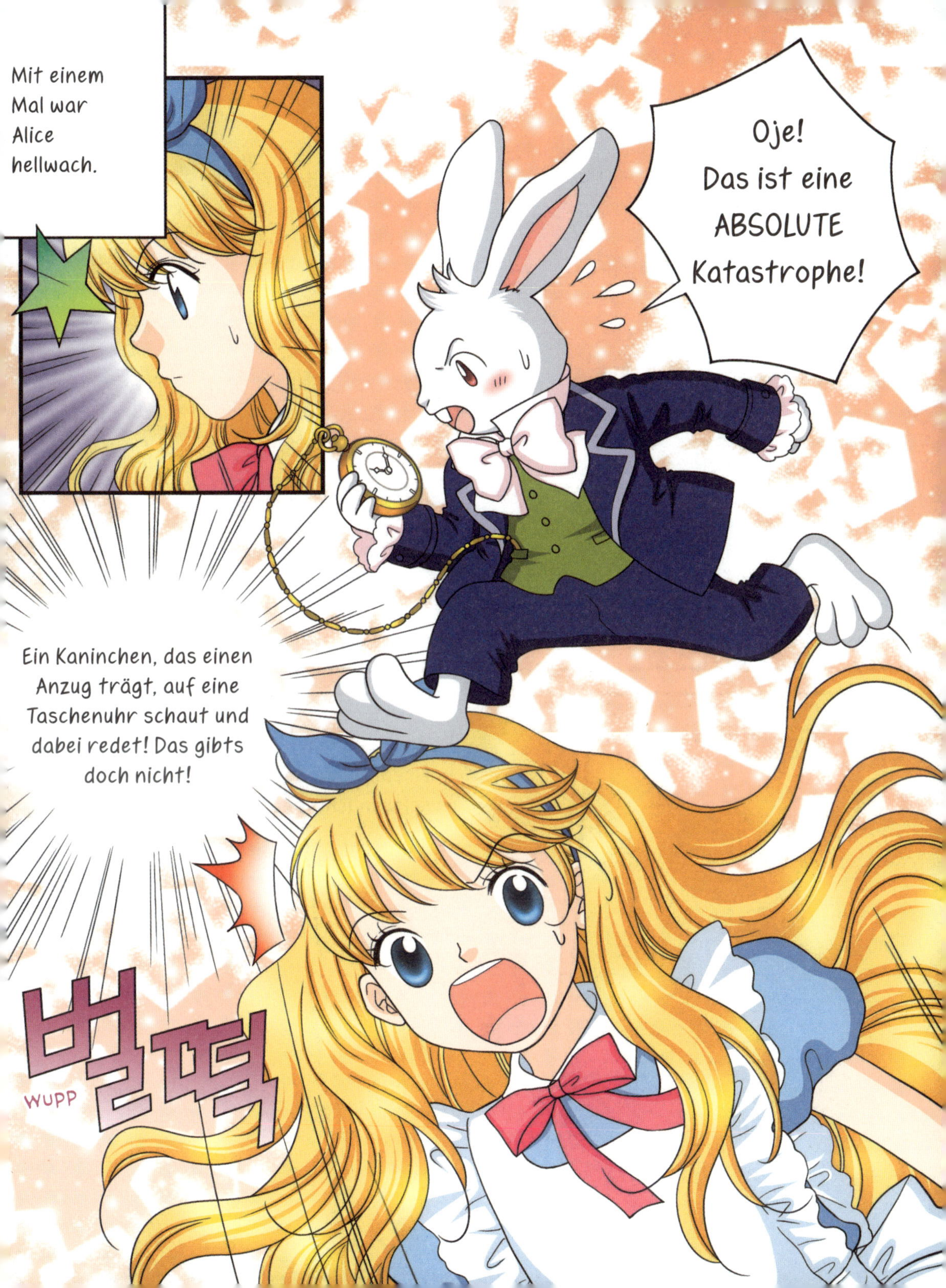

Mit einem Mal war Alice hellwach.
Oje! Das ist eine ABSOLUTE Katastrophe!
Ein Kaninchen, das einen Anzug trägt, auf eine Taschenuhr schaut und dabei redet! Das gibts doch nicht!
벌떡
WUPP

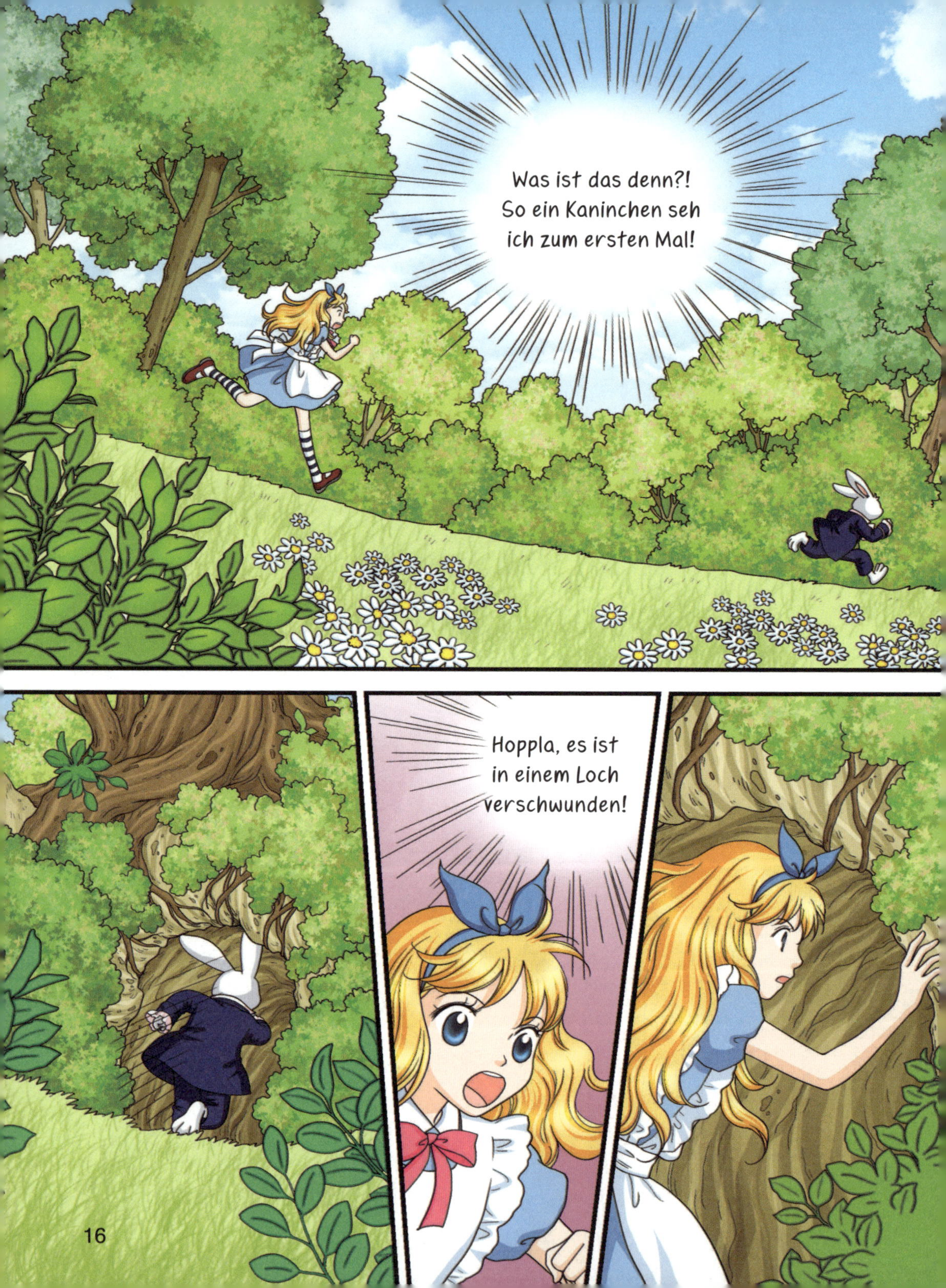
Was ist das denn?! So ein Kaninchen seh ich zum ersten Mal!
Hoppla, es ist in einem Loch verschwunden!

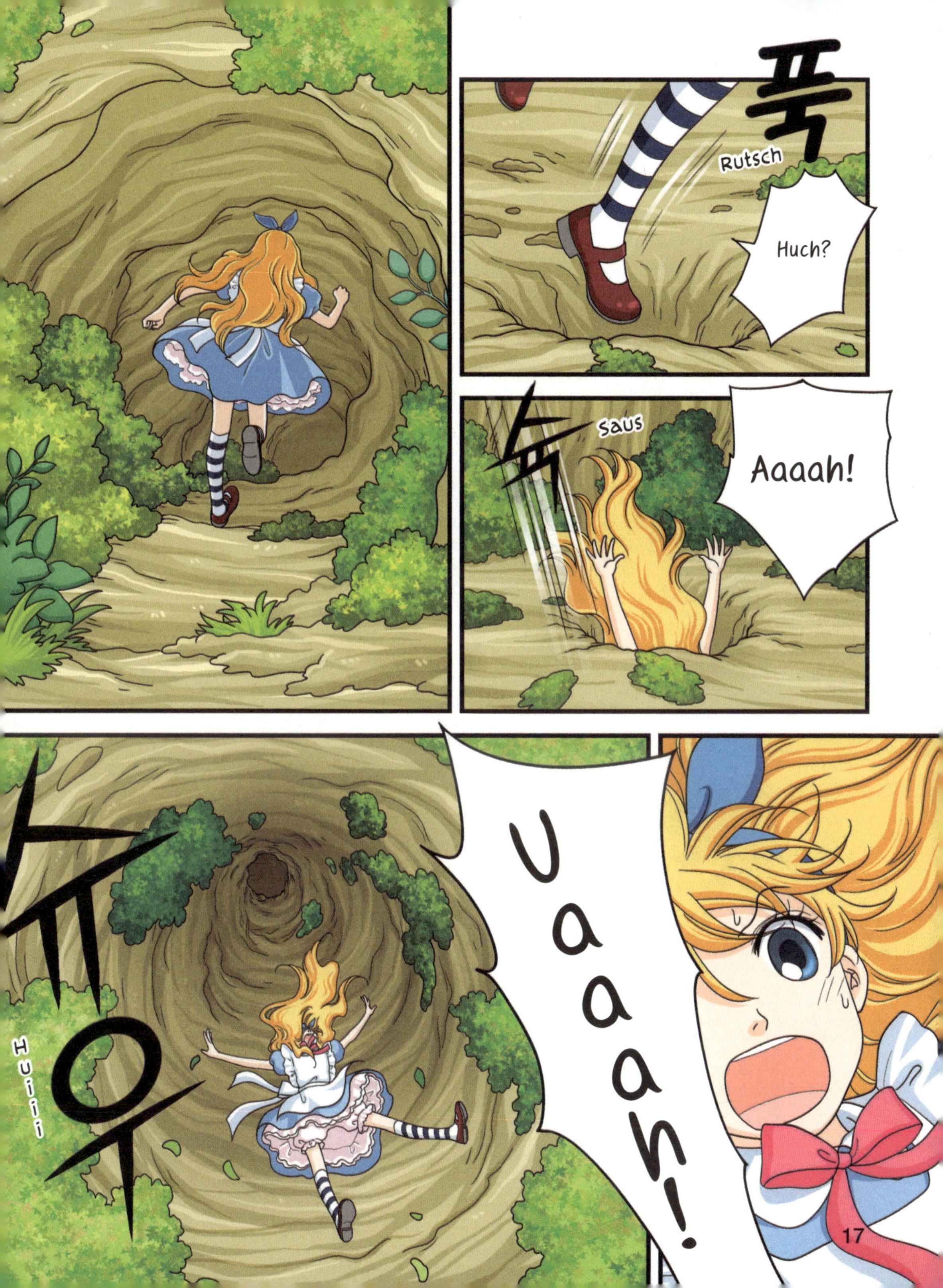

Rutsch
Huch?
Saus
Aaaah!
Huiii
Uaaah!

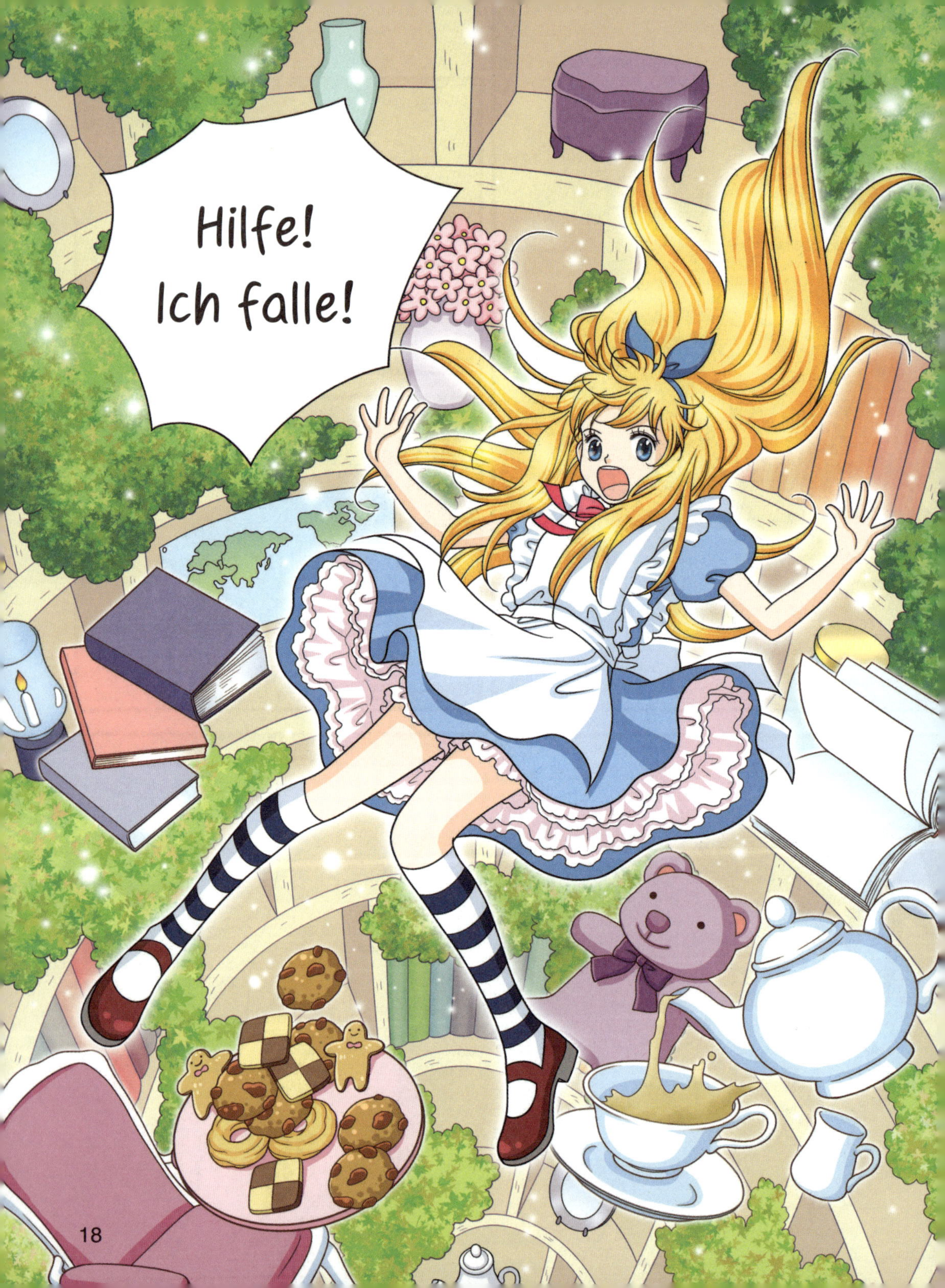
Hilfe!
Ich falle!

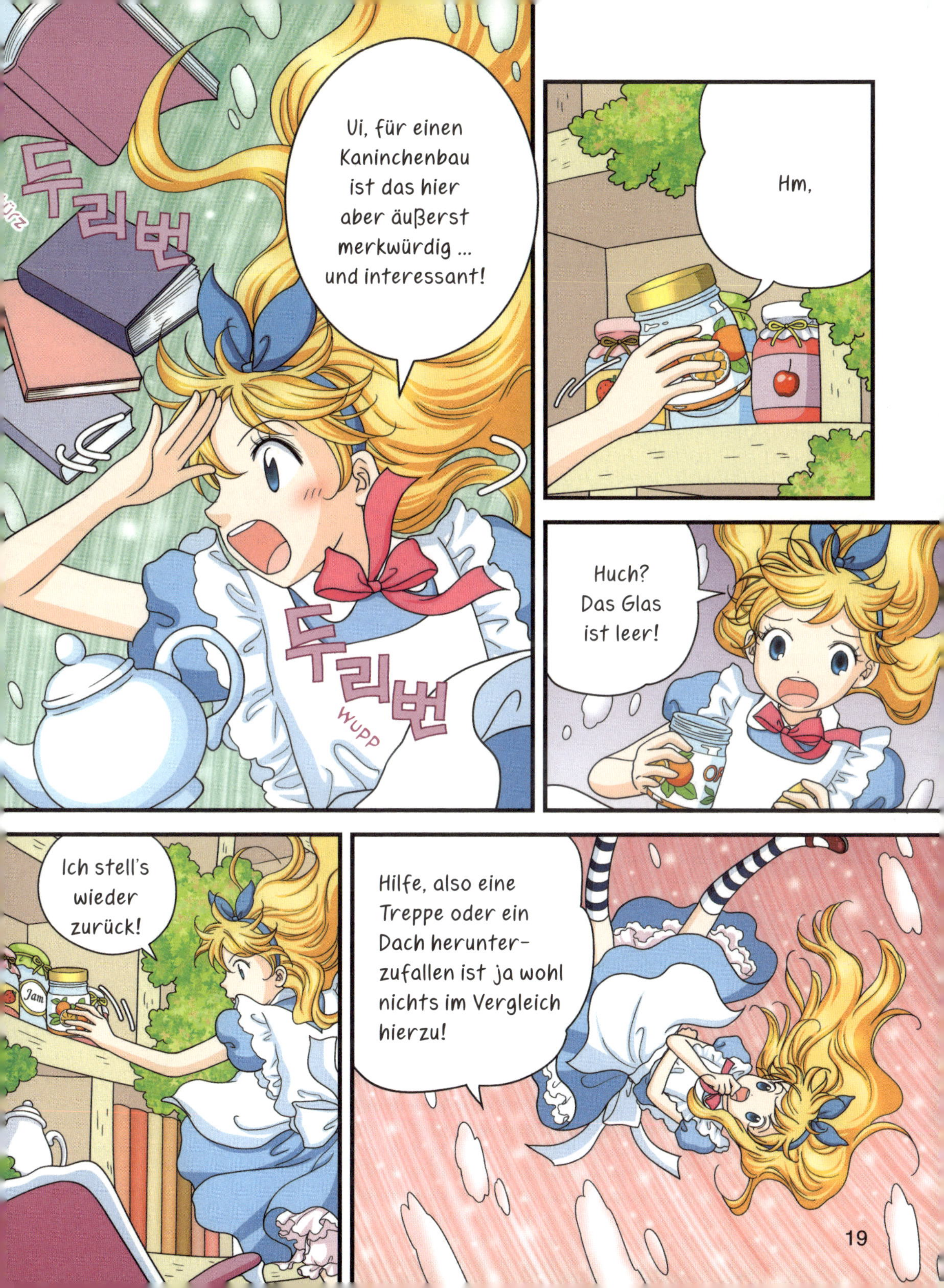
두리번
Ui, für einen Kaninchenbau ist das hier aber äußerst merkwürdig ... und interessant!
두리번
WUPP
Hm,
Huch? Das Glas ist leer!
Ich stell's wieder zurück!
Jam
Hilfe, also eine Treppe oder ein Dach herunter-zufallen ist ja wohl nichts im Vergleich hierzu!

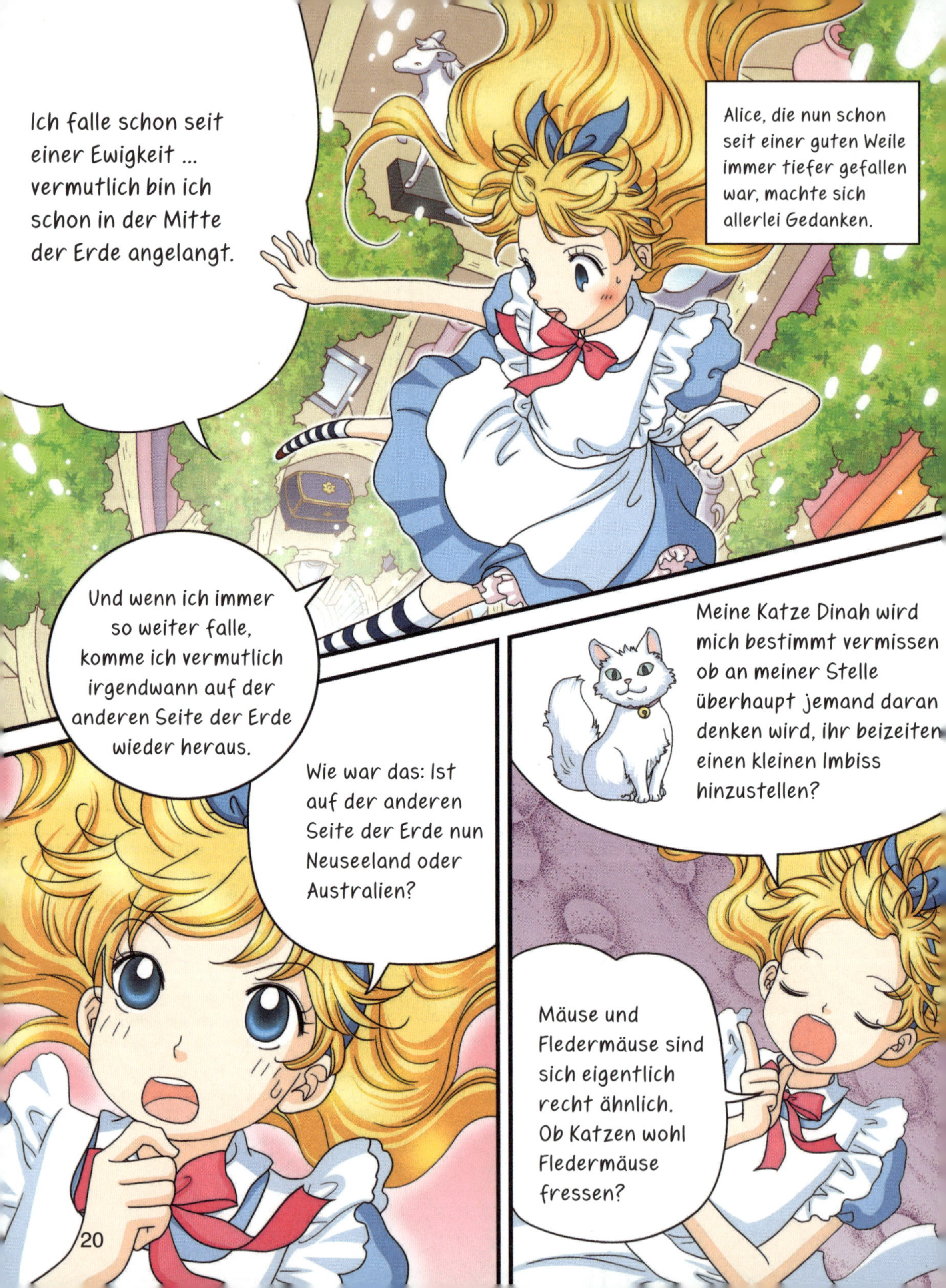
Alice, die nun schon seit einer guten Weile immer tiefer gefallen war, machte sich allerlei Gedanken.
Ich falle schon seit einer Ewigkeit ... vermutlich bin ich schon in der Mitte der Erde angelangt.
Und wenn ich immer so weiter falle, komme ich vermutlich irgendwann auf der anderen Seite der Erde wieder heraus.
Wie war das: Ist auf der anderen Seite der Erde nun Neuseeland oder Australien?
Meine Katze Dinah wird mich bestimmt vermissen ob an meiner Stelle überhaupt jemand daran denken wird, ihr beizeiten einen kleinen Imbiss hinzustellen?
Mäuse und Fledermäuse sind sich eigentlich recht ähnlich. Ob Katzen wohl Fledermäuse fressen?

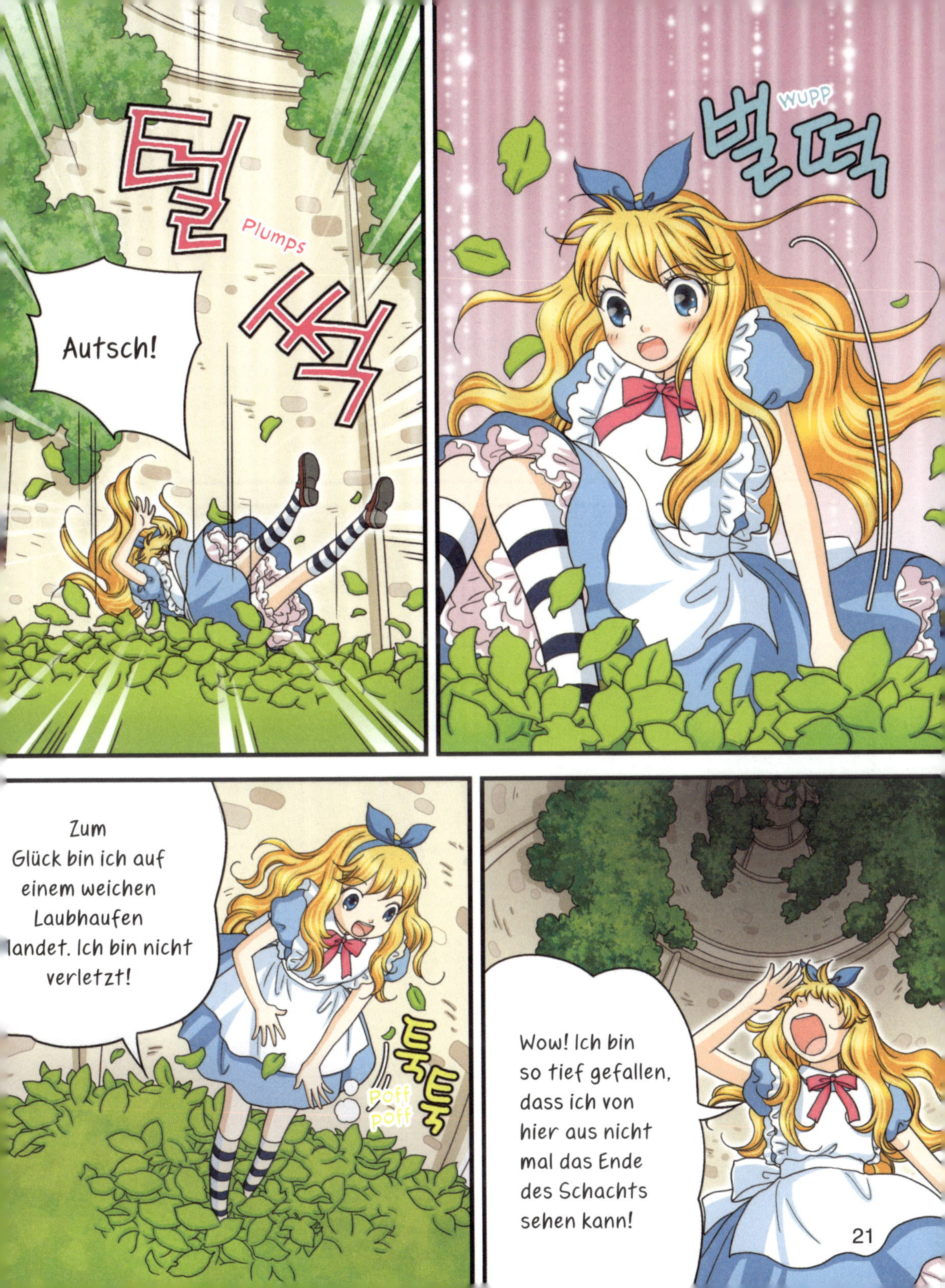
털썩
Plumps
Autsch!
벌떡
WUPP
Zum Glück bin ich auf einem weichen Laubhaufen landet. Ich bin nicht verletzt!
툭툭
Poff poff
Wow! Ich bin so tief gefallen, dass ich von hier aus nicht mal das Ende des Schachts sehen kann!

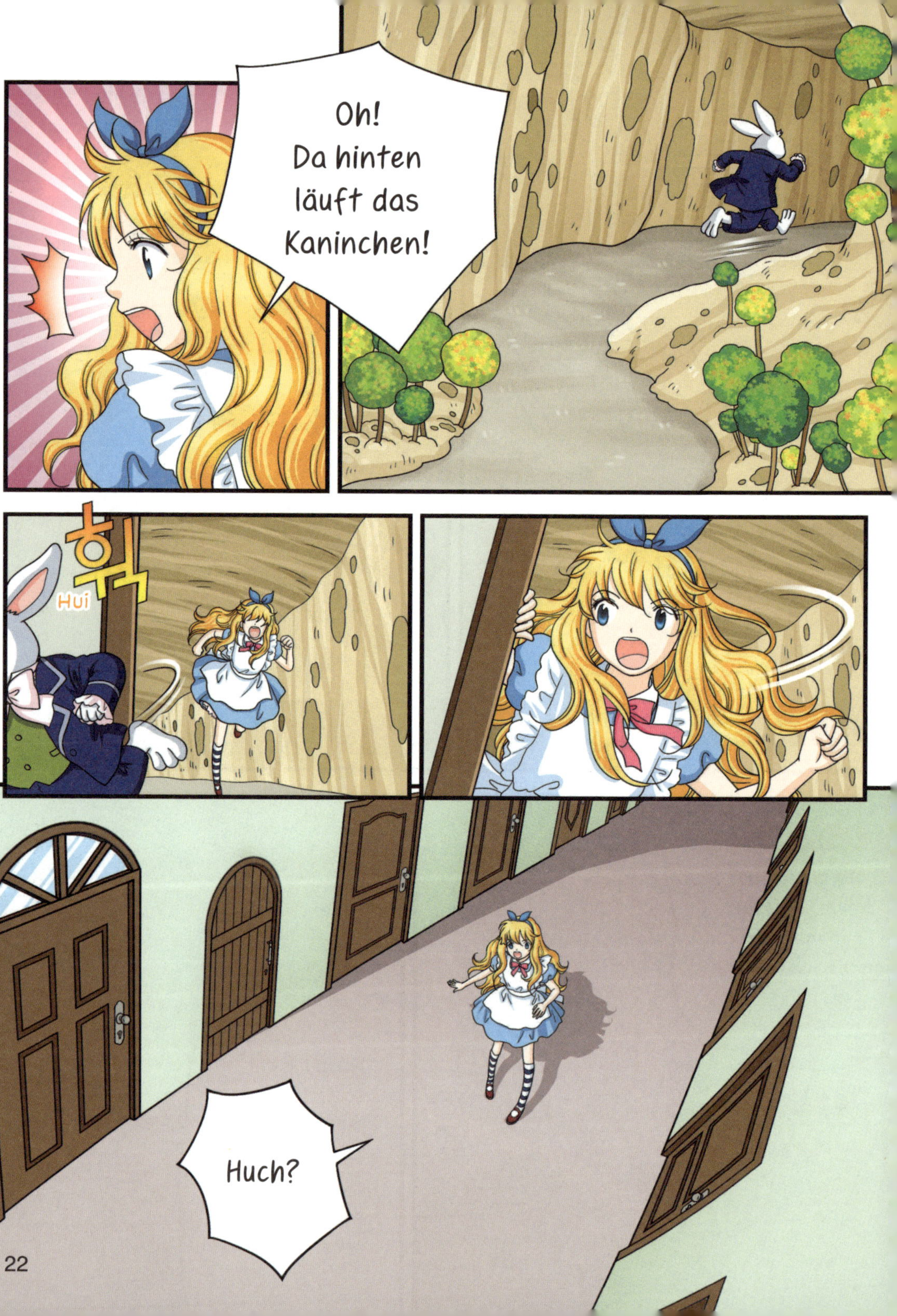
Oh!
Da hinten läuft das Kaninchen!
휙
Hui
Huch?

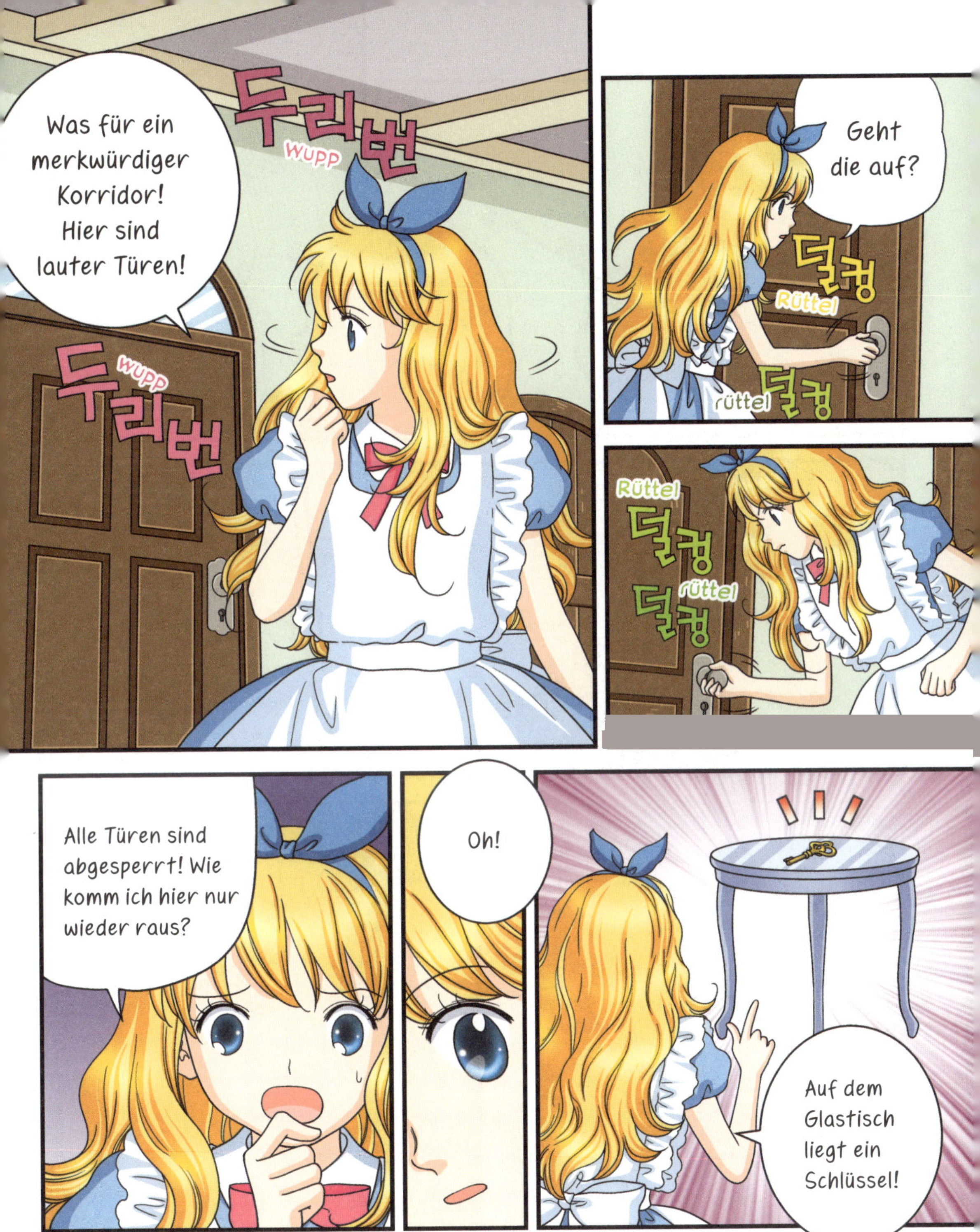

Was für ein merkwürdiger Korridor! Hier sind lauter Türen!
두리번
WUPP
두리번
WUPP
Geht die auf?
덜컹
Rüttel
덜컹
rüttel
Rüttel
덜컹
덜컹
rüttel
Alle Türen sind abgesperrt! Wie komm ich hier nur wieder raus?
Oh!
Auf dem Glastisch liegt ein Schlüssel!

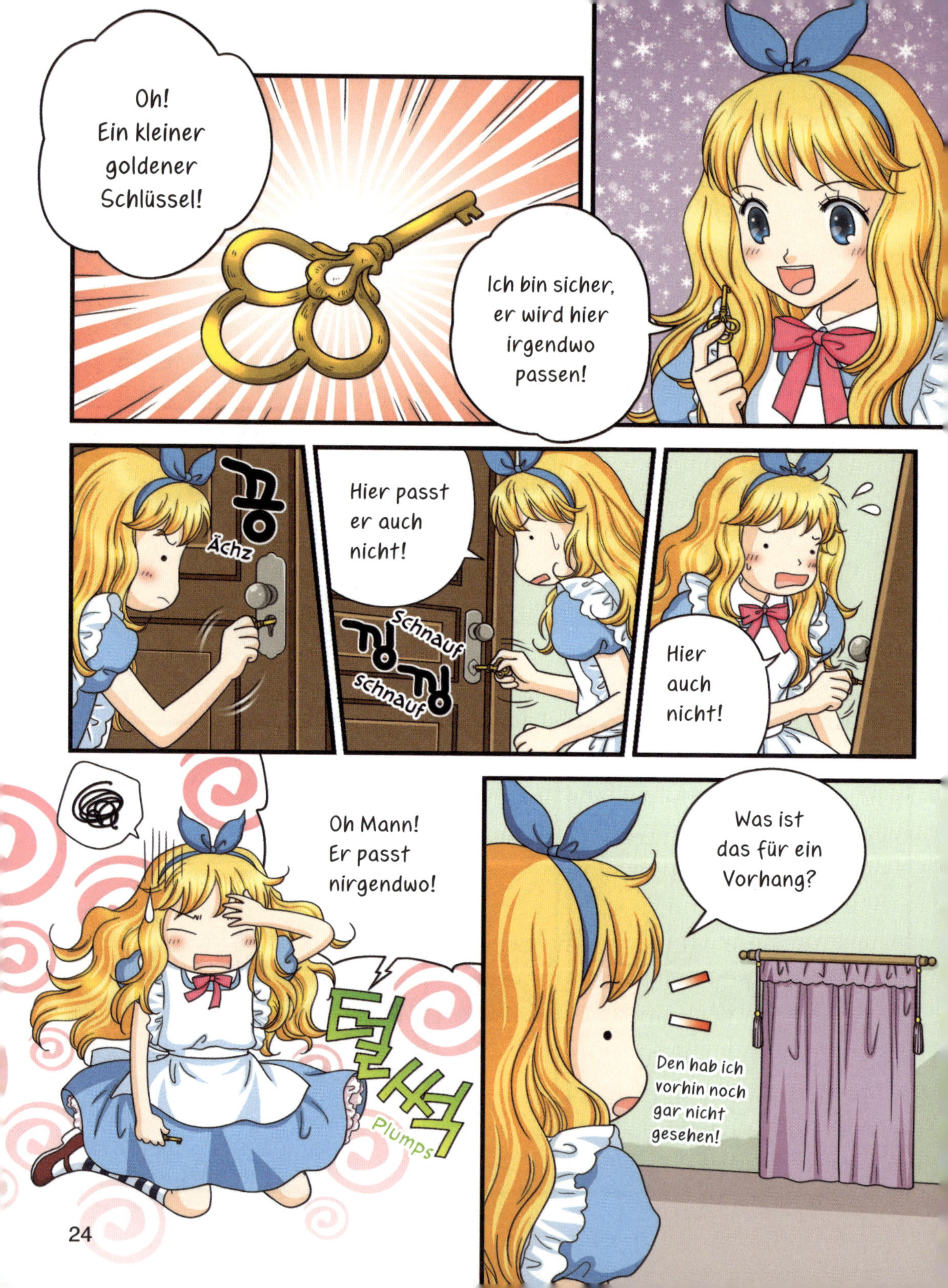
Oh!
Ein kleiner goldener Schlüssel!
Ich bin sicher, er wird hier irgendwo passen!
끙
Ächz
Hier passt er auch nicht!
낑낑
Schnauf
schnauf
Hier auch nicht!
Oh Mann! Er passt nirgendwo!
털썩
Plumps
Was ist das für ein Vorhang?
Den hab ich vorhin noch gar nicht gesehen!

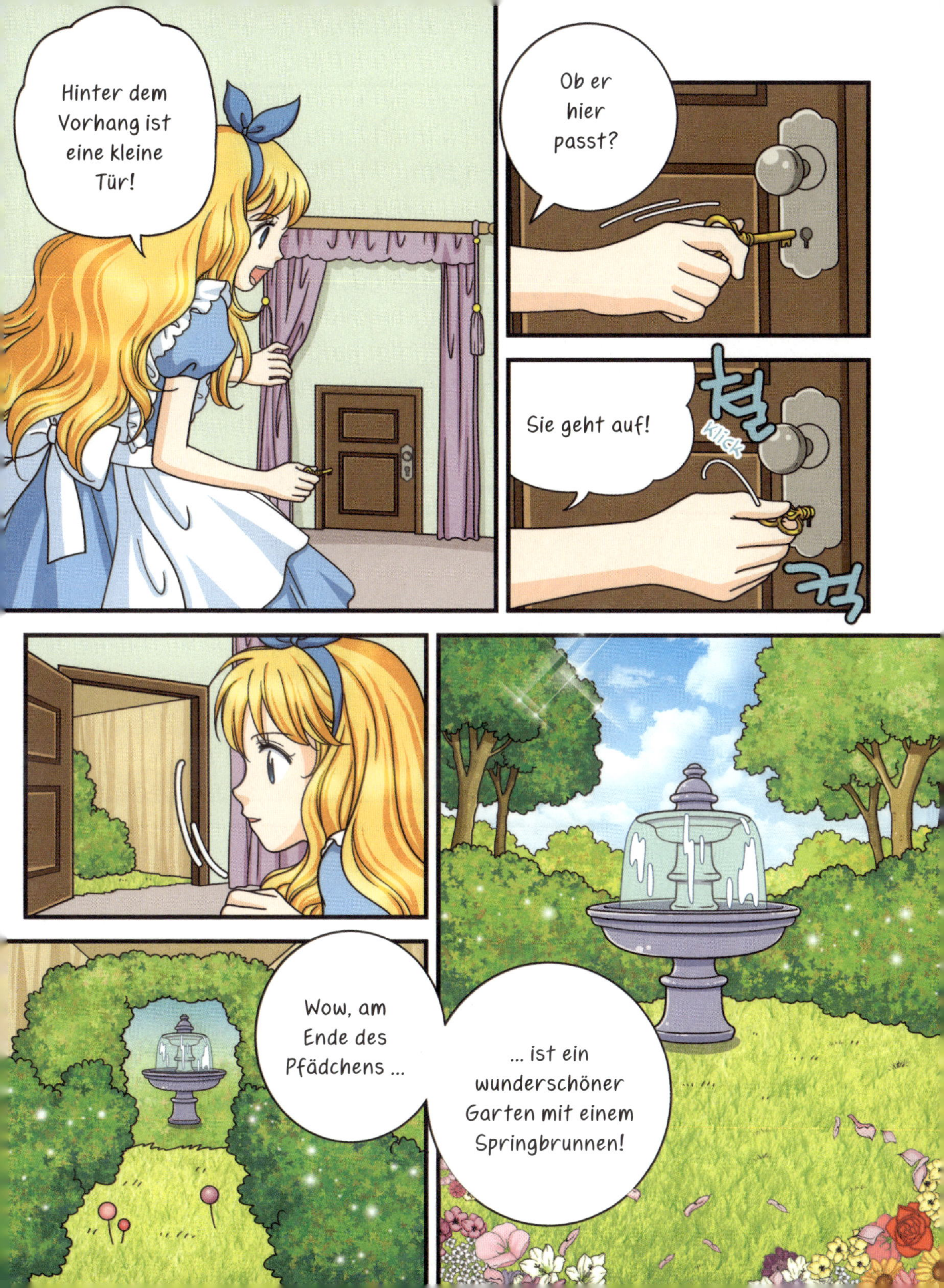

Hinter dem Vorhang ist eine kleine Tür!
Ob er hier passt?
Sie geht auf!
Klick
Wow, am Ende des Pfädchens ...
... ist ein wunderschöner Garten mit einem Springbrunnen!

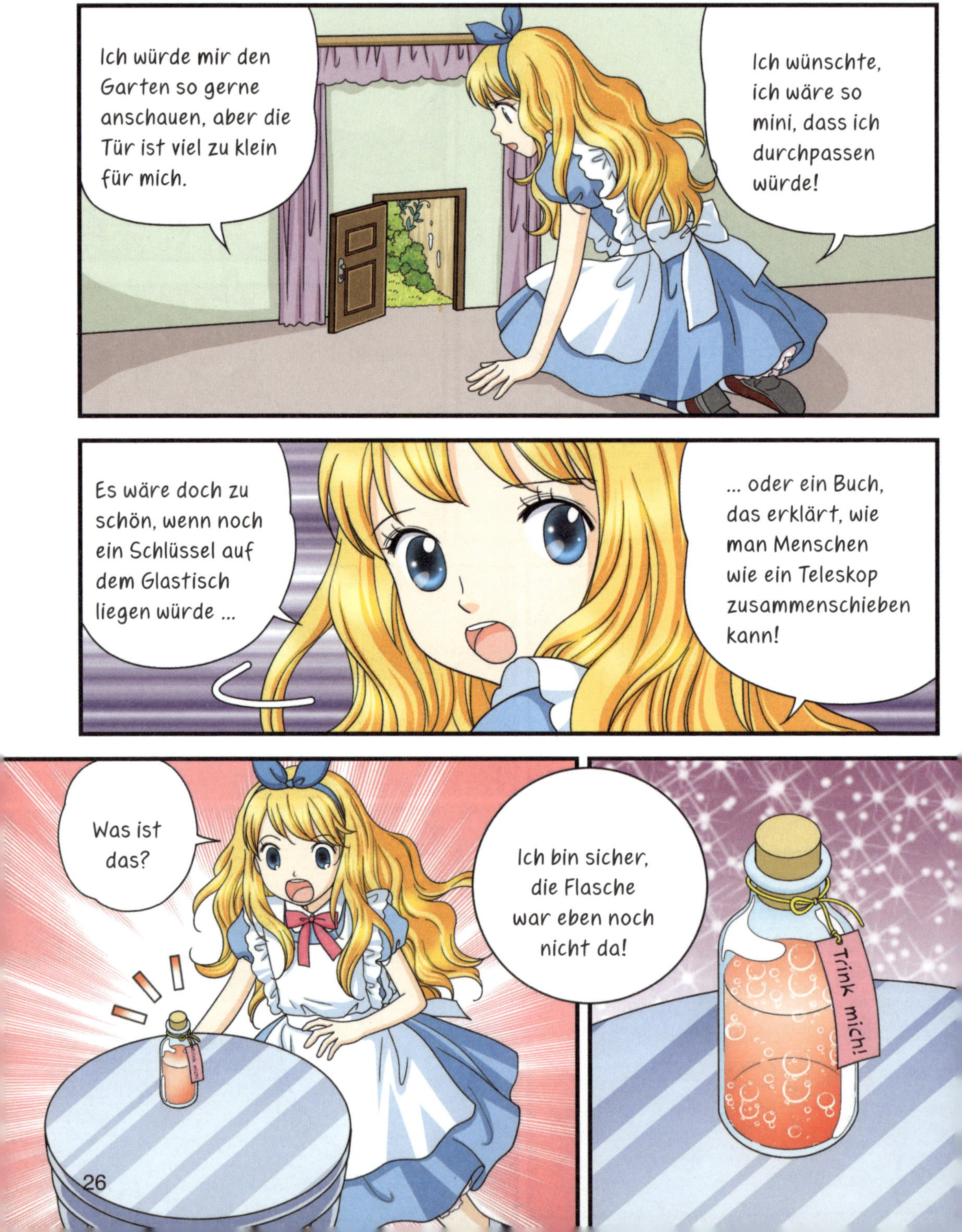
Ich würde mir den Garten so gerne anschauen, aber die Tür ist viel zu klein für mich.
Ich wünschte, ich wäre so mini, dass ich durchpassen würde!
Es wäre doch zu schön, wenn noch ein Schlüssel auf dem Glastisch liegen würde ...
... oder ein Buch, das erklärt, wie man Menschen wie ein Teleskop zusammenschieben kann!
Was ist das?
Ich bin sicher, die Flasche war eben noch nicht da!
Trink mich!

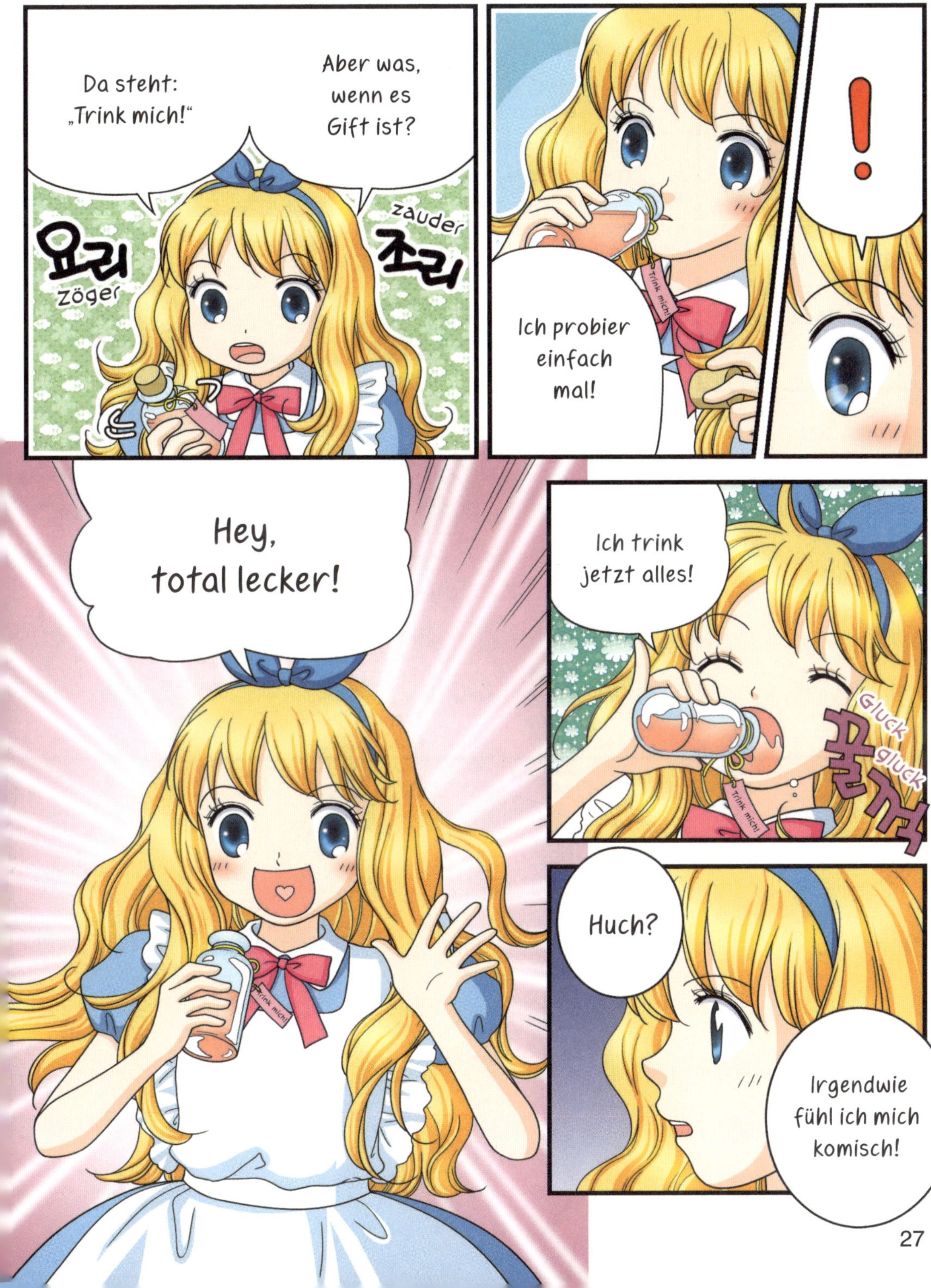
Da steht: „Trink mich!“
Aber was, wenn es Gift ist?
요리
zöger
조리
zauder
Ich probier einfach mal!
Trink mich!
!
Hey, total lecker!
Trink mich!
Ich trink jetzt alles!
Gluck
gluck
꿀꺽
Trink mich!
Huch?
Irgendwie fühl ich mich komisch!

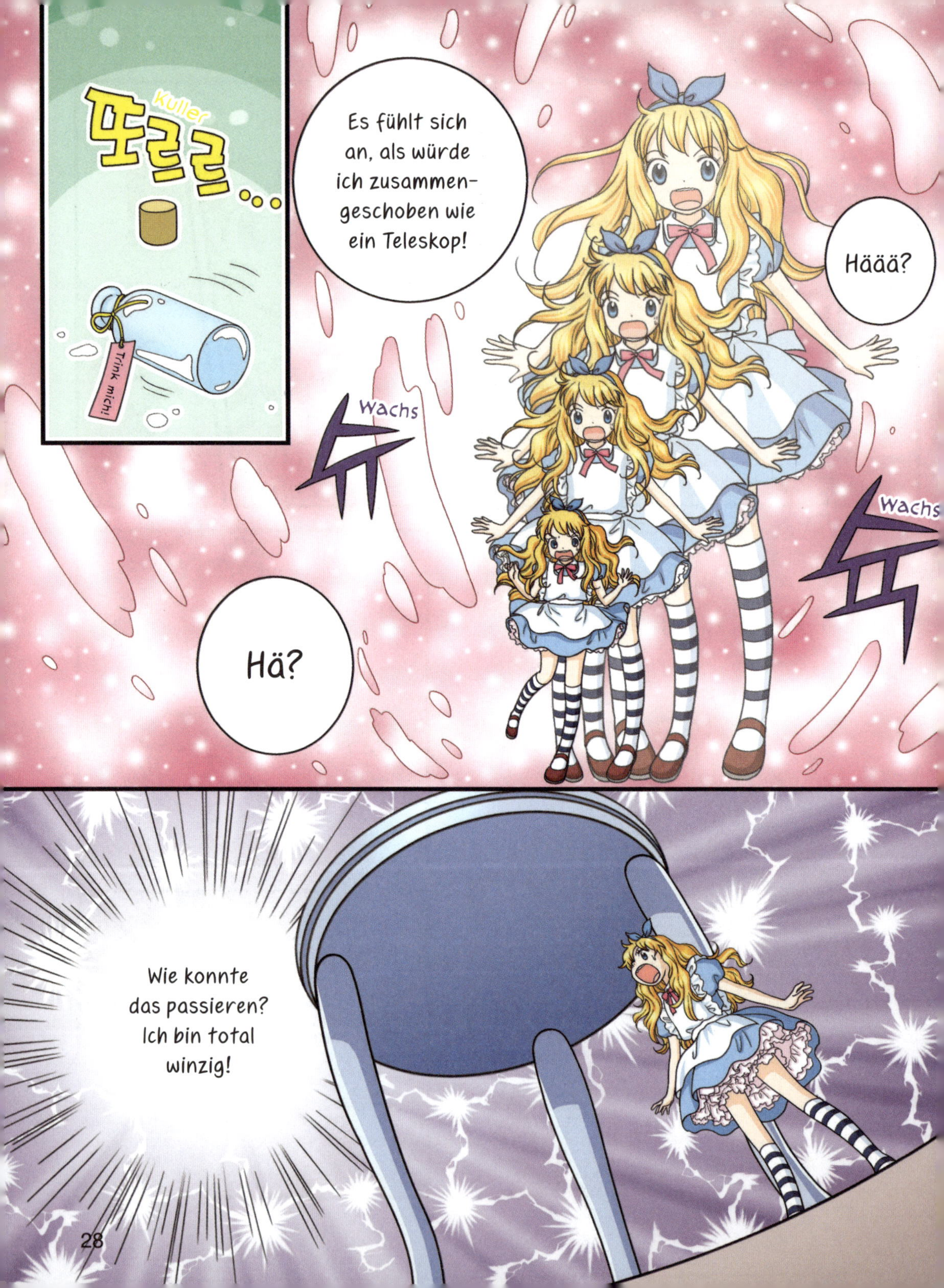
또르르...
Kuller
Trink mich!
Es fühlt sich an, als würde ich zusammengeschoben wie ein Teleskop!
Häää?
Wachs
Wachs
Hä?
Wie konnte das passieren? Ich bin total winzig!

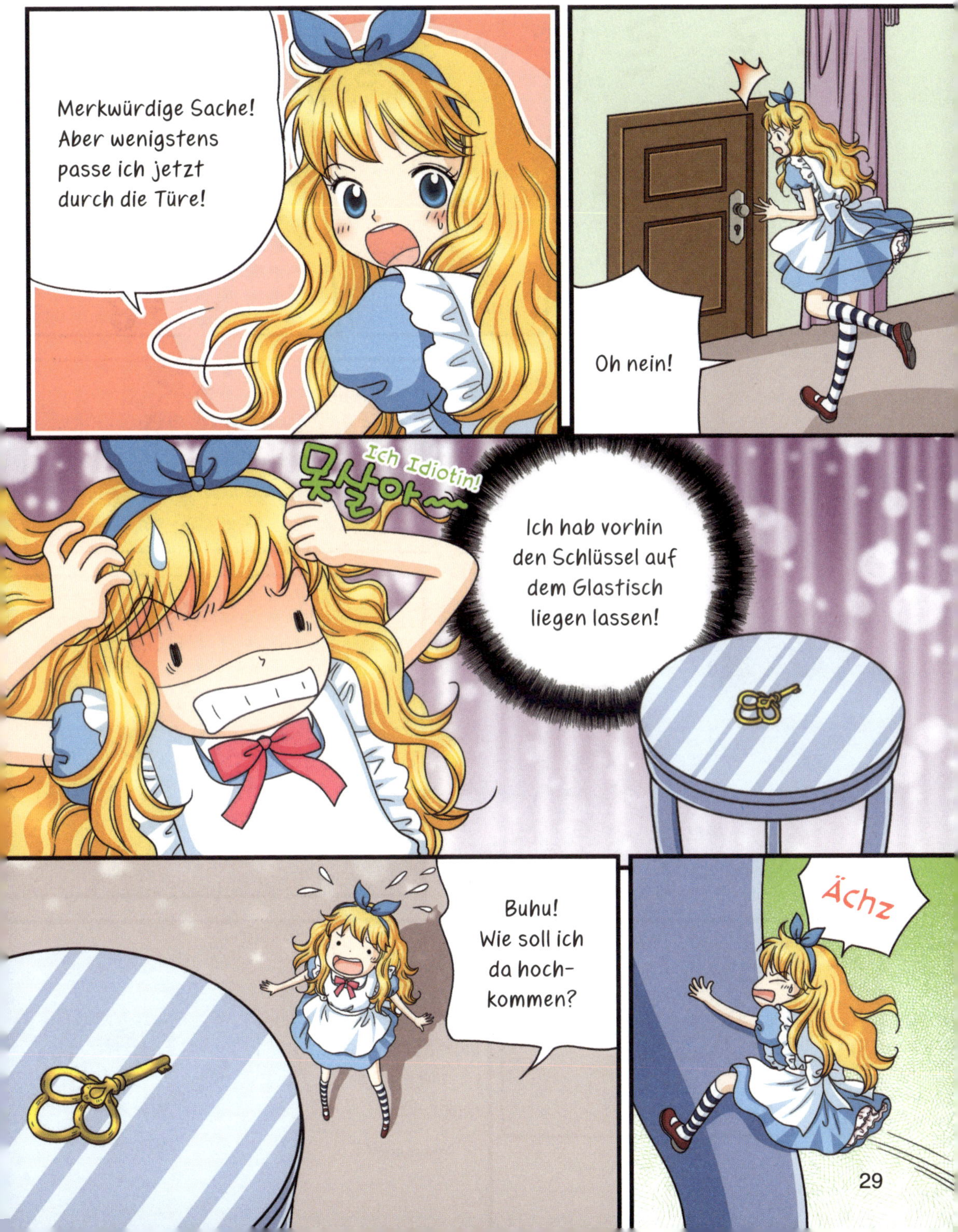
Merkwürdige Sache! Aber wenigstens passe ich jetzt durch die Türe!
Oh nein!
못살아~
Ich Idiotin!
Ich hab vorhin den Schlüssel auf dem Glastisch liegen lassen!
Buhu! Wie soll ich da hoch-kommen?
Ächz

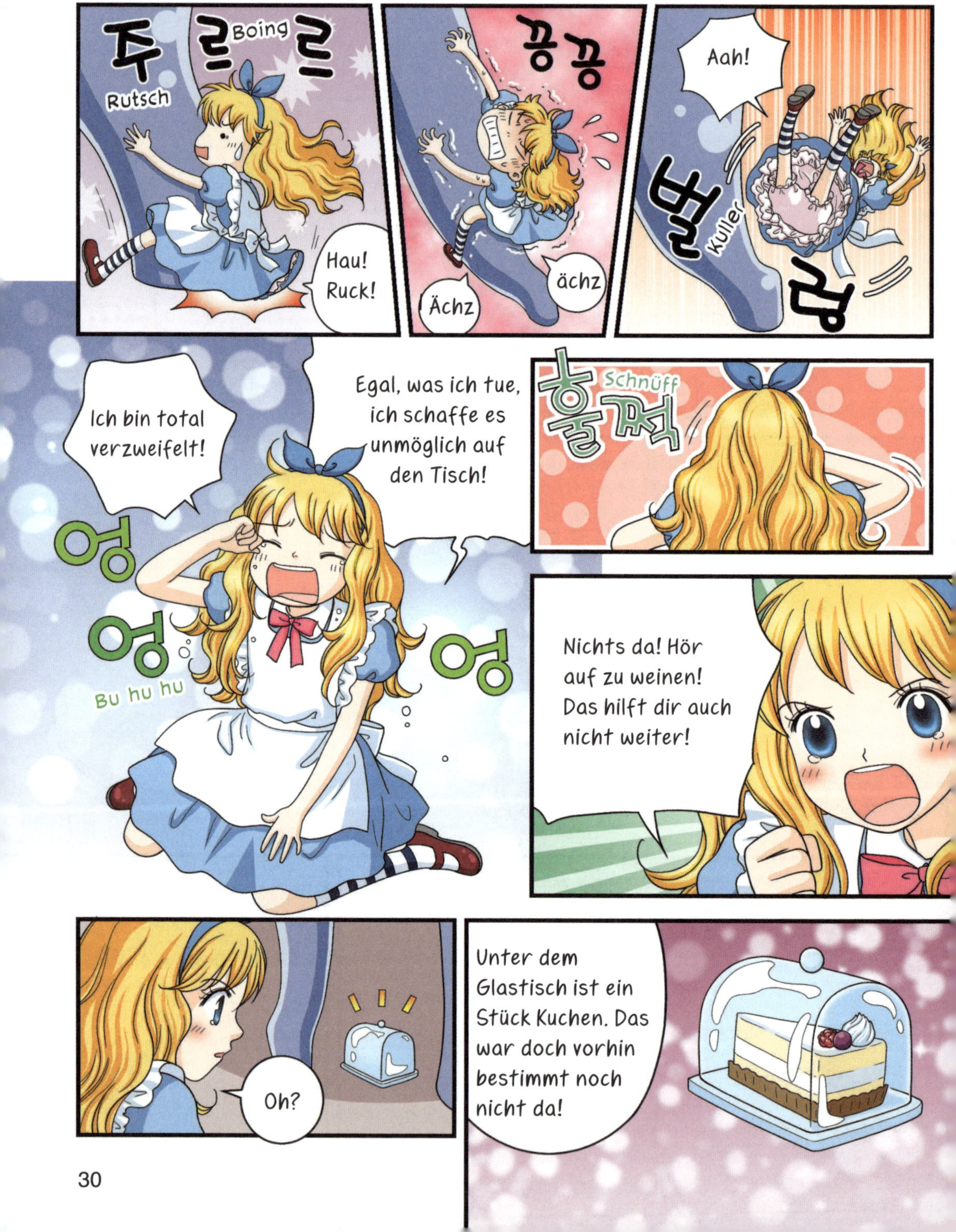

주르르
Boing
Rutsch
Hau! Ruck!
끙끙
Ächz
ächz
Aah!
벌러
Kuller
Egal, was ich tue, ich schaffe es unmöglich auf den Tisch!
Ich bin total verzweifelt!
엉엉엉
Bu hu hu
훌쩍
Schnüff
Nichts da! Hör auf zu weinen! Das hilft dir auch nicht weiter!
Oh?
Unter dem Glastisch ist ein Stück Kuchen. Das war doch vorhin bestimmt noch nicht da!

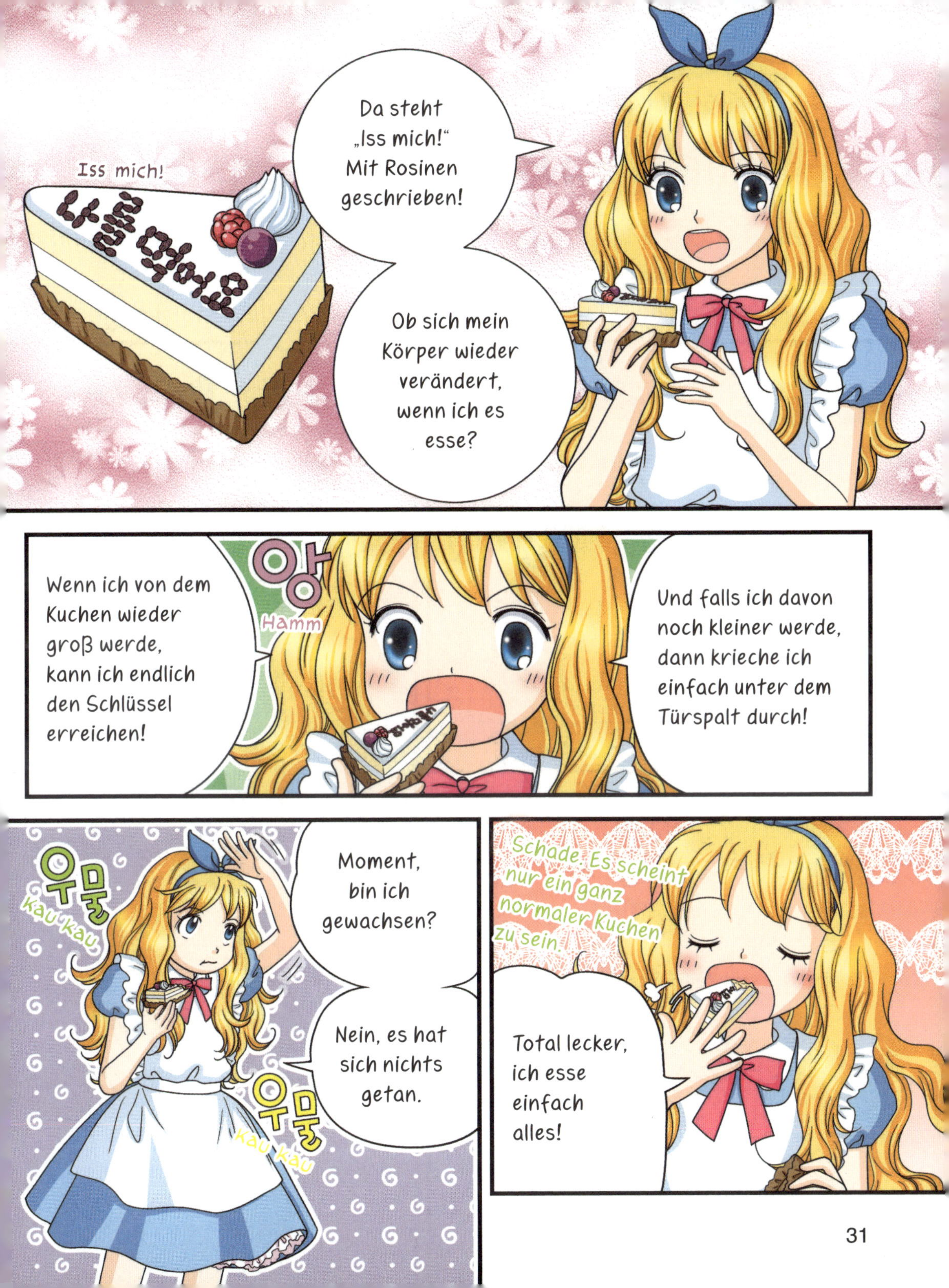
Iss mich!
나를 먹어요
Da steht „Iss mich!“ Mit Rosinen geschrieben!
Ob sich mein Körper wieder verändert, wenn ich es esse?
Wenn ich von dem Kuchen wieder groß werde, kann ich endlich den Schlüssel erreichen!
앙
Hamm
Und falls ich davon noch kleiner werde, dann krieche ich einfach unter dem Türspalt durch!
우물
Kau kau
Moment, bin ich gewachsen?
Nein, es hat sich nichts getan.
우물
Kau kau
Schade. Es scheint nur ein ganz normaler Kuchen zu sein.
Total lecker, ich esse einfach alles!

2. Kapitel

Alice wird riesengroß

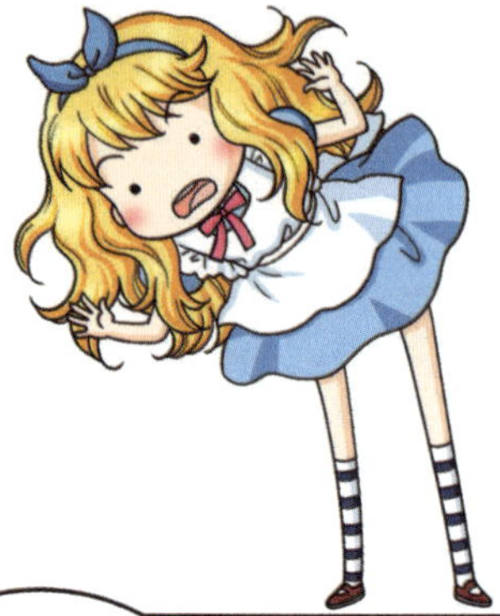

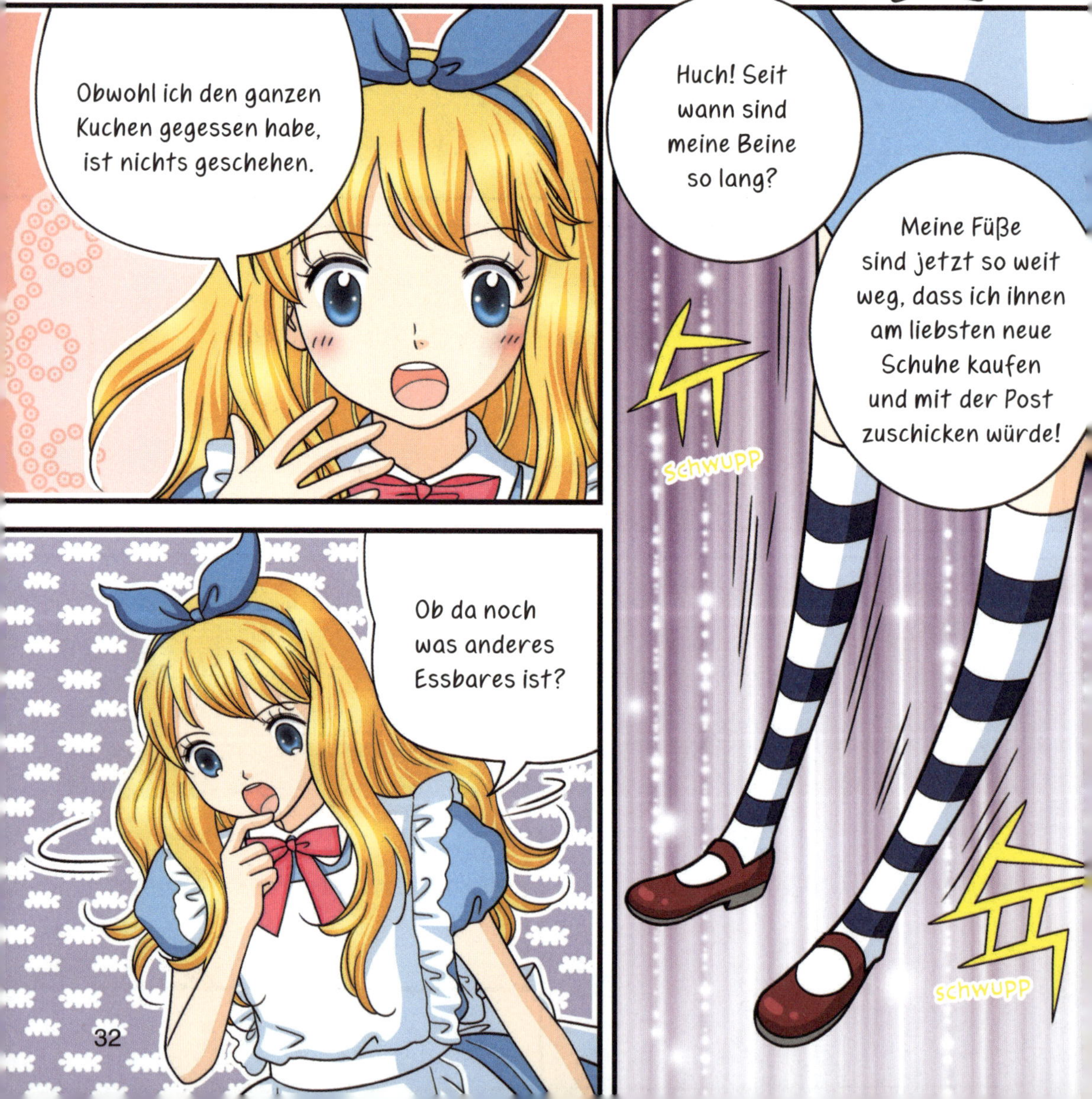

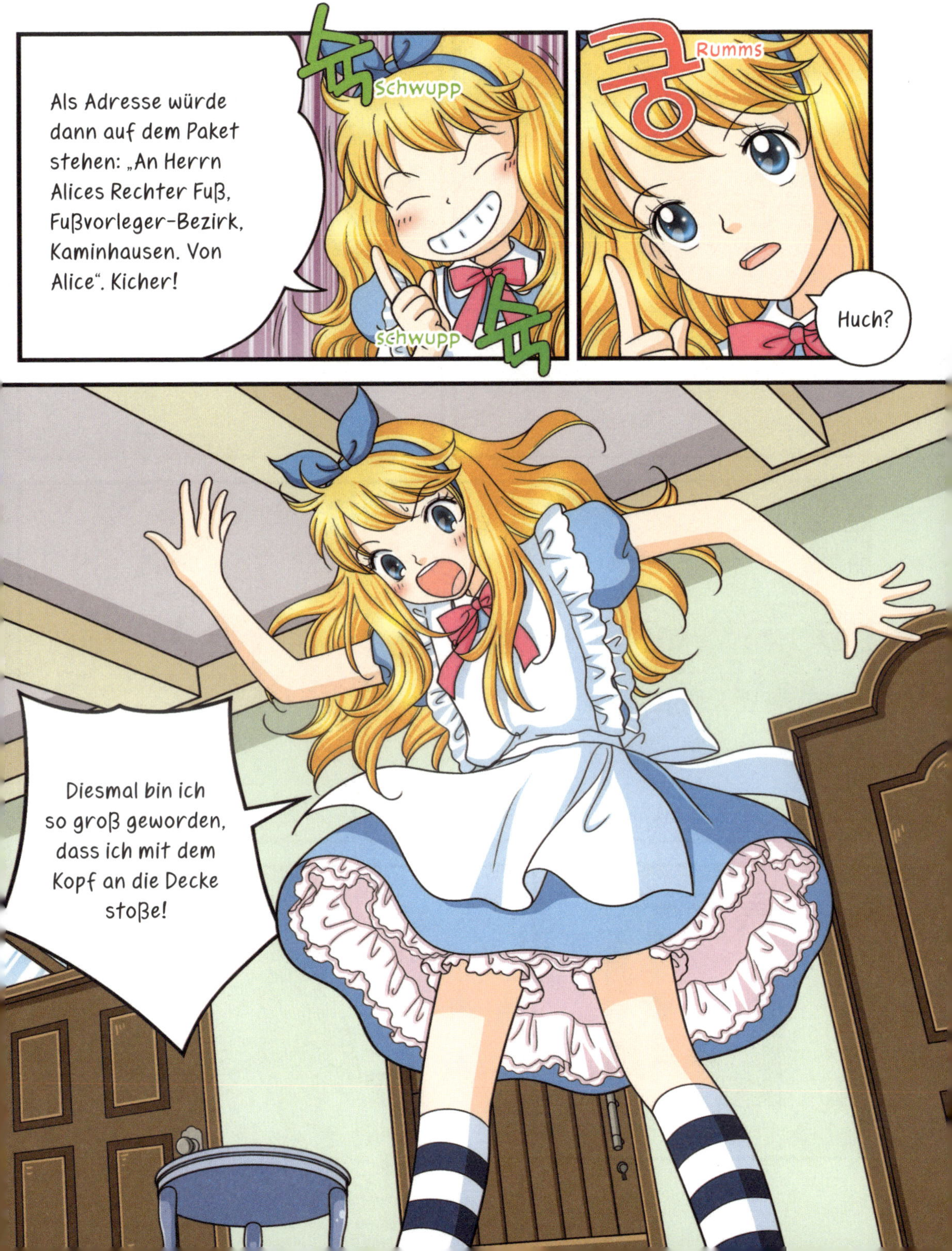

Als Adresse würde dann auf dem Paket stehen: „An Herrn Alices Rechter Fuß, Fußvorleger-Bezirk, Kaminhausen. Von Alice“. Kicher!
Schwupp
Schwupp
쿵
Rumms
Huch?
Diesmal bin ich so groß geworden, dass ich mit dem Kopf an die Decke stoße!

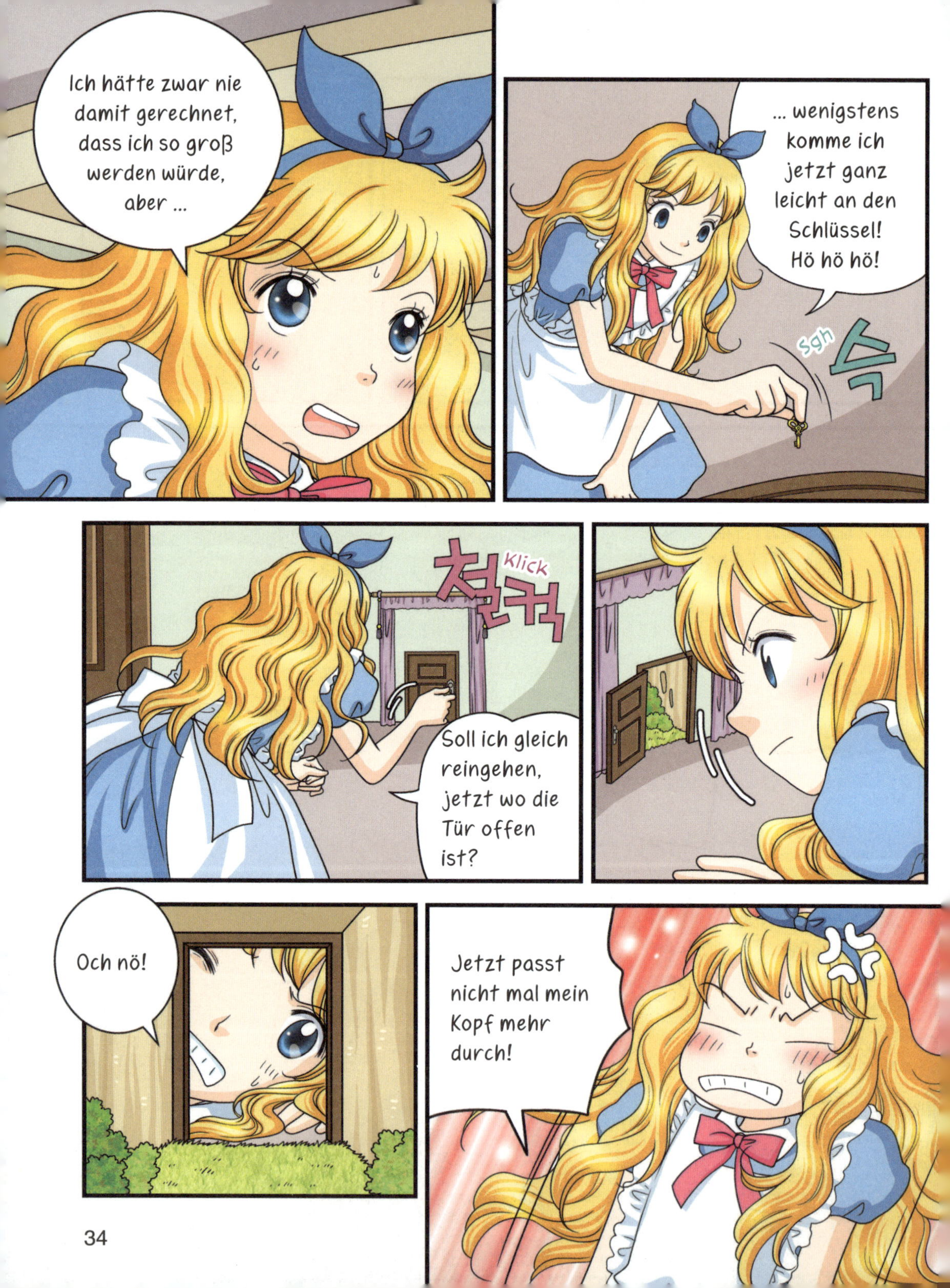
Ich hätte zwar nie damit gerechnet, dass ich so groß werden würde, aber ...
... wenigstens komme ich jetzt ganz leicht an den Schlüssel! Hö hö hö!
Sgh
Klick
Soll ich gleich reingehen, jetzt wo die Tür offen ist?
Och nö!
Jetzt passt nicht mal mein Kopf mehr durch!

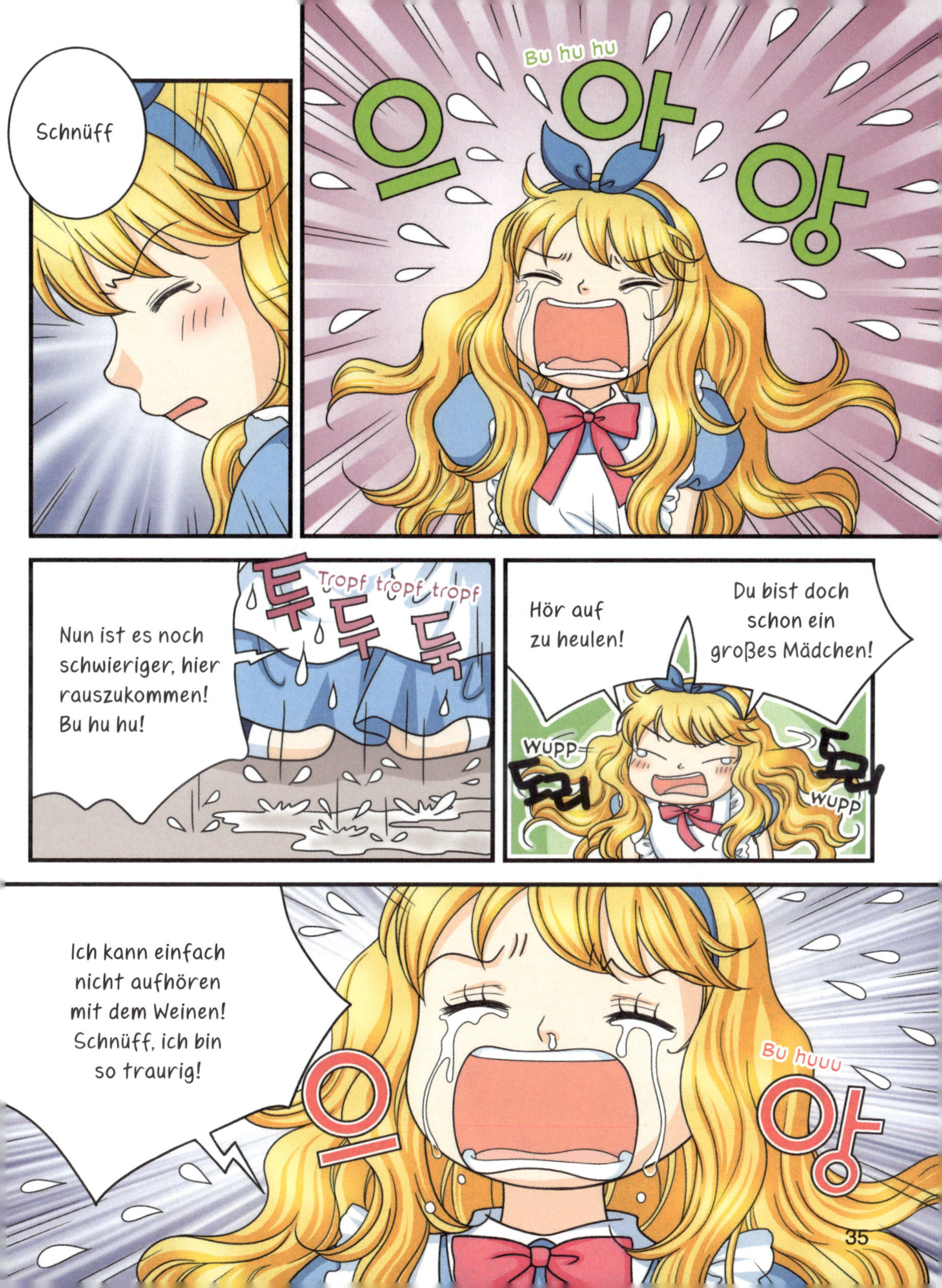
Schnüff
Bu hu hu
으아앙
Nun ist es noch schwieriger, hier rauszukommen! Bu hu hu!
Tropf tropf tropf
뚝뚝뚝
Hör auf zu heulen!
Du bist doch schon ein großes Mädchen!
WUPP
WUPP
Ich kann einfach nicht aufhören mit dem Weinen! Schnüff, ich bin so traurig!
Bu huuu
으앙

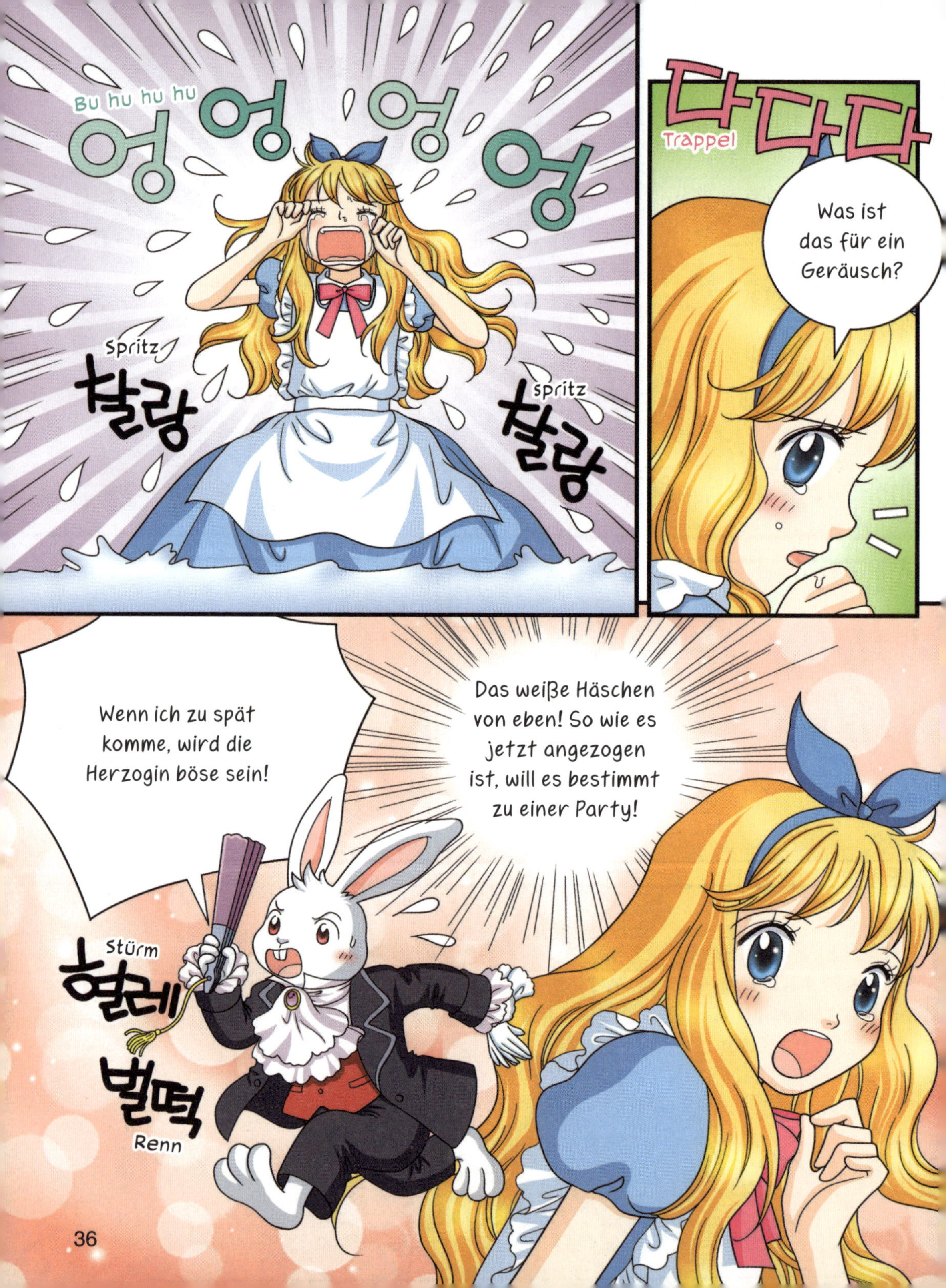

Bu hu hu hu
엉 엉 엉 엉
Spritz
찰랑
spritz
찰랑
다다다
Trappel
Was ist das für ein Geräusch?
Das weiße Häschen von eben! So wie es jetzt angezogen ist, will es bestimmt zu einer Party!
Wenn ich zu spät komme, wird die Herzogin böse sein!
Stürm
헐레
벌떡
Renn

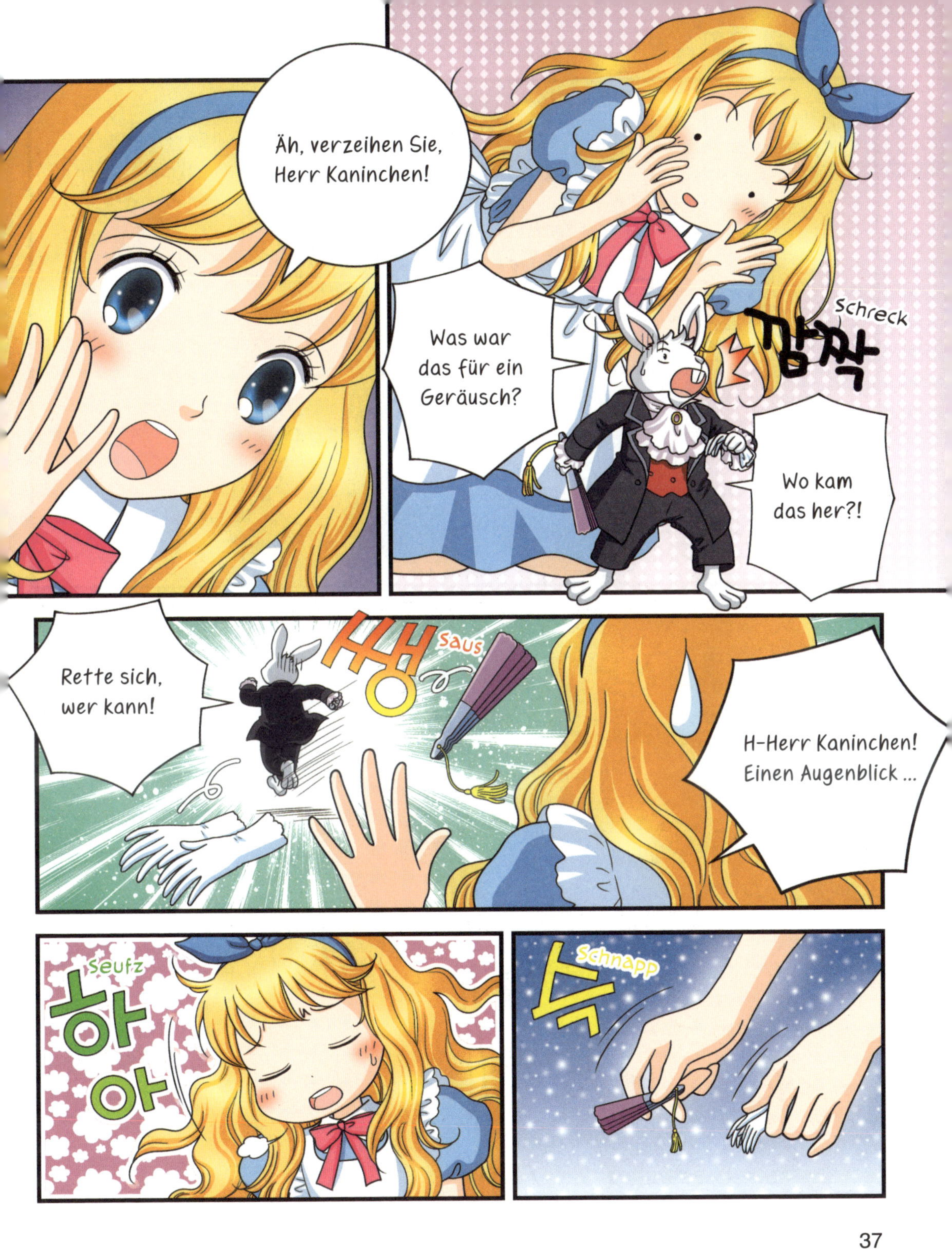
Äh, verzeihen Sie, Herr Kaninchen!
Was war das für ein Geräusch?
깜짝
Schreck
Wo kam das her?!
Rette sich, wer kann!
쌩
Saus
H-Herr Kaninchen! Einen Augenblick ...
하아
Seufz
Schnapp

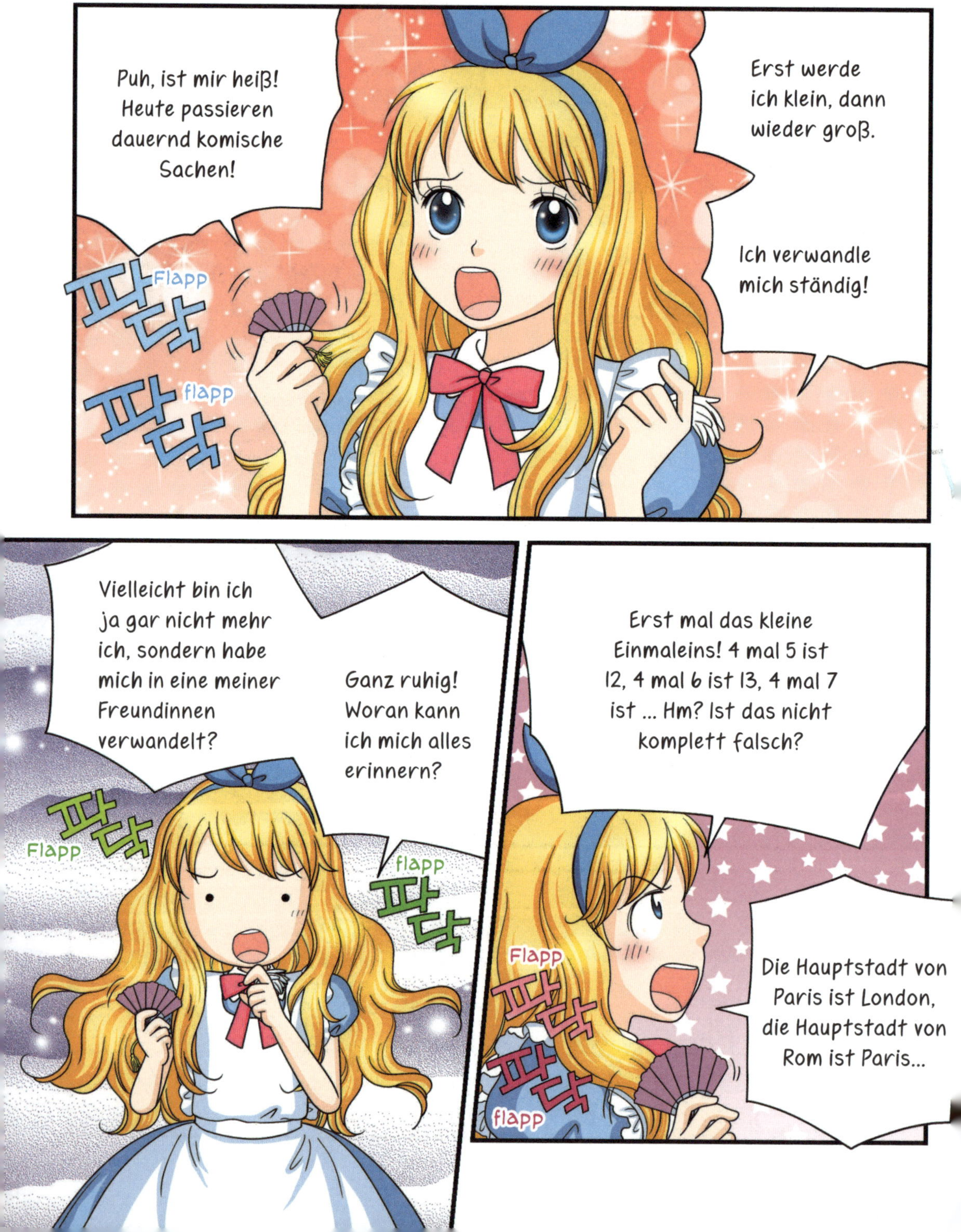
Puh, ist mir heiß! Heute passieren dauernd komische Sachen!
Erst werde ich klein, dann wieder groß.
Ich verwandle mich ständig!
파닥 Flapp
파닥 flapp
Vielleicht bin ich ja gar nicht mehr ich, sondern habe mich in eine meiner Freundinnen verwandelt?
Ganz ruhig! Woran kann ich mich alles erinnern?
파닥 Flapp
파닥 flapp
Erst mal das kleine Einmaleins! 4 mal 5 ist 12, 4 mal 6 ist 13, 4 mal 7 ist ... Hm? Ist das nicht komplett falsch?
Die Hauptstadt von Paris ist London, die Hauptstadt von Rom ist Paris...
파닥 Flapp
파닥 flapp

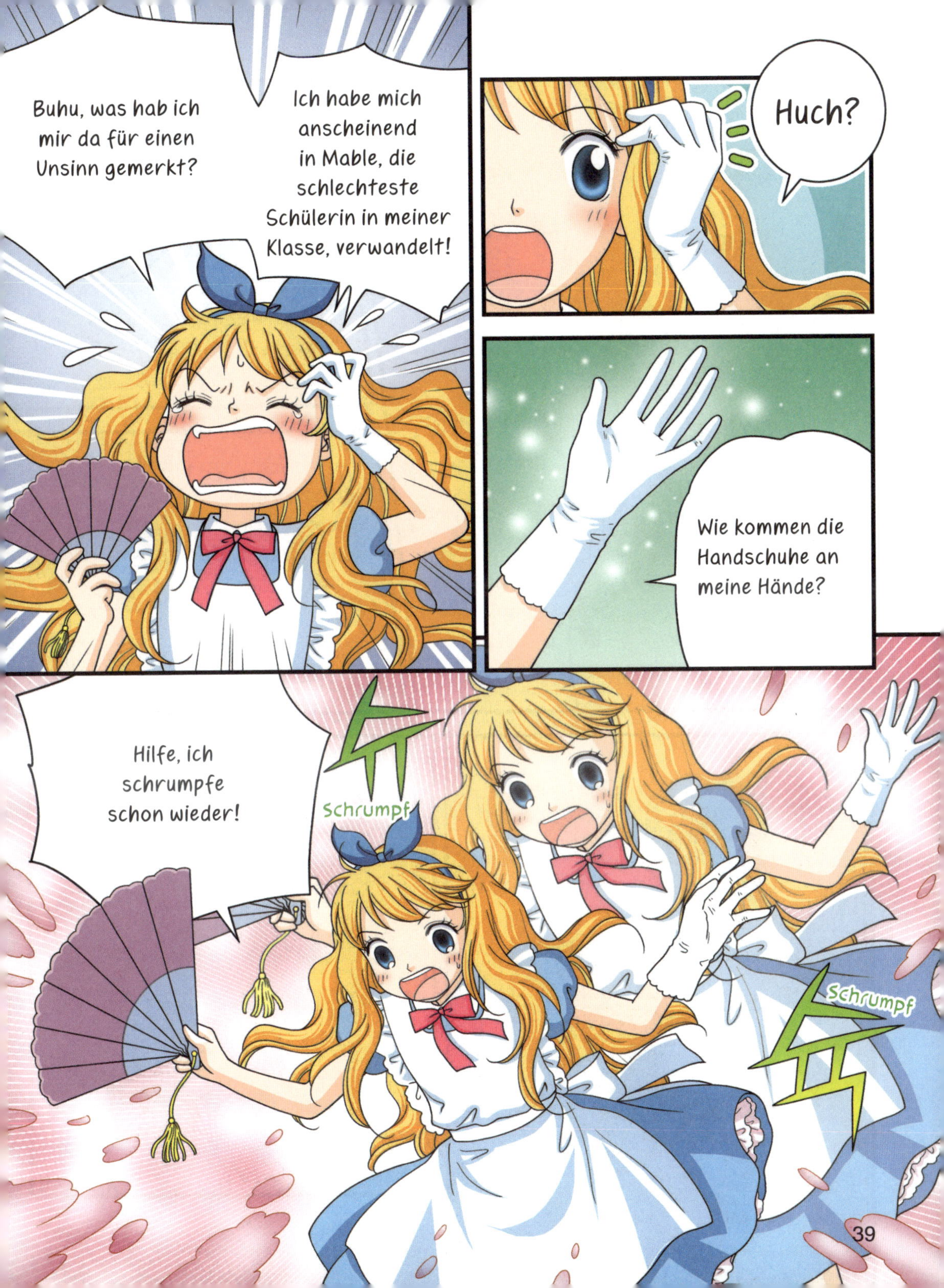

Buhu, was hab ich mir da für einen Unsinn gemerkt?
Ich habe mich anscheinend in Mable, die schlechteste Schülerin in meiner Klasse, verwandelt!
Huch?
Wie kommen die Handschuhe an meine Hände?
Hilfe, ich schrumpfe schon wieder!
Schrumpf
Schrumpf

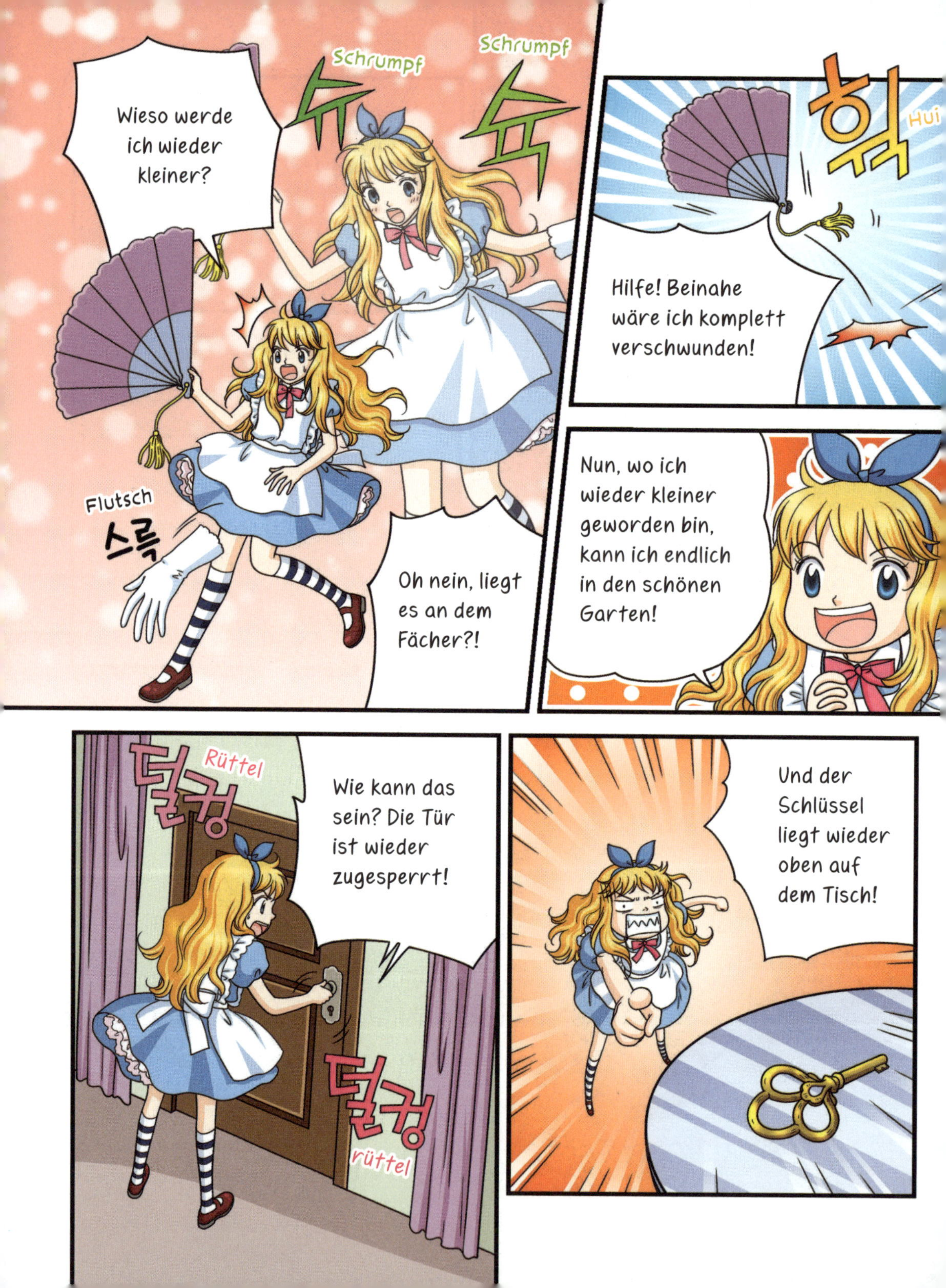
Wieso werde ich wieder kleiner?
Schrumpf
Schrumpf
Flutsch
Oh nein, liegt es an dem Fächer?!
Hui
Hilfe! Beinahe wäre ich komplett verschwunden!
Nun, wo ich wieder kleiner geworden bin, kann ich endlich in den schönen Garten!
Rüttel
Wie kann das sein? Die Tür ist wieder zugesperrt!
rüttel
Und der Schlüssel liegt wieder oben auf dem Tisch!

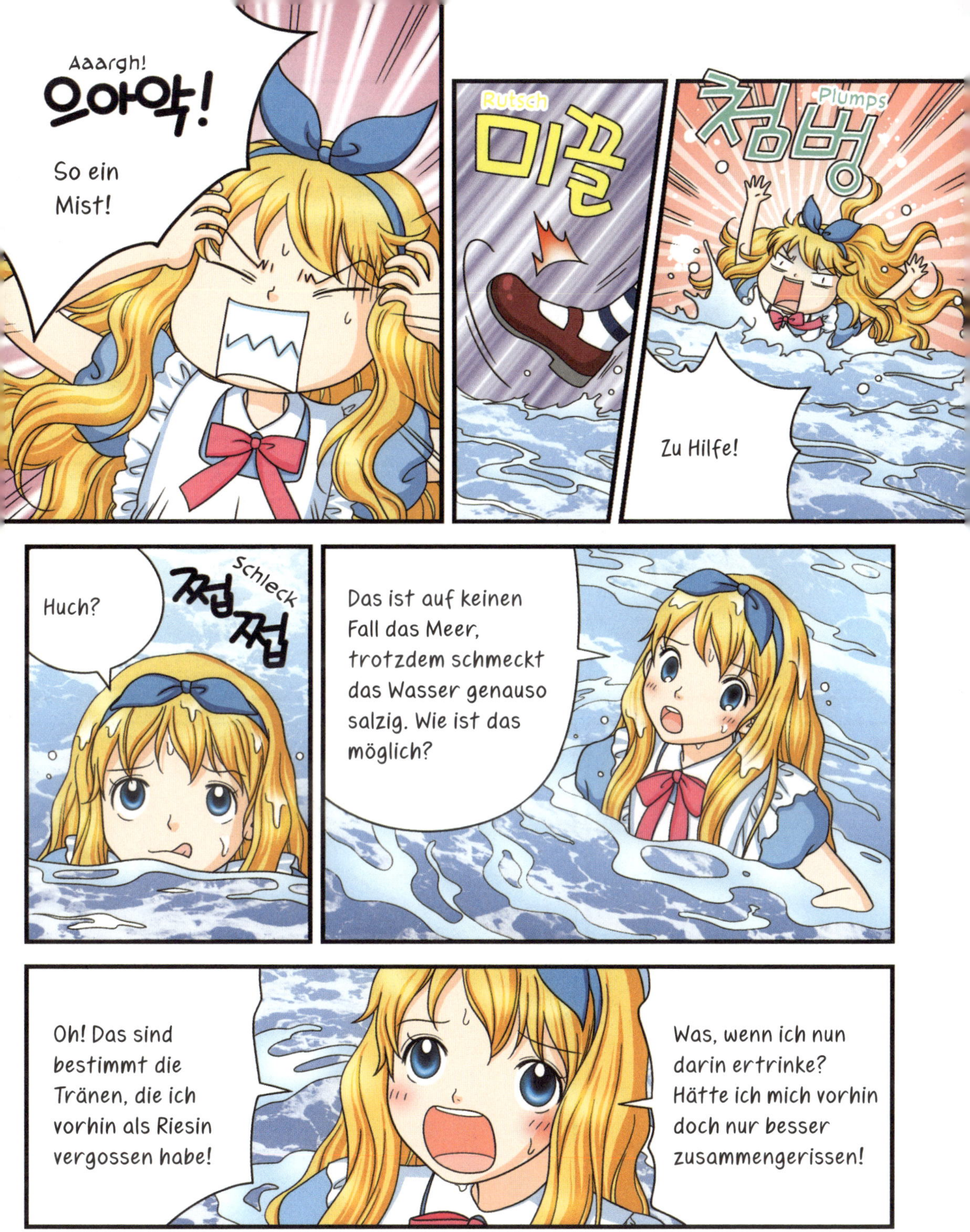
Aaargh!
으아악!
So ein Mist!
Rutsch
미끌
Plumps
첨벙
Zu Hilfe!
Huch?
Schleck
쩝쩝
Das ist auf keinen Fall das Meer, trotzdem schmeckt das Wasser genauso salzig. Wie ist das möglich?
Oh! Das sind bestimmt die Tränen, die ich vorhin als Riesin vergossen habe!
Was, wenn ich nun darin ertrinke? Hätte ich mich vorhin doch nur besser zusammengerissen!

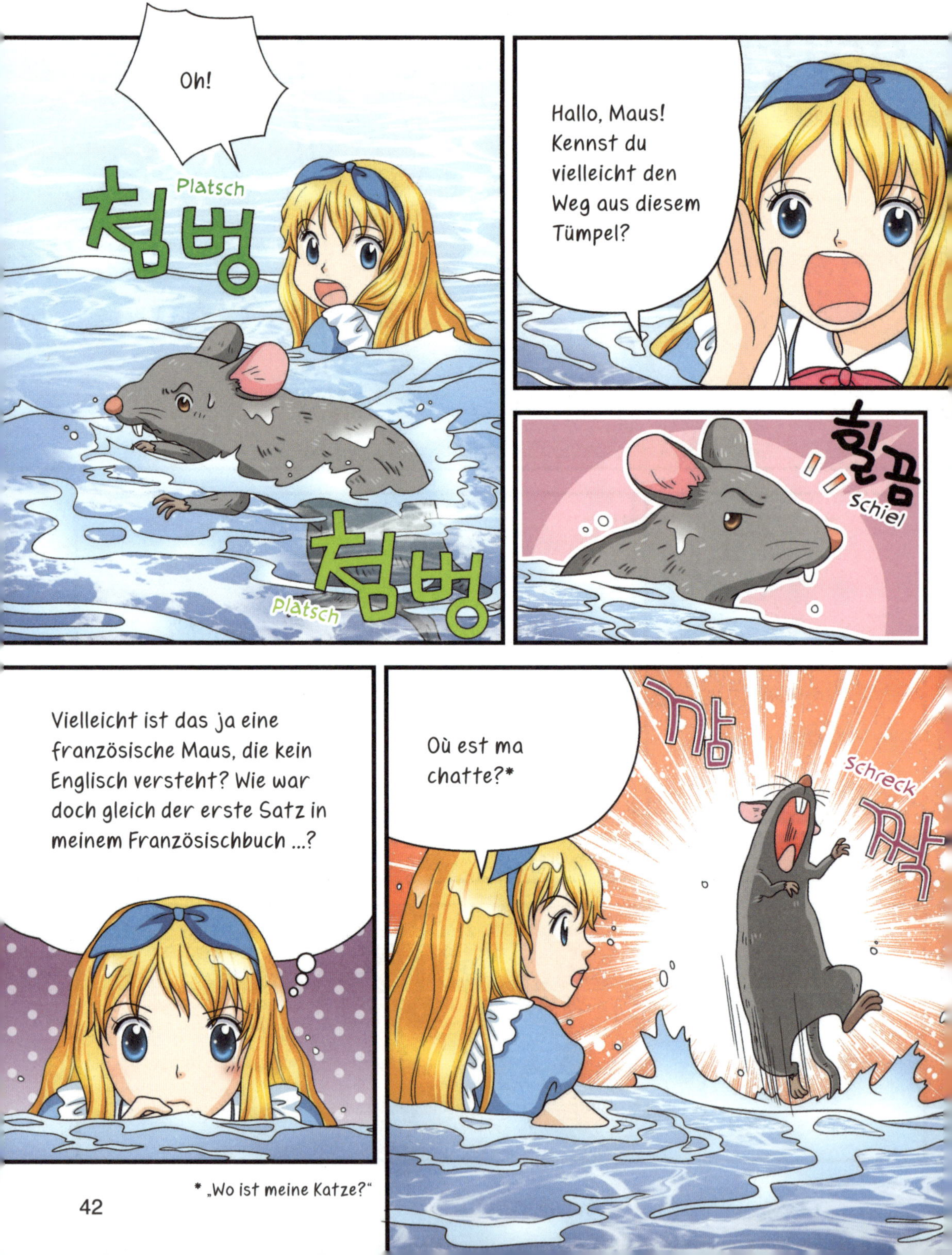

* „Wo ist meine Katze?"

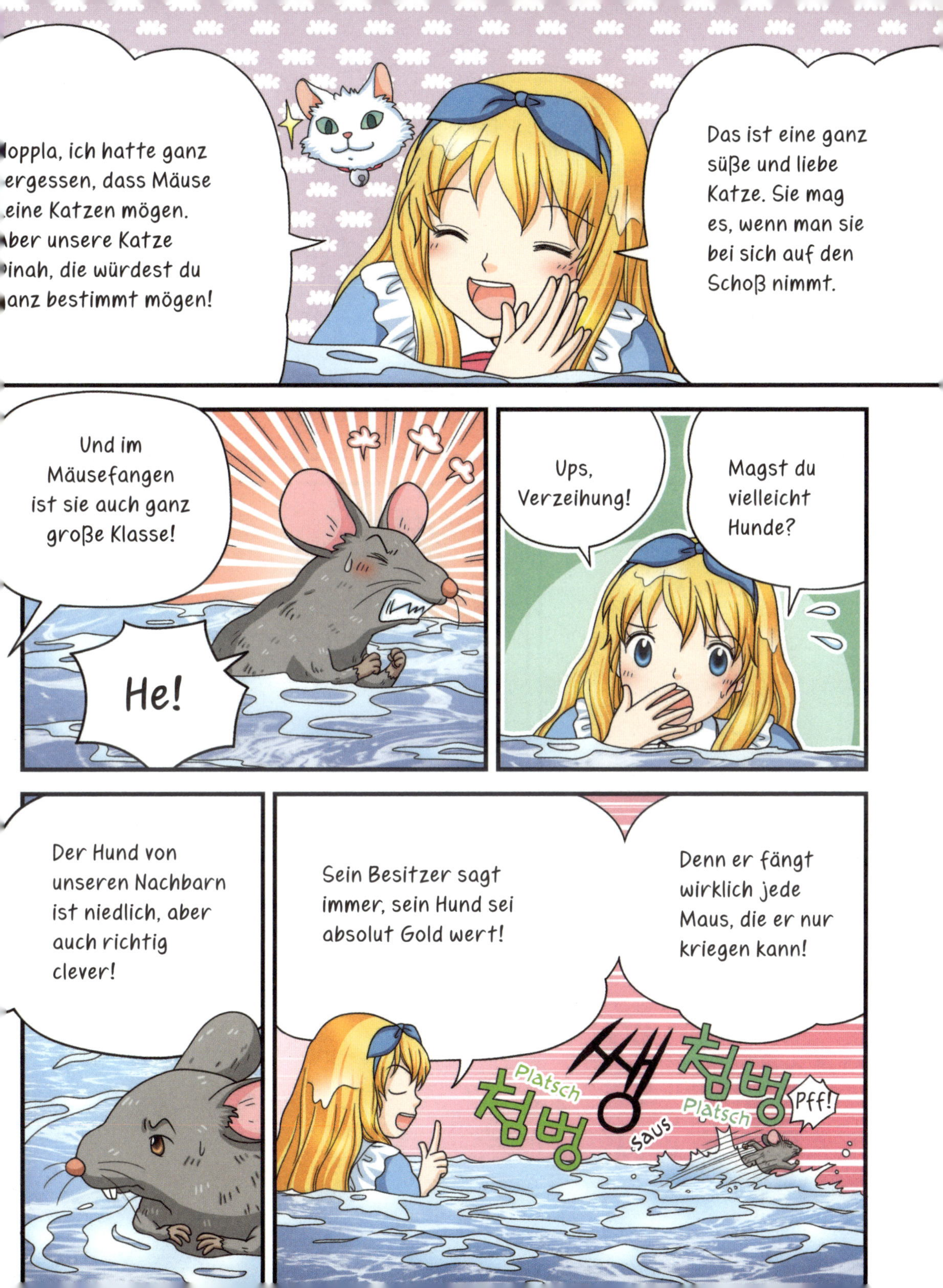
oppla, ich hatte ganz ergessen, dass Mäuse eine Katzen mögen. ber unsere Katze inah, die würdest du anz bestimmt mögen!
Das ist eine ganz süße und liebe Katze. Sie mag es, wenn man sie bei sich auf den Schoß nimmt.
Und im Mäusefangen ist sie auch ganz große Klasse!
He!
Ups, Verzeihung!
Magst du vielleicht Hunde?
Der Hund von unseren Nachbarn ist niedlich, aber auch richtig clever!
Sein Besitzer sagt immer, sein Hund sei absolut Gold wert!
Denn er fängt wirklich jede Maus, die er nur kriegen kann!
Platsch
첨벙
쌩
Saus
첨벙
Platsch
Pff!

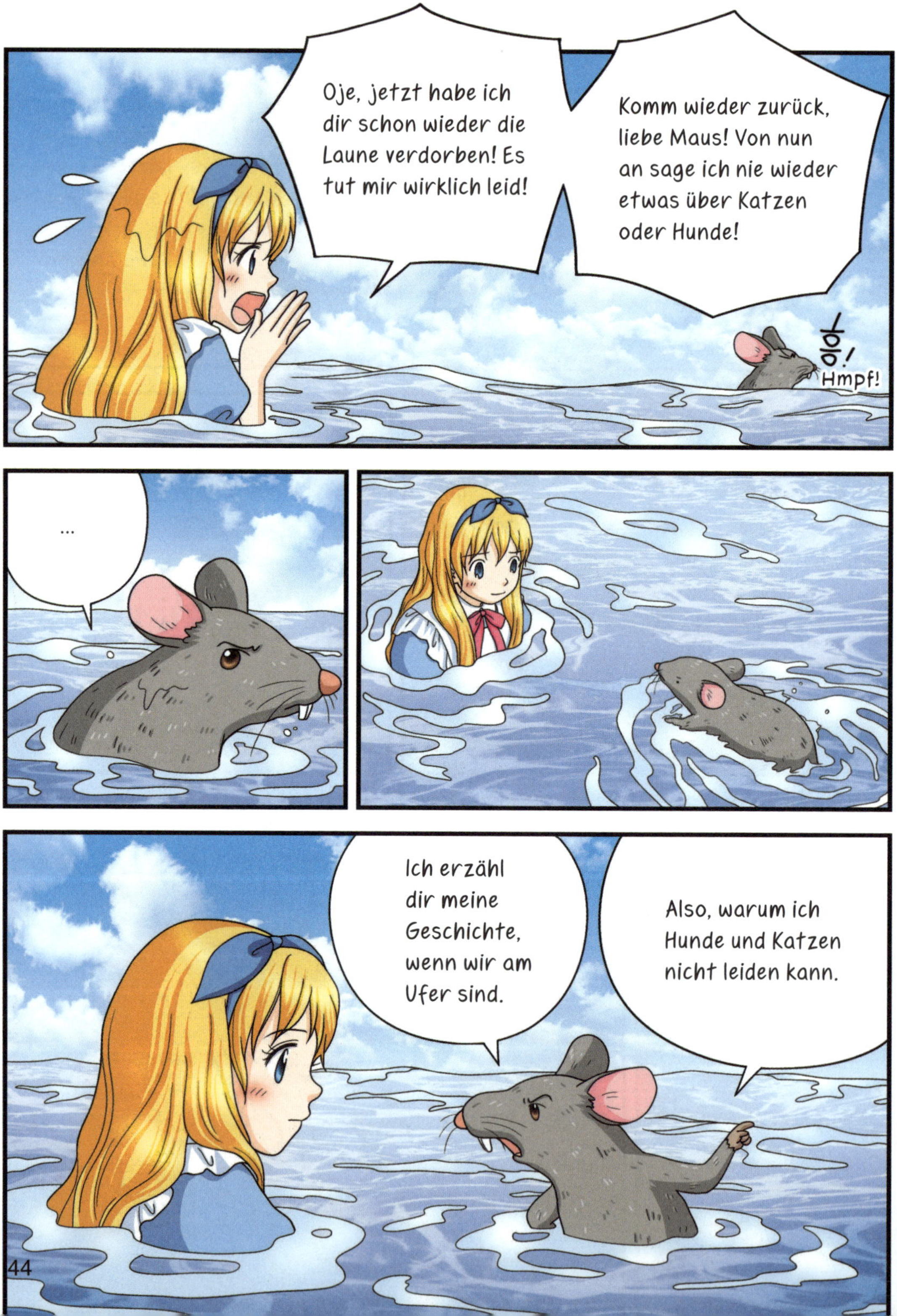
Oje, jetzt habe ich dir schon wieder die Laune verdorben! Es tut mir wirklich leid!
Komm wieder zurück, liebe Maus! Von nun an sage ich nie wieder etwas über Katzen oder Hunde!
Hmpf!
...
Ich erzähl dir meine Geschichte, wenn wir am Ufer sind.
Also, warum ich Hunde und Katzen nicht leiden kann.

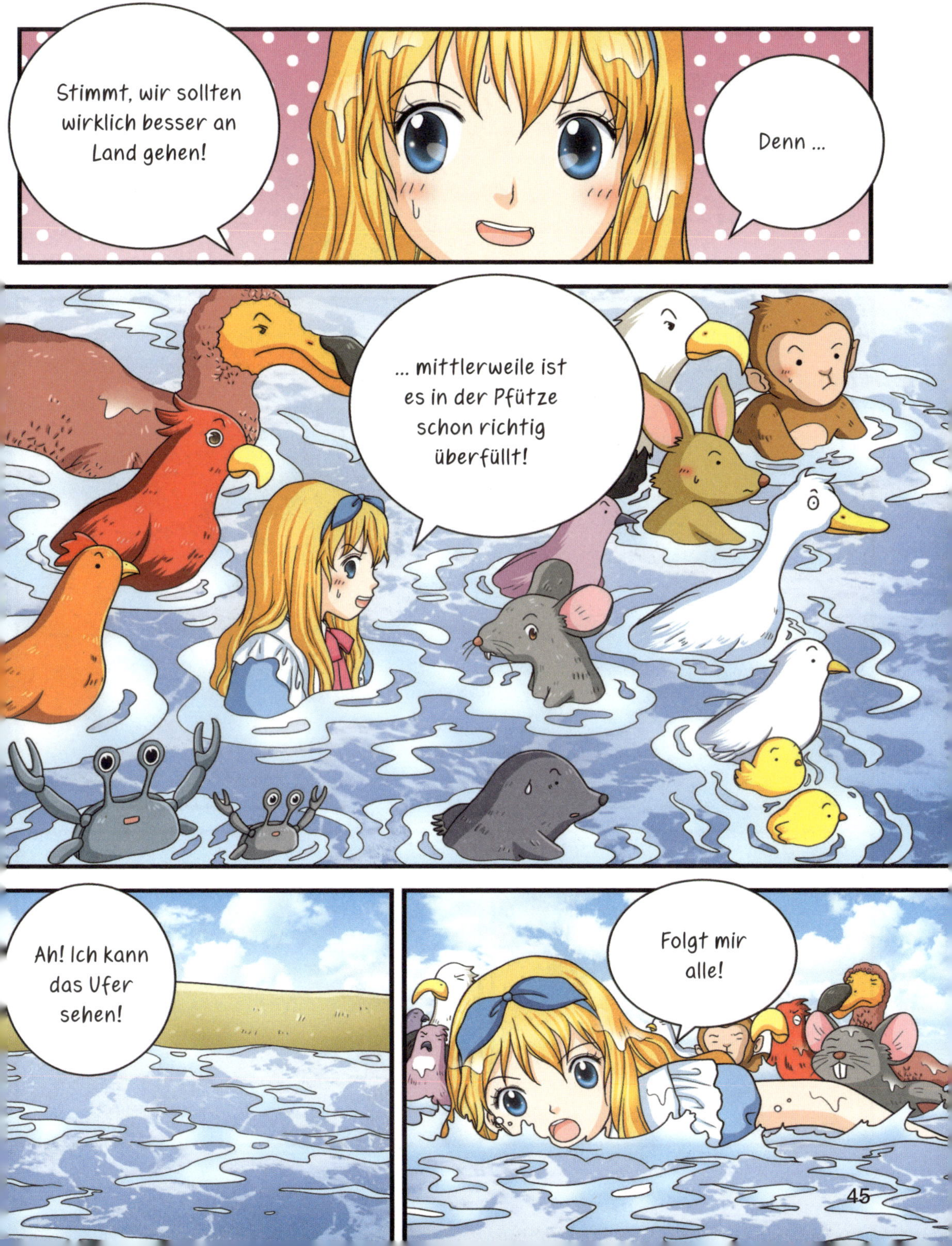
Stimmt, wir sollten wirklich besser an Land gehen!
Denn ...
... mittlerweile ist es in der Pfütze schon richtig überfüllt!
Ah! Ich kann das Ufer sehen!
Folgt mir alle!

3. Kapitel

Das merkwürdige Rennen

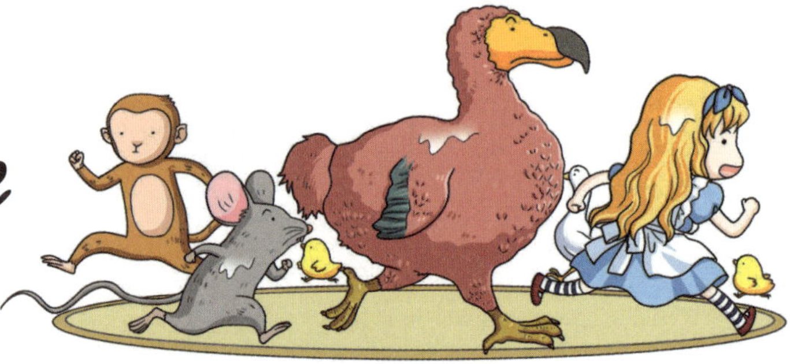

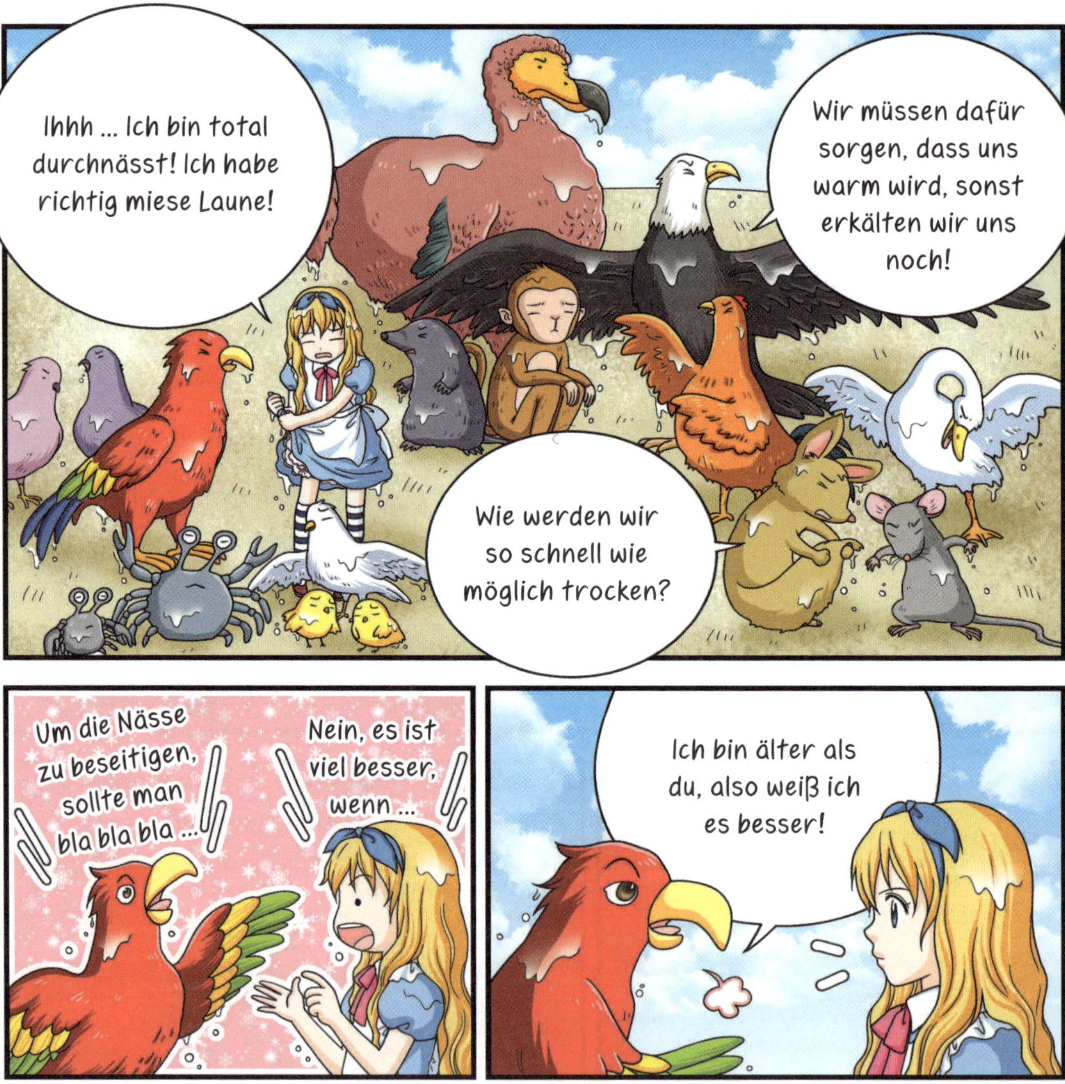

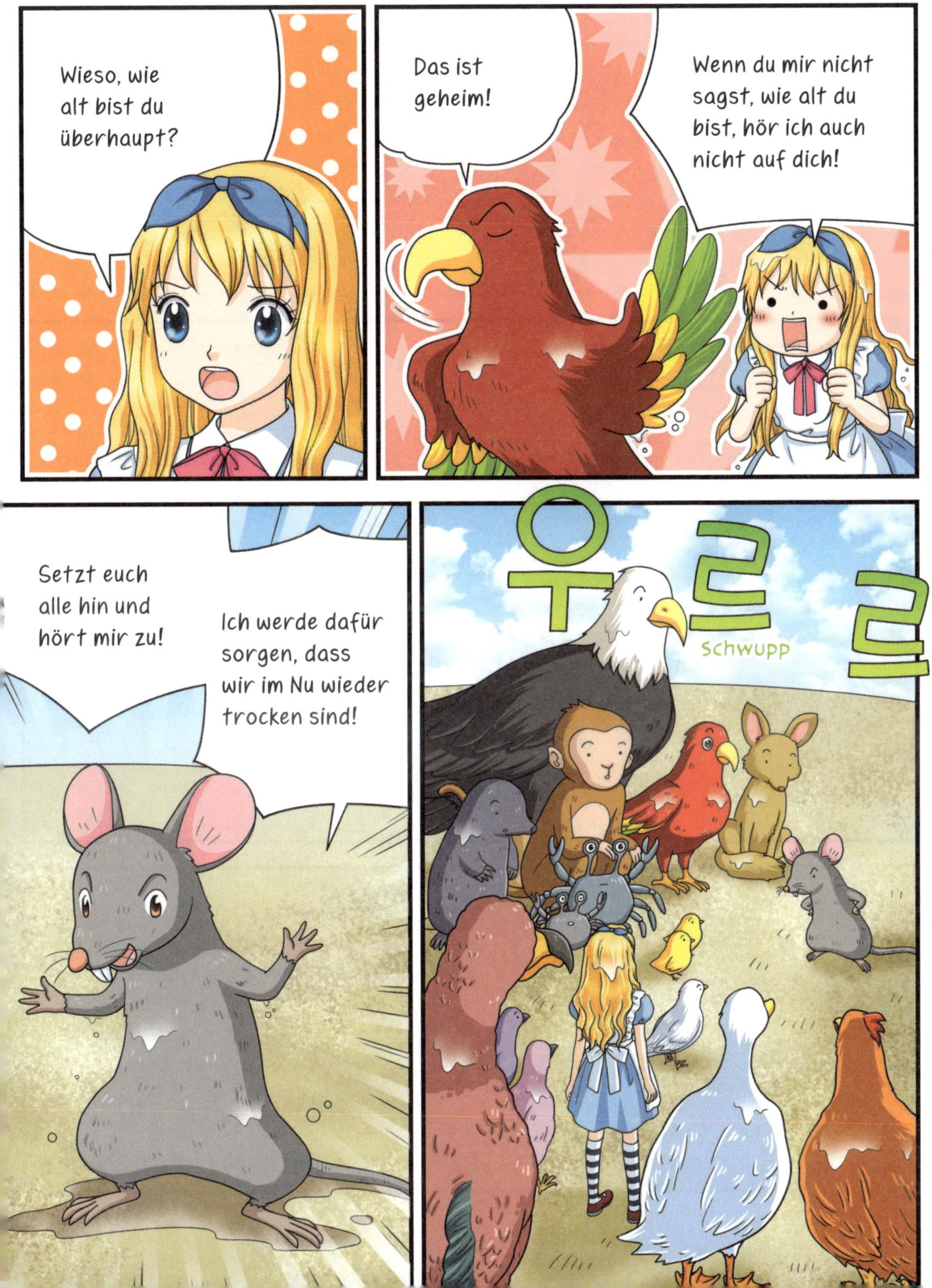
Wieso, wie alt bist du überhaupt?
Das ist geheim!
Wenn du mir nicht sagst, wie alt du bist, hör ich auch nicht auf dich!
Setzt euch alle hin und hört mir zu!
Ich werde dafür sorgen, dass wir im Nu wieder trocken sind!
우르르
Schwupp

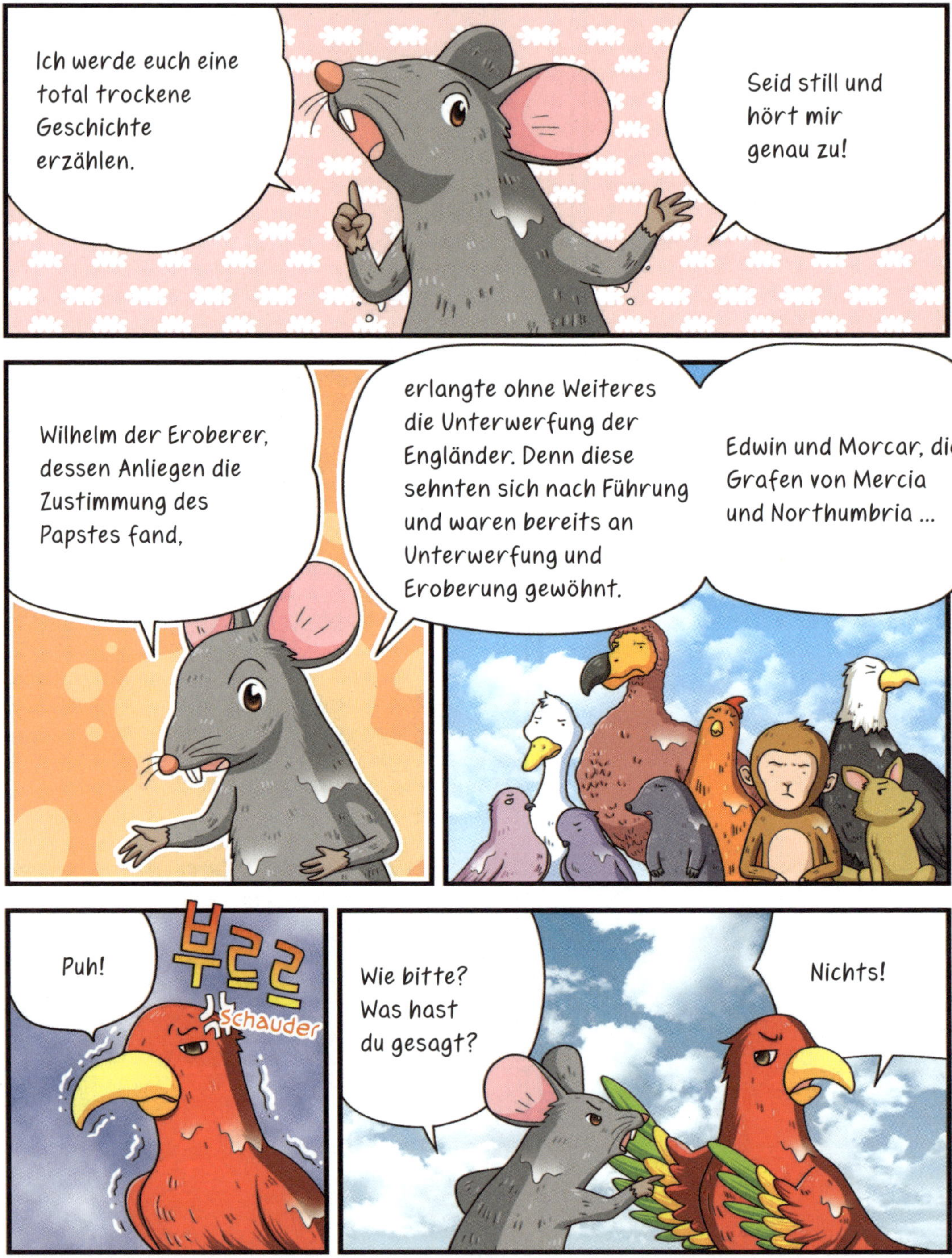
Ich werde euch eine total trockene Geschichte erzählen.
Seid still und hört mir genau zu!
Wilhelm der Eroberer, dessen Anliegen die Zustimmung des Papstes fand,
erlangte ohne Weiteres die Unterwerfung der Engländer. Denn diese sehnten sich nach Führung und waren bereits an Unterwerfung und Eroberung gewöhnt.
Edwin und Morcar, die Grafen von Mercia und Northumbria …
Puh!
부르르
Schauder
Wie bitte? Was hast du gesagt?
Nichts!

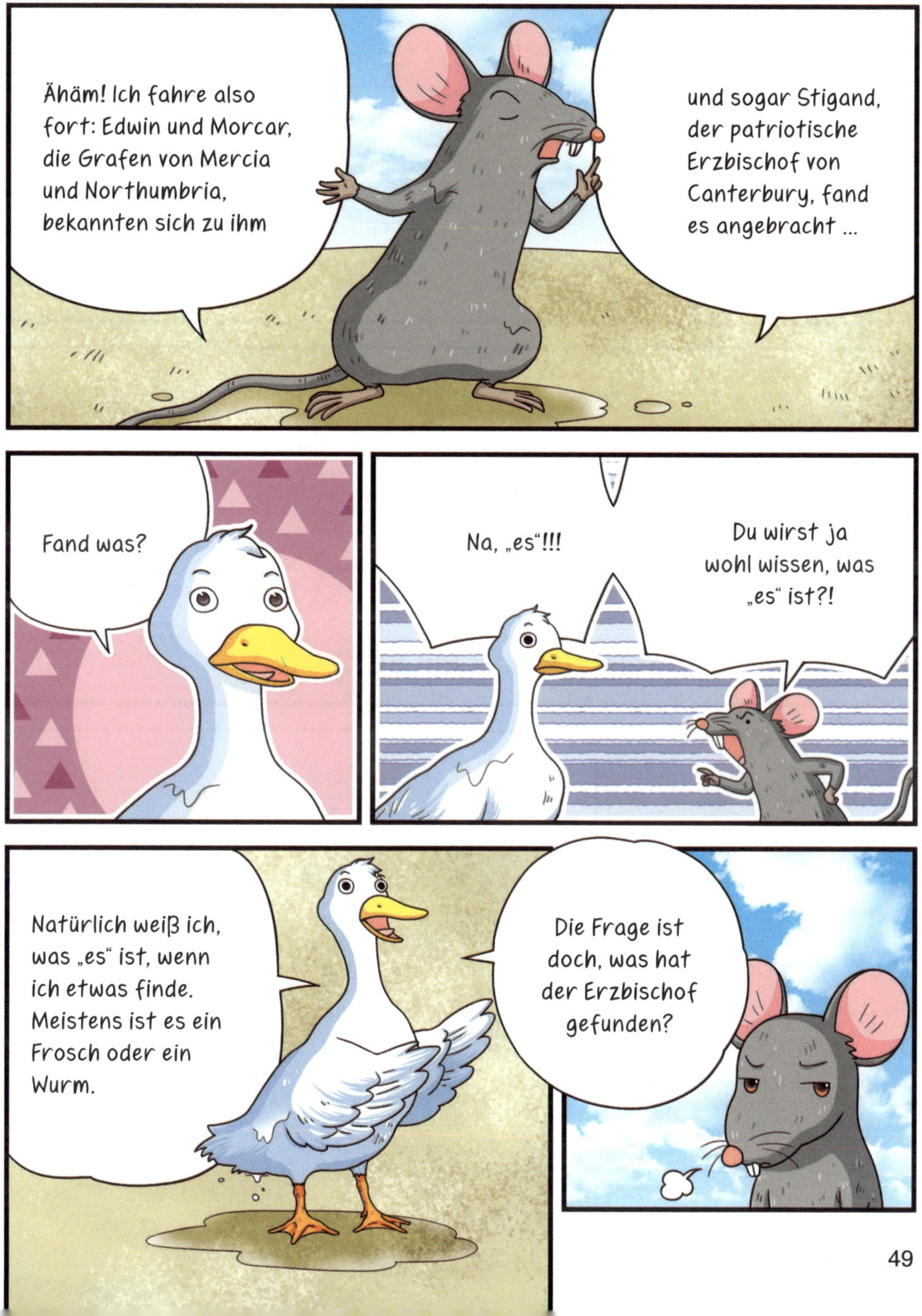
Ähäm! Ich fahre also fort: Edwin und Morcar, die Grafen von Mercia und Northumbria, bekannten sich zu ihm
und sogar Stigand, der patriotische Erzbischof von Canterbury, fand es angebracht ...
Fand was?
Na, „es"!!!
Du wirst ja wohl wissen, was „es" ist?!
Natürlich weiß ich, was „es" ist, wenn ich etwas finde. Meistens ist es ein Frosch oder ein Wurm.
Die Frage ist doch, was hat der Erzbischof gefunden?

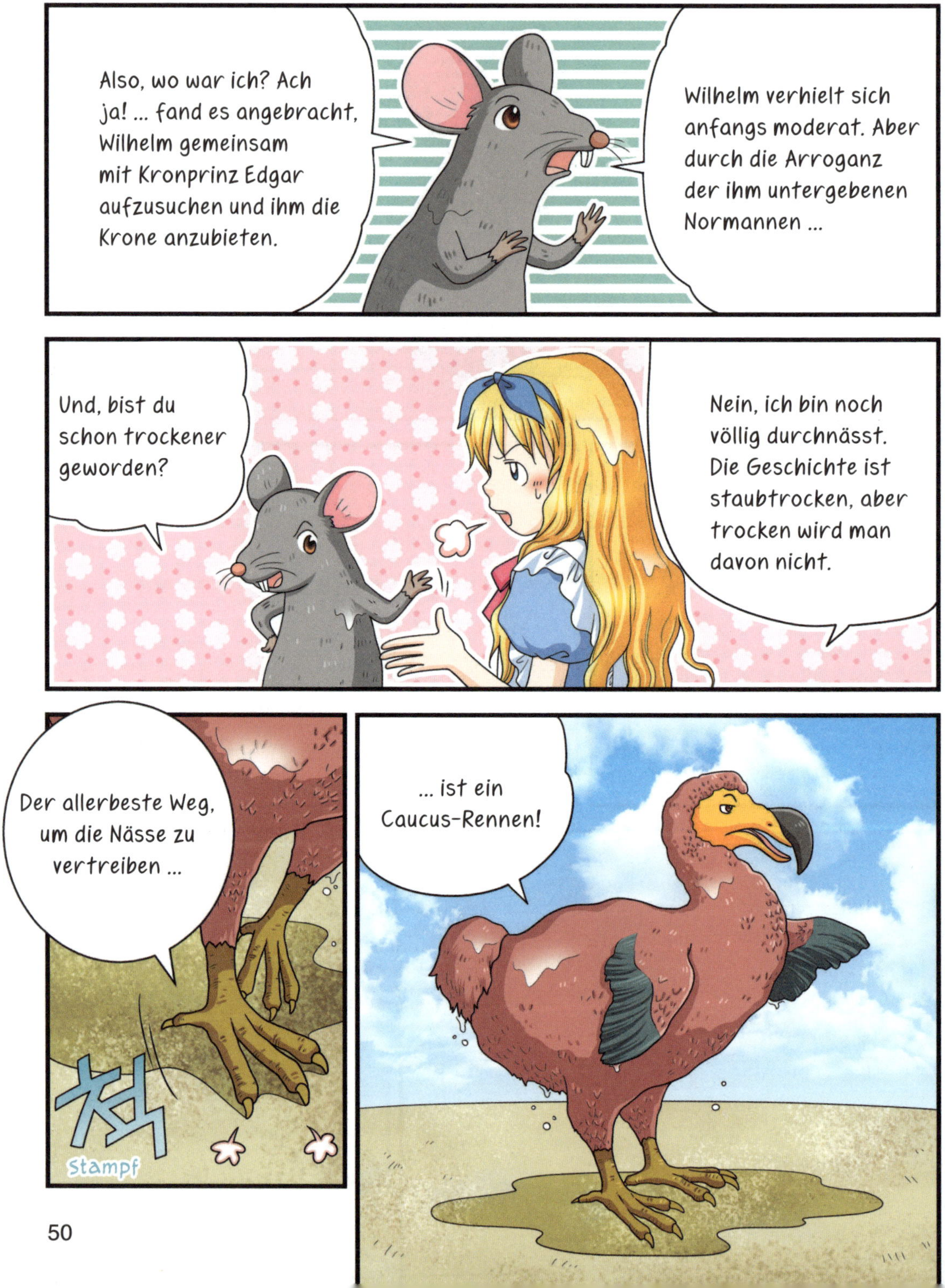
Also, wo war ich? Ach ja! ... fand es angebracht, Wilhelm gemeinsam mit Kronprinz Edgar aufzusuchen und ihm die Krone anzubieten.
Wilhelm verhielt sich anfangs moderat. Aber durch die Arroganz der ihm untergebenen Normannen ...
Und, bist du schon trockener geworden?
Nein, ich bin noch völlig durchnässt. Die Geschichte ist staubtrocken, aber trocken wird man davon nicht.
Der allerbeste Weg, um die Nässe zu vertreiben ...
Stampf
... ist ein Caucus-Rennen!

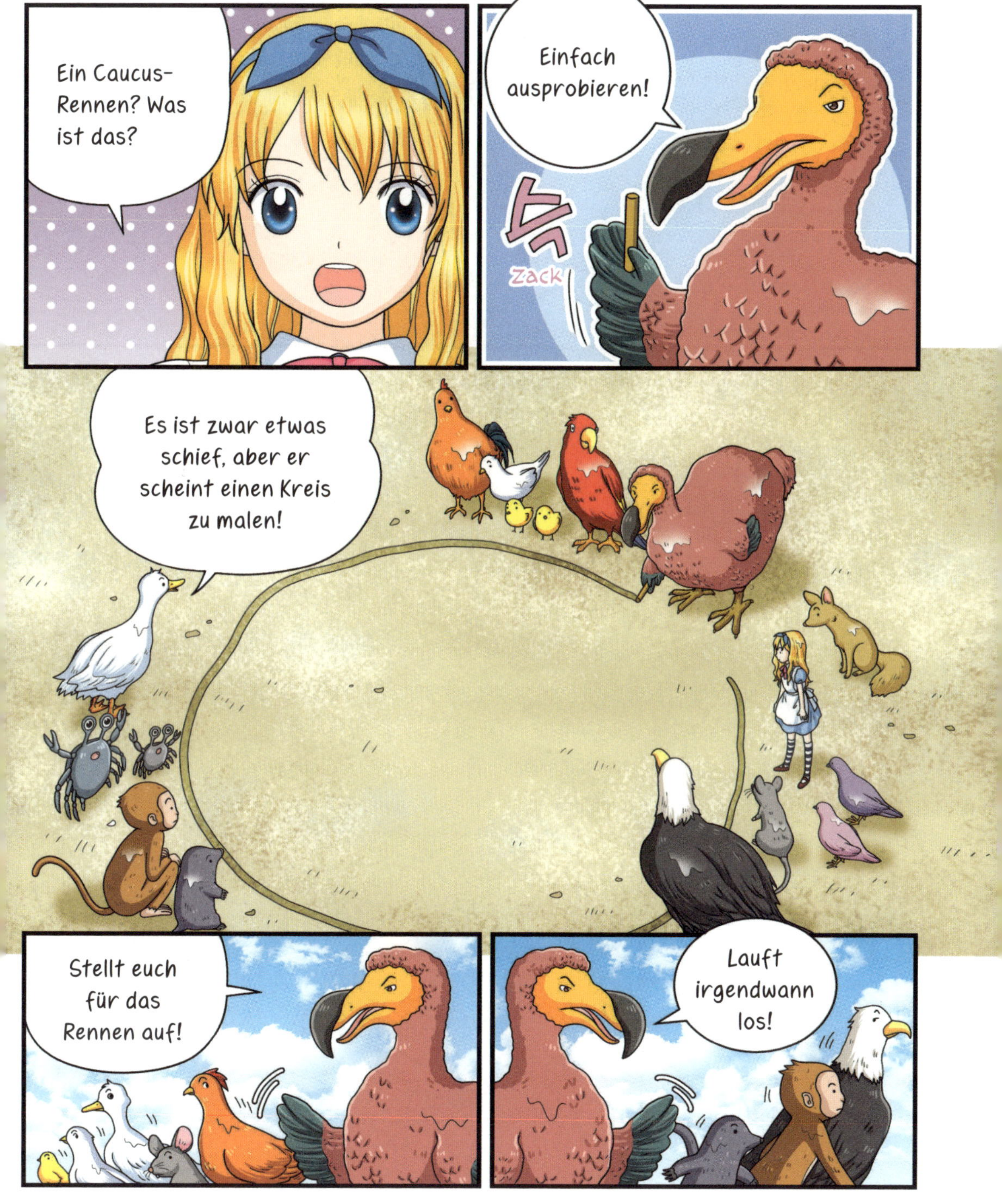
Ein Caucus-Rennen? Was ist das?
Einfach ausprobieren!
Zack
Es ist zwar etwas schief, aber er scheint einen Kreis zu malen!
Stellt euch für das Rennen auf!
Lauft irgendwann los!

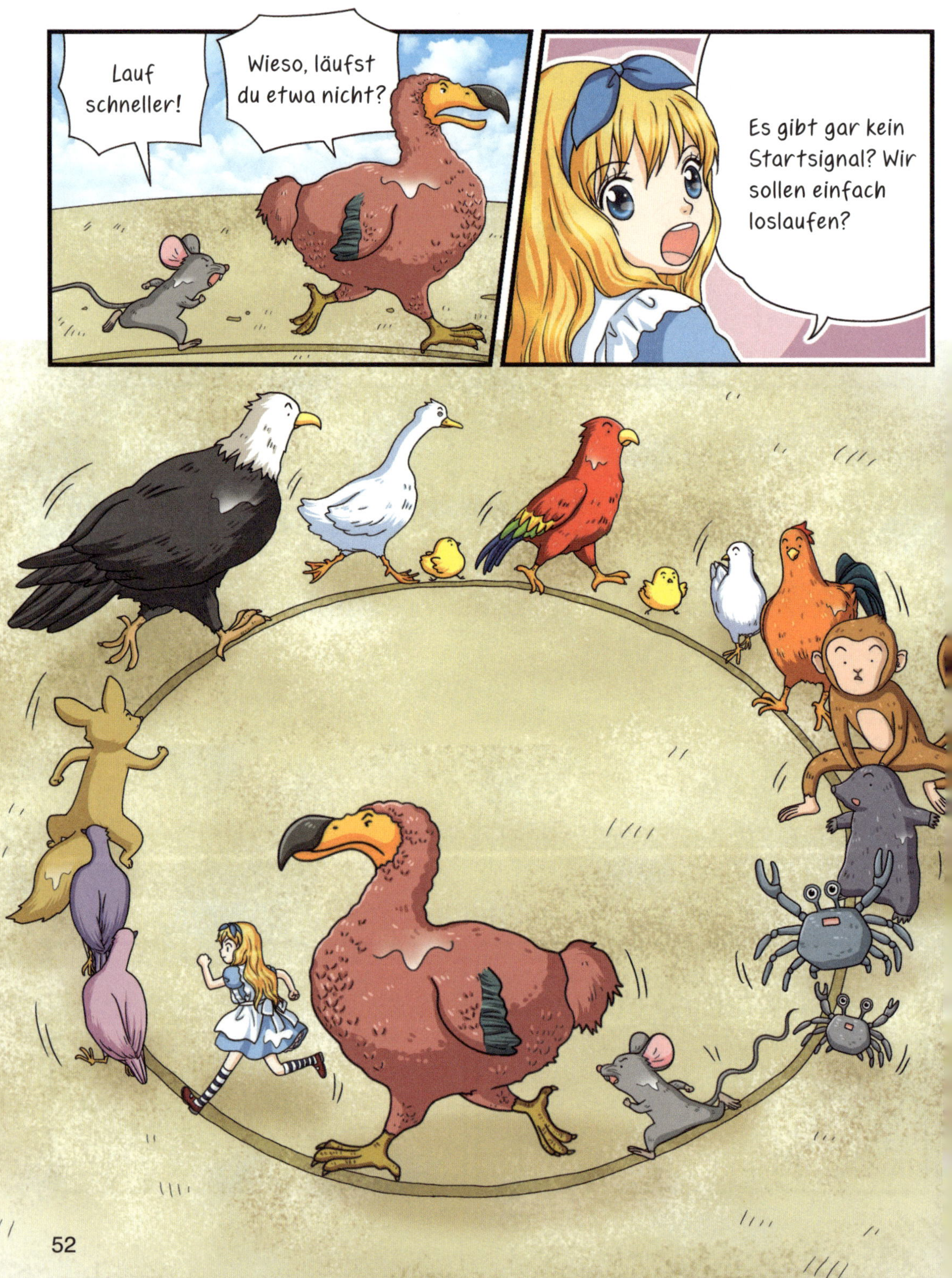
Lauf schneller!
Wieso, läufst du etwa nicht?
Es gibt gar kein Startsignal? Wir sollen einfach loslaufen?

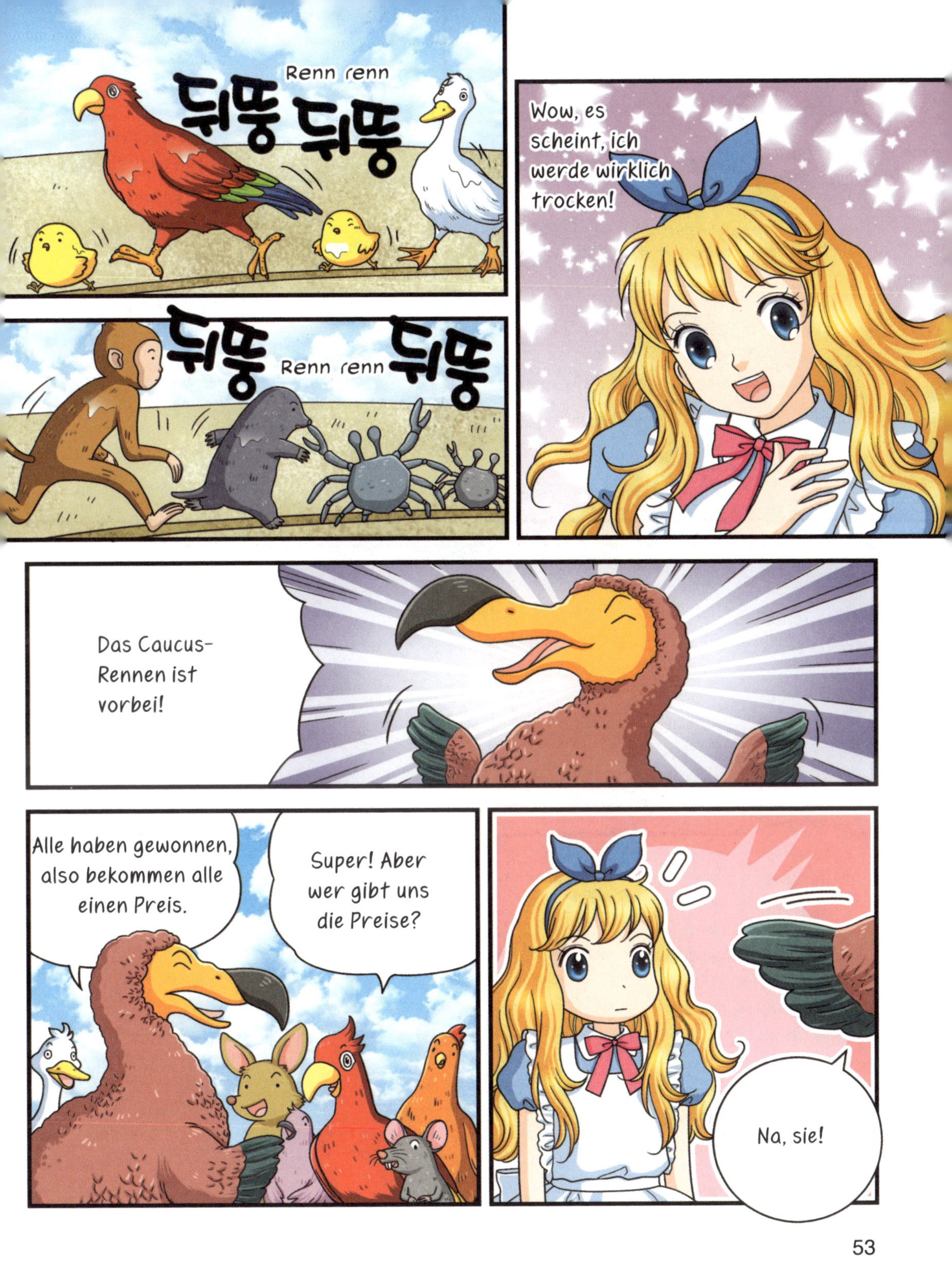
뒤뚱 뒤뚱
Renn renn
Wow, es scheint, ich werde wirklich trocken!
뒤뚱
Renn renn
뒤뚱
Das Caucus-Rennen ist vorbei!
Alle haben gewonnen, also bekommen alle einen Preis.
Super! Aber wer gibt uns die Preise?
Na, sie!

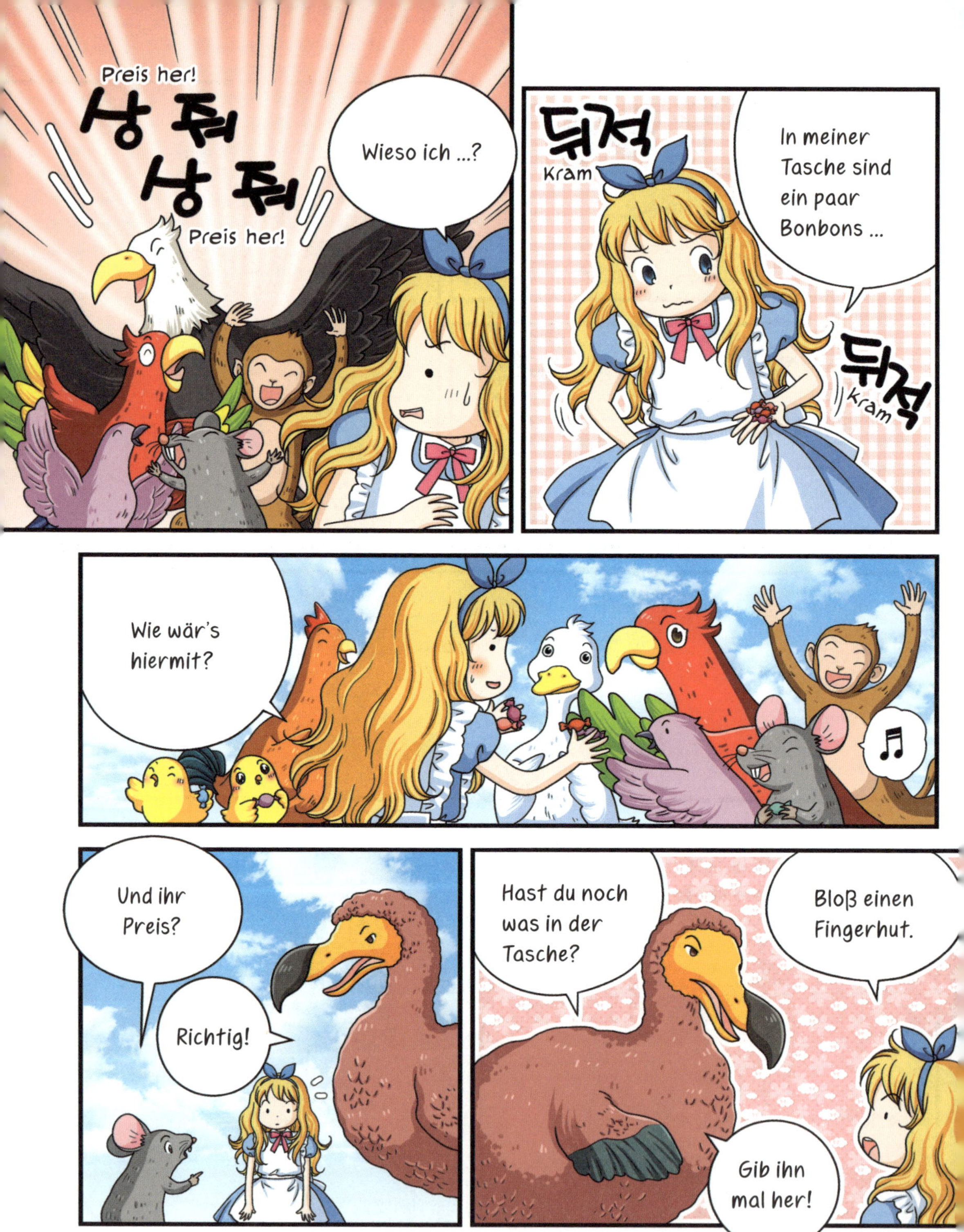
Preis her!
상줘
상줘
Preis her!
Wieso ich ...?
뒤적
Kram
In meiner Tasche sind ein paar Bonbons ...
뒤적
Kram
Wie wär's hiermit?
♫
Und ihr Preis?
Richtig!
Hast du noch was in der Tasche?
Bloß einen Fingerhut.
Gib ihn mal her!

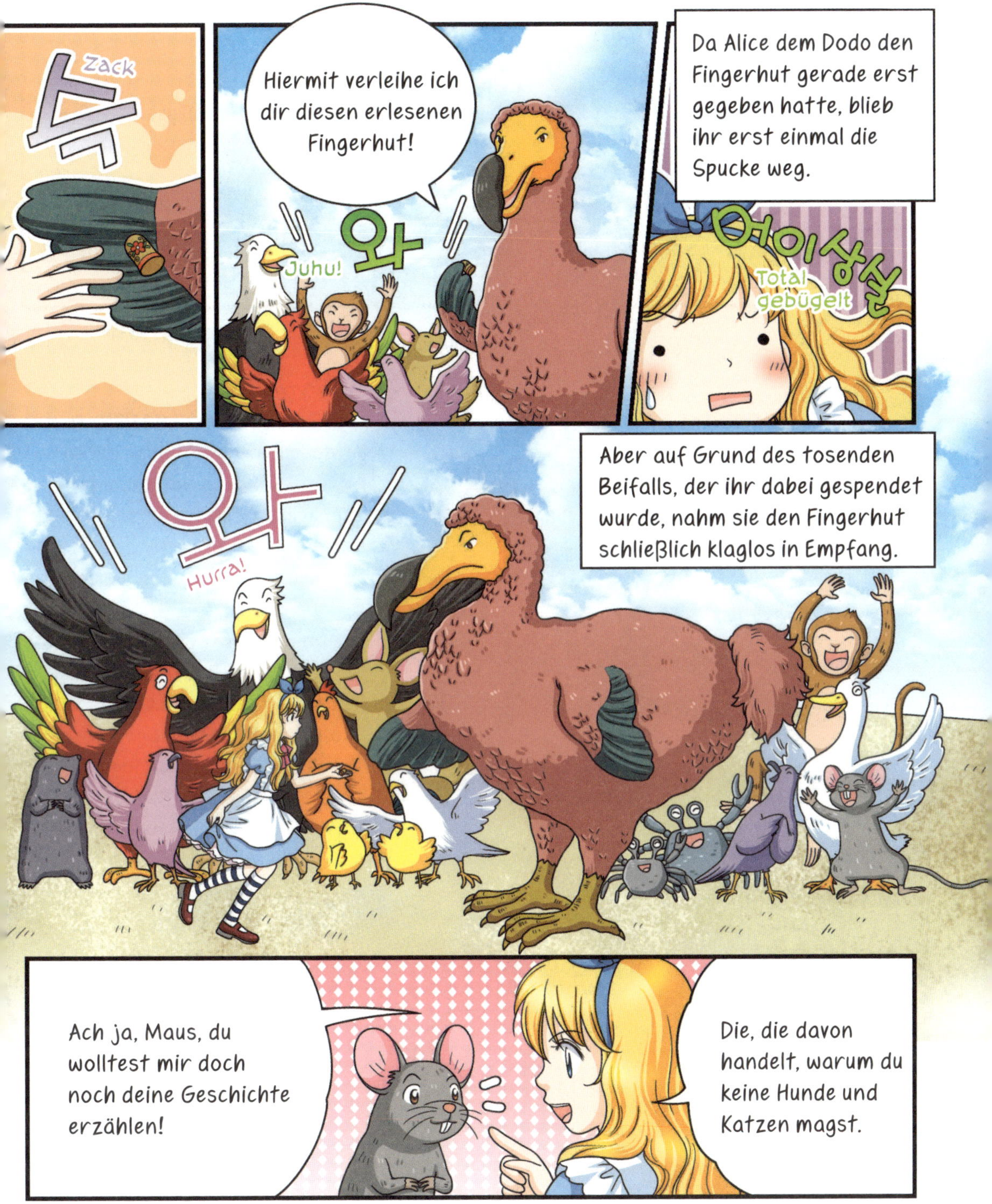

슉
Zack
Hiermit verleihe ich dir diesen erlesenen Fingerhut!
와
Juhu!
Da Alice dem Dodo den Fingerhut gerade erst gegeben hatte, blieb ihr erst einmal die Spucke weg.
어이상실
Total gebügelt
와
Hurra!
Aber auf Grund des tosenden Beifalls, der ihr dabei gespendet wurde, nahm sie den Fingerhut schließlich klaglos in Empfang.
Ach ja, Maus, du wolltest mir doch noch deine Geschichte erzählen!
Die, die davon handelt, warum du keine Hunde und Katzen magst.

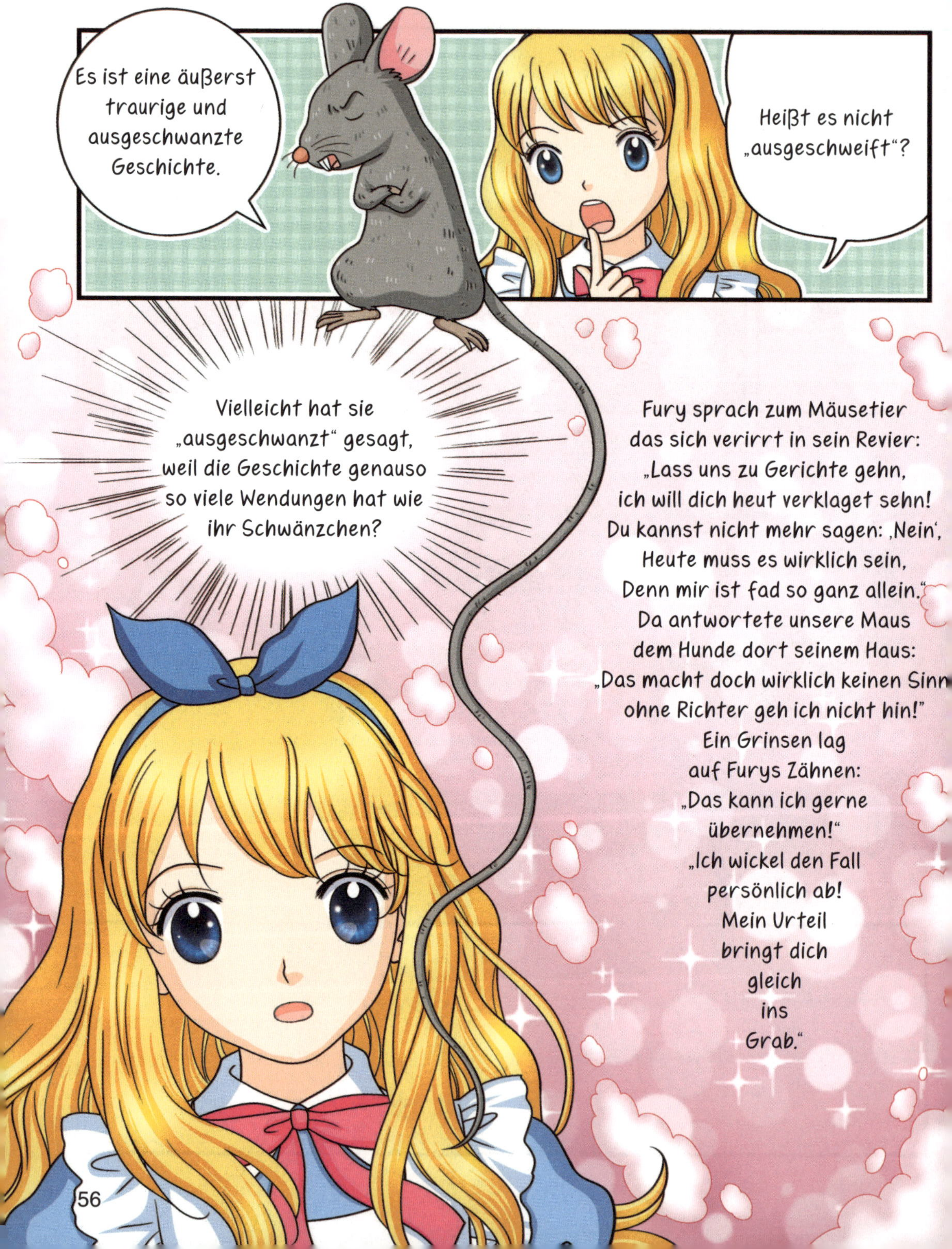
Es ist eine äußerst traurige und ausgeschwanzte Geschichte.
Heißt es nicht „ausgeschweift"?
Vielleicht hat sie „ausgeschwanzt" gesagt, weil die Geschichte genauso so viele Wendungen hat wie ihr Schwänzchen?
Fury sprach zum Mäusetier
das sich verirrt in sein Revier:
„Lass uns zu Gerichte gehn,
ich will dich heut verklaget sehn!
Du kannst nicht mehr sagen: ‚Nein',
Heute muss es wirklich sein,
Denn mir ist fad so ganz allein."
Da antwortete unsere Maus
dem Hunde dort seinem Haus:
„Das macht doch wirklich keinen Sinn
ohne Richter geh ich nicht hin!"
Ein Grinsen lag
auf Furys Zähnen:
„Das kann ich gerne
übernehmen!"
„Ich wickel den Fall
persönlich ab!
Mein Urteil
bringt dich
gleich
ins
Grab."

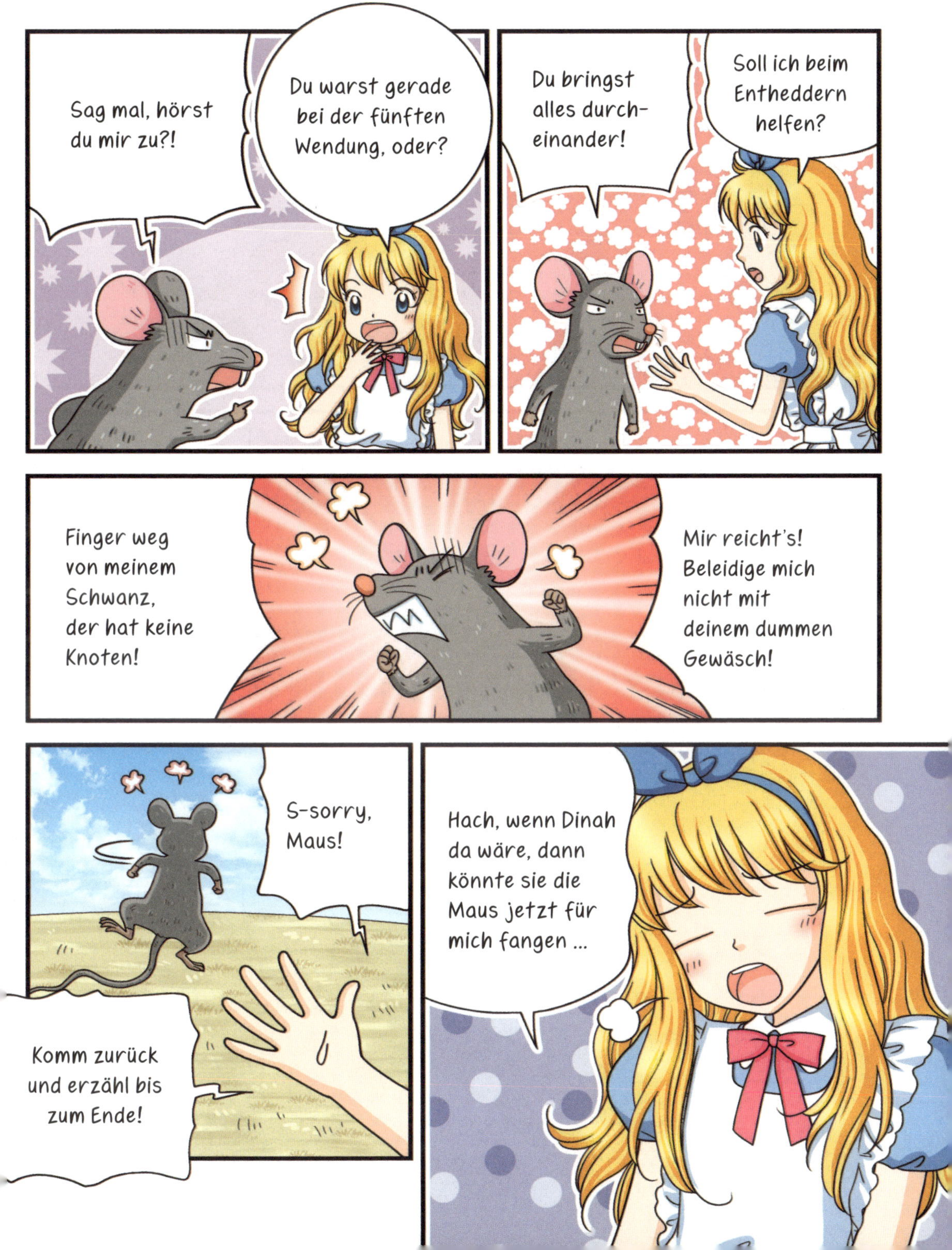
Sag mal, hörst du mir zu?!
Du warst gerade bei der fünften Wendung, oder?
Du bringst alles durch-einander!
Soll ich beim Entheddern helfen?
Finger weg von meinem Schwanz, der hat keine Knoten!
Mir reicht's! Beleidige mich nicht mit deinem dummen Gewäsch!
S-sorry, Maus!
Komm zurück und erzähl bis zum Ende!
Hach, wenn Dinah da wäre, dann könnte sie die Maus jetzt für mich fangen ...

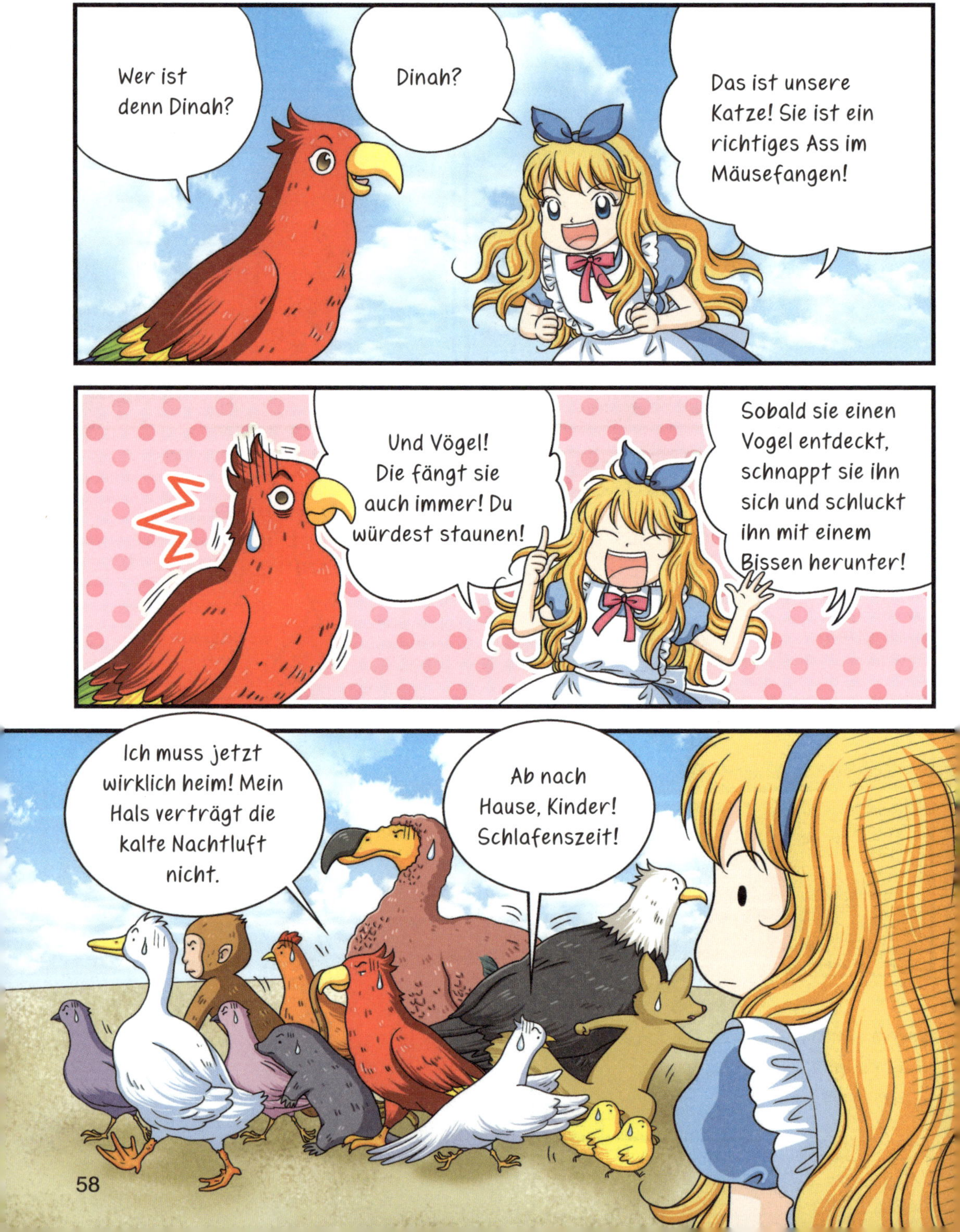
Wer ist denn Dinah?
Dinah?
Das ist unsere Katze! Sie ist ein richtiges Ass im Mäusefangen!
Und Vögel! Die fängt sie auch immer! Du würdest staunen!
Sobald sie einen Vogel entdeckt, schnappt sie ihn sich und schluckt ihn mit einem Bissen herunter!
Ich muss jetzt wirklich heim! Mein Hals verträgt die kalte Nachtluft nicht.
Ab nach Hause, Kinder! Schlafenszeit!

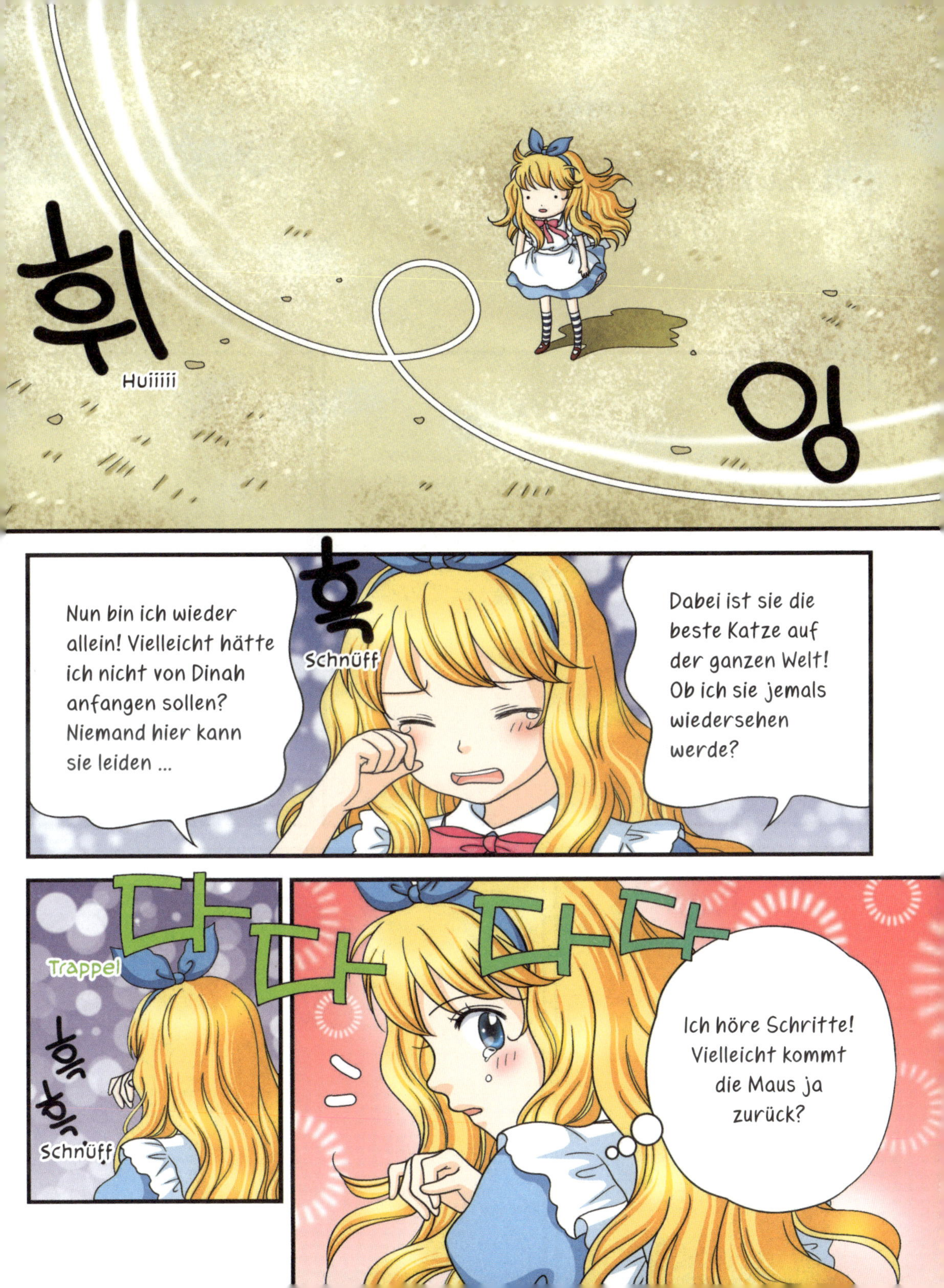

휘
Huiiiii
잉
훌
Schnüff
Nun bin ich wieder allein! Vielleicht hätte ich nicht von Dinah anfangen sollen? Niemand hier kann sie leiden ...
Dabei ist sie die beste Katze auf der ganzen Welt! Ob ich sie jemals wiedersehen werde?
다다
Trappel
다다
Ich höre Schritte! Vielleicht kommt die Maus ja zurück?
Schnüff

4. Kapitel

Das Haus des weißen Kaninchens

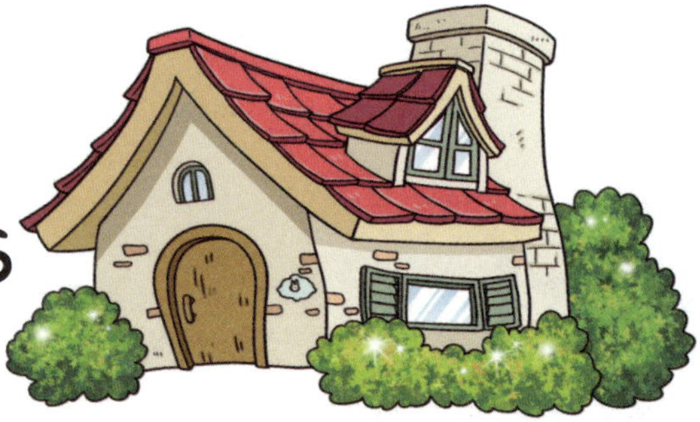

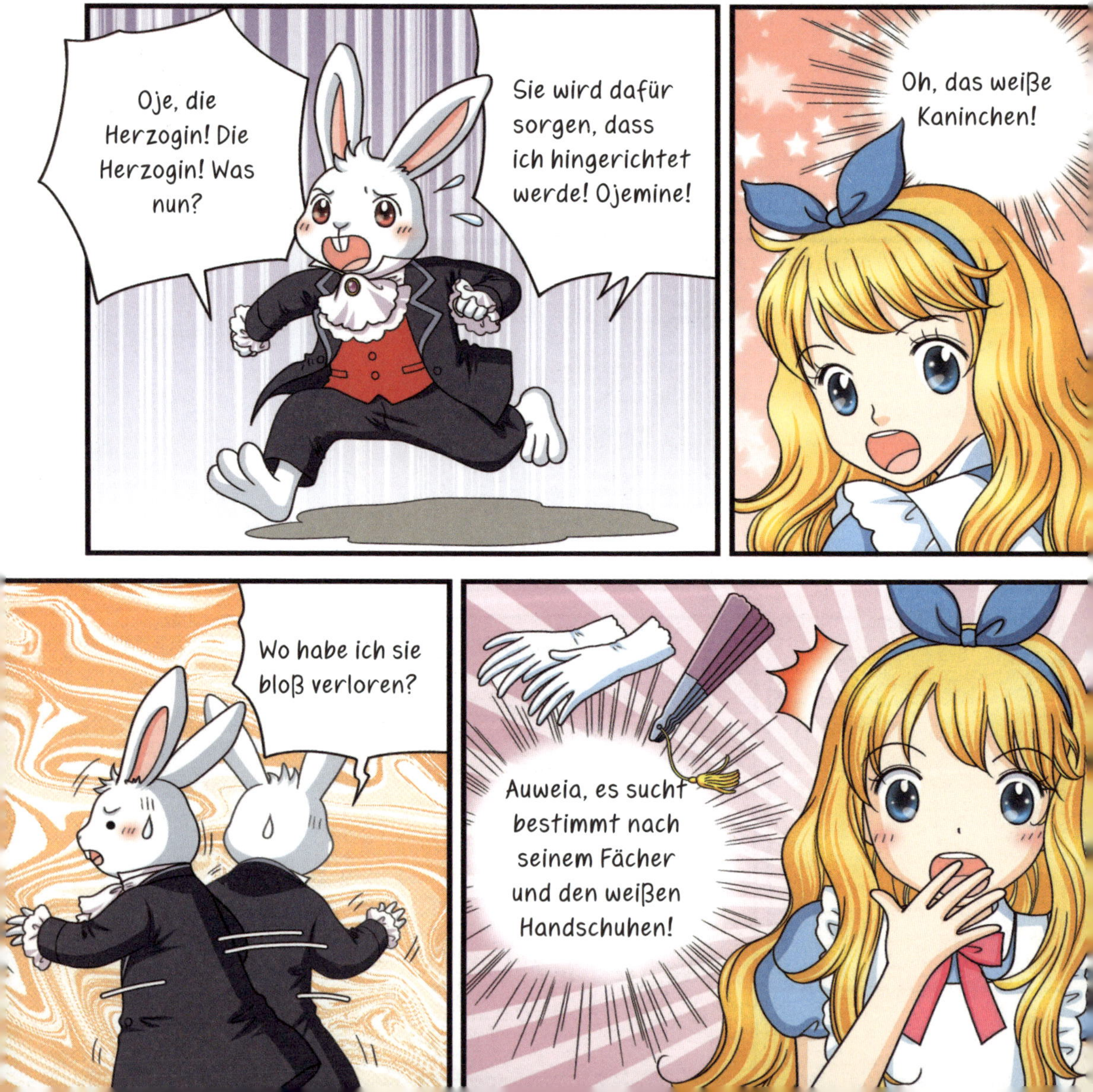

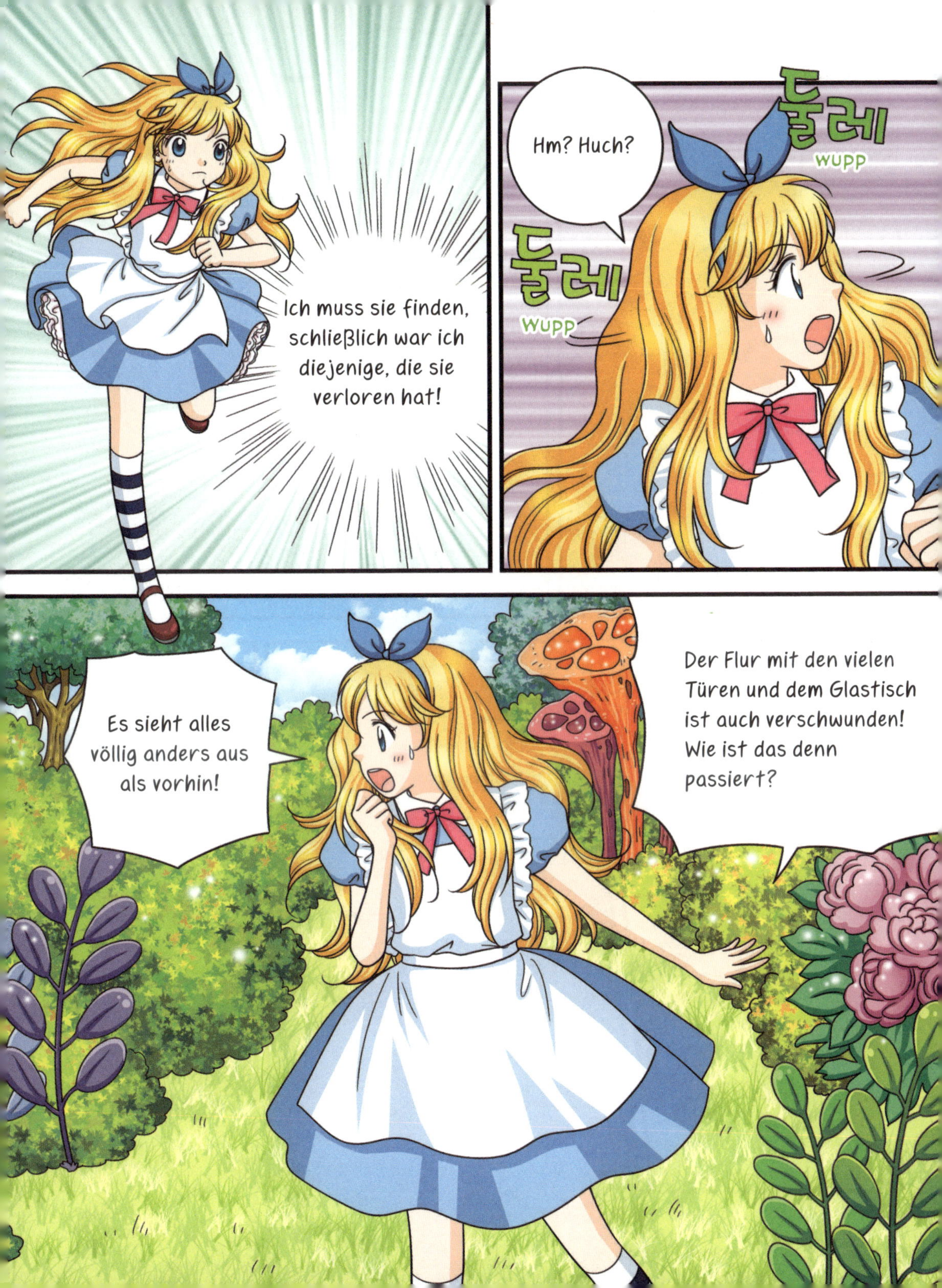
Ich muss sie finden, schließlich war ich diejenige, die sie verloren hat!
Hm? Huch?
둘레
WUPP
둘레
WUPP
Es sieht alles völlig anders aus als vorhin!
Der Flur mit den vielen Türen und dem Glastisch ist auch verschwunden! Wie ist das denn passiert?

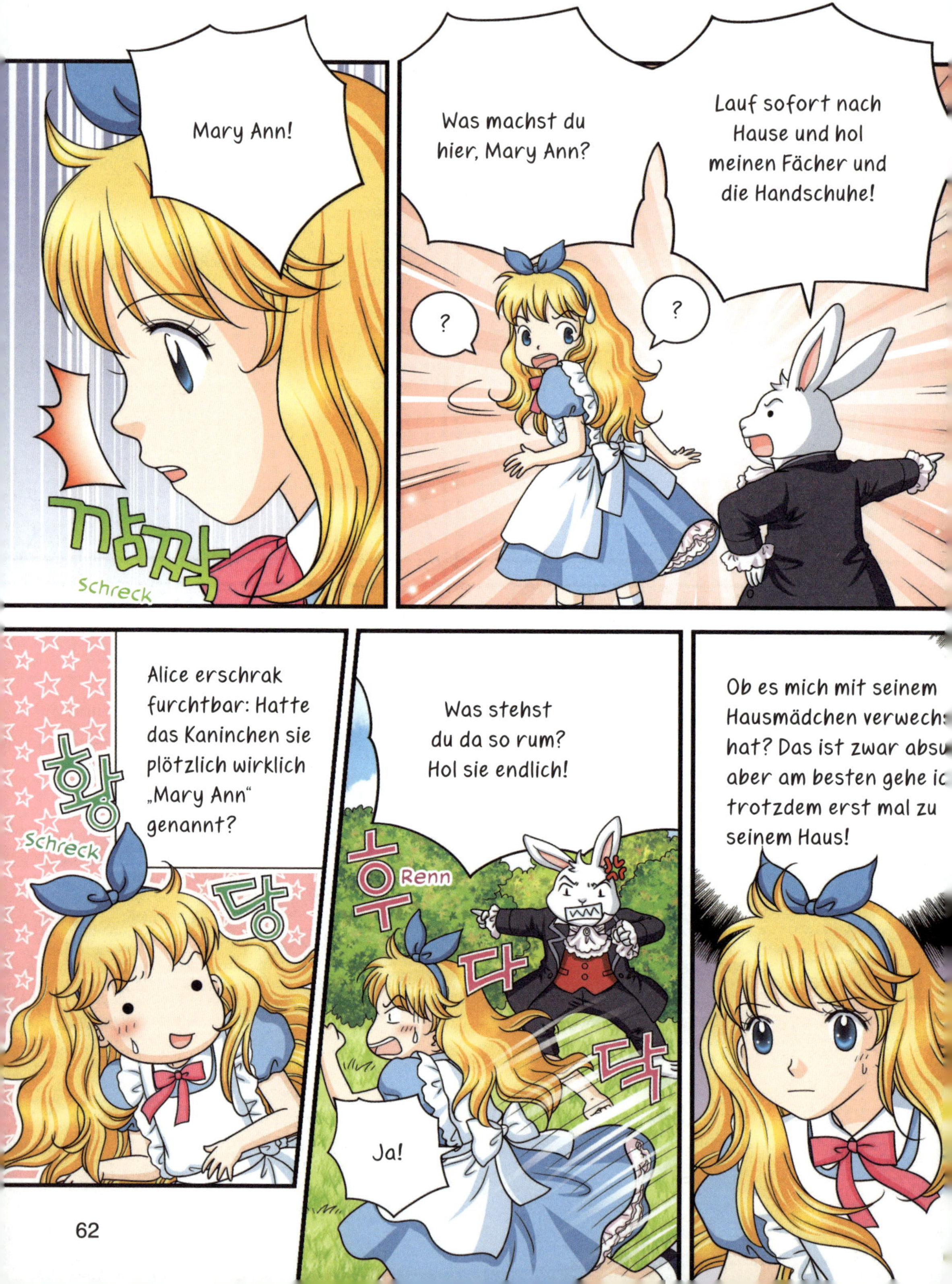

Mary Ann!
깜짝
Schreck
Was machst du hier, Mary Ann?
Lauf sofort nach Hause und hol meinen Fächer und die Handschuhe!
?
?
Alice erschrak furchtbar: Hatte das Kaninchen sie plötzlich wirklich „Mary Ann“ genannt?
황
Schreck
당
Was stehst du da so rum? Hol sie endlich!
후
Renn
다
닥
Ja!
Ob es mich mit seinem Hausmädchen verwechs
hat? Das ist zwar absu
aber am besten gehe ic
trotzdem erst mal zu seinem Haus!

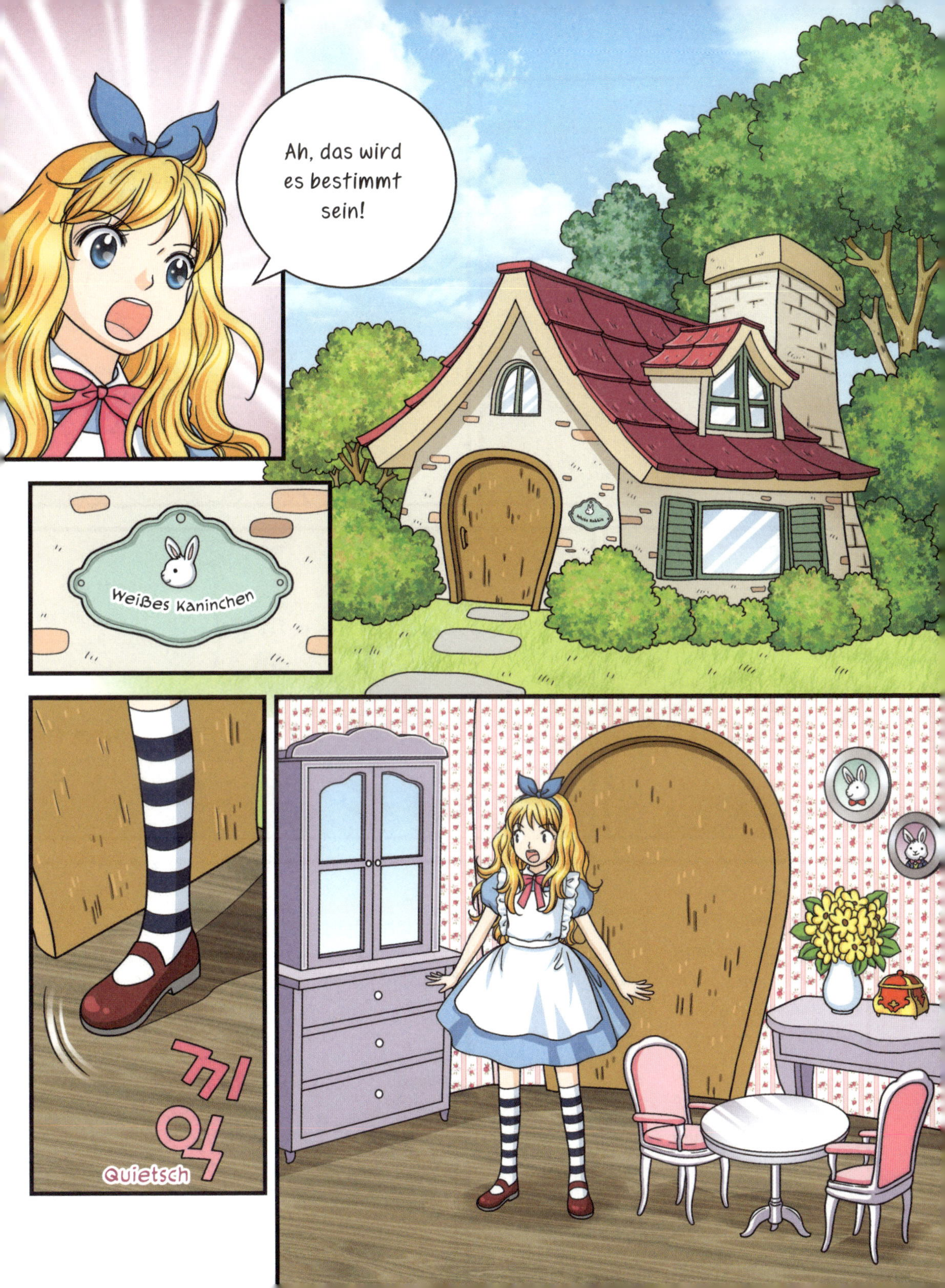
Ah, das wird
es bestimmt
sein!
Weißes Kaninchen
끼익
Quietsch

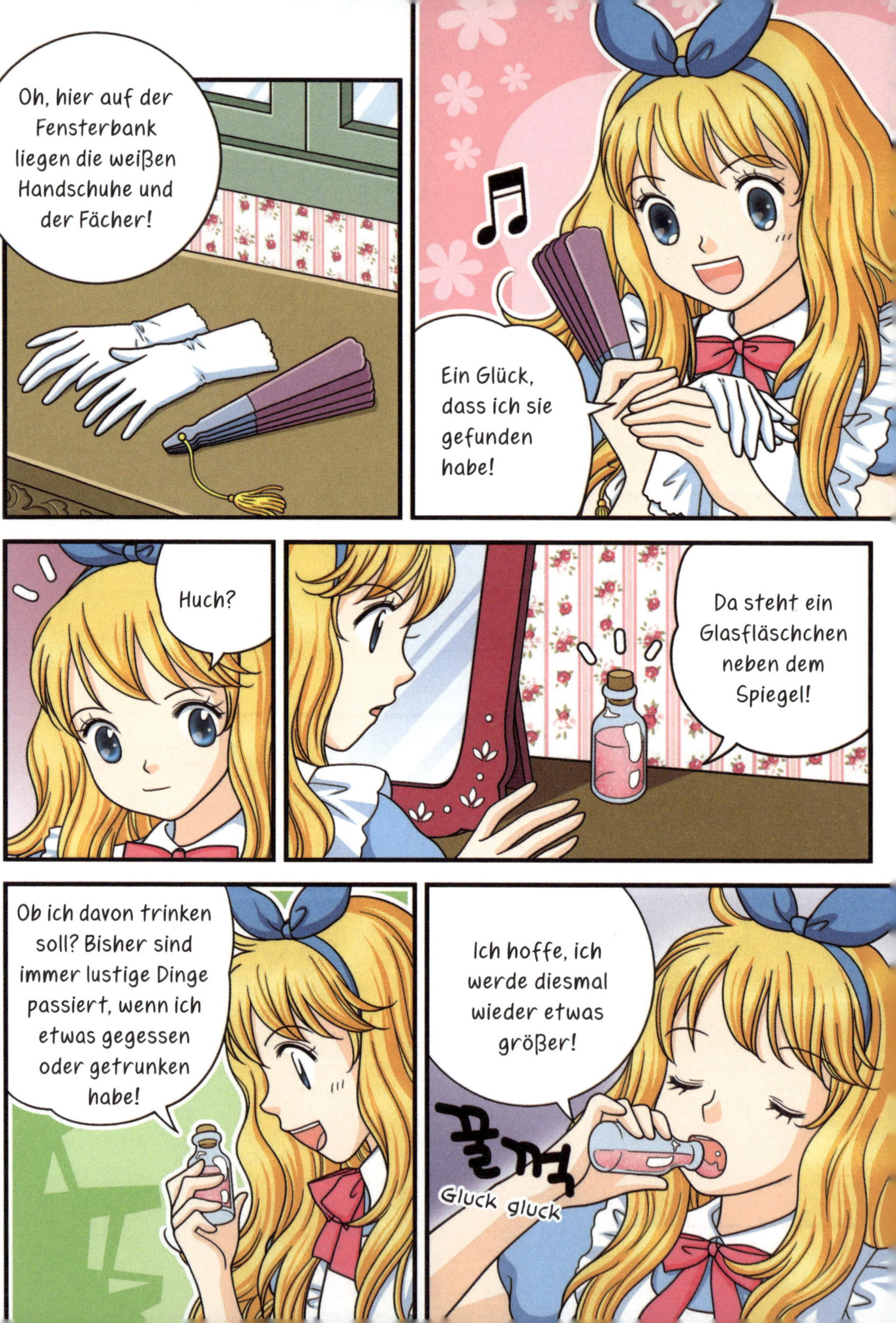

Oh, hier auf der Fensterbank liegen die weißen Handschuhe und der Fächer!
Ein Glück, dass ich sie gefunden habe!
Huch?
Da steht ein Glasfläschchen neben dem Spiegel!
Ob ich davon trinken soll? Bisher sind immer lustige Dinge passiert, wenn ich etwas gegessen oder getrunken habe!
Ich hoffe, ich werde diesmal wieder etwas größer!
꿀꺽
Gluck gluck

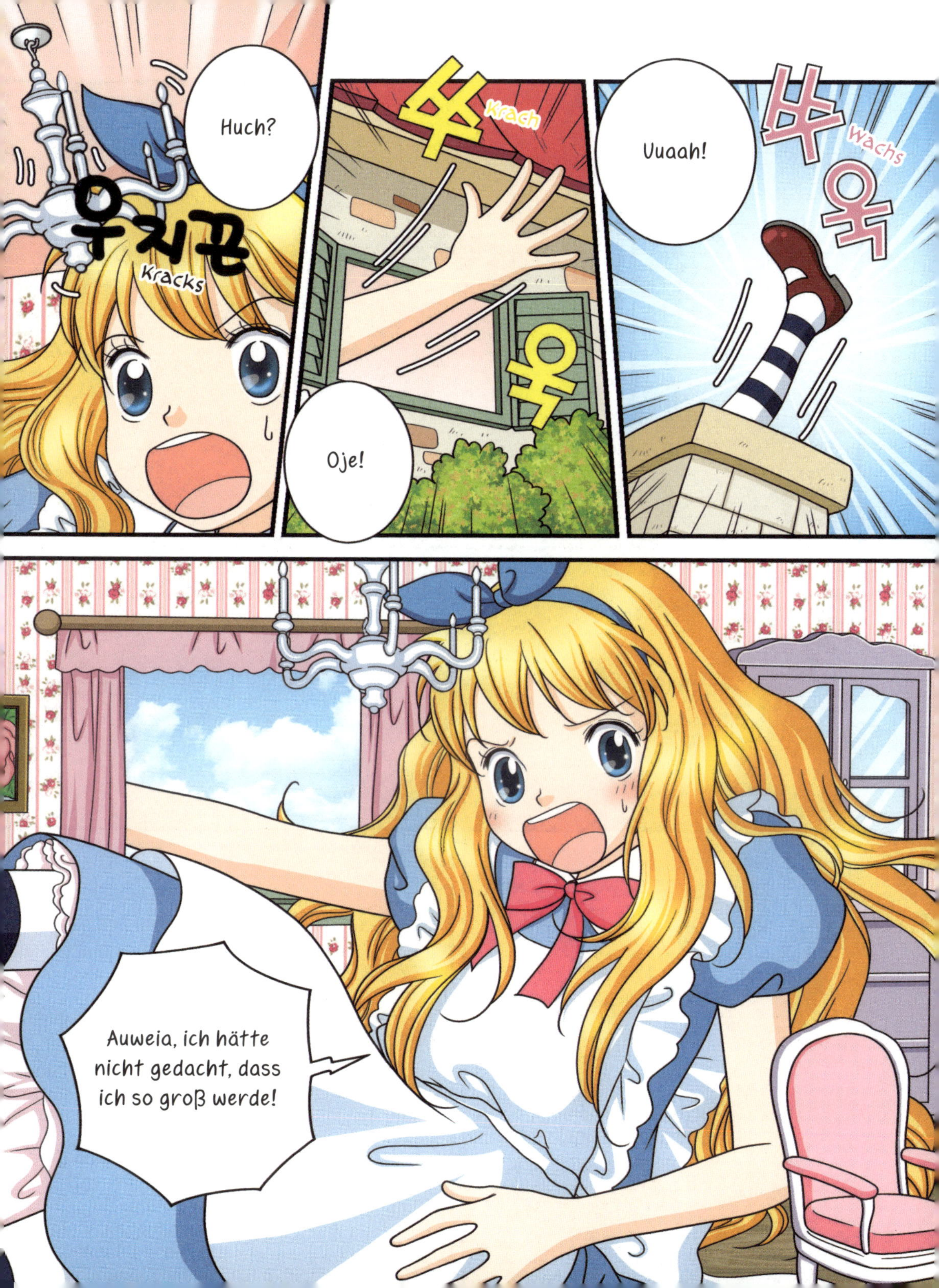

Huch?
우지끈
Kracks
쏙
Krach
옥
Oje!
Uuaah!
쑥
Wachs
쑥
Auweia, ich hätte nicht gedacht, dass ich so groß werde!

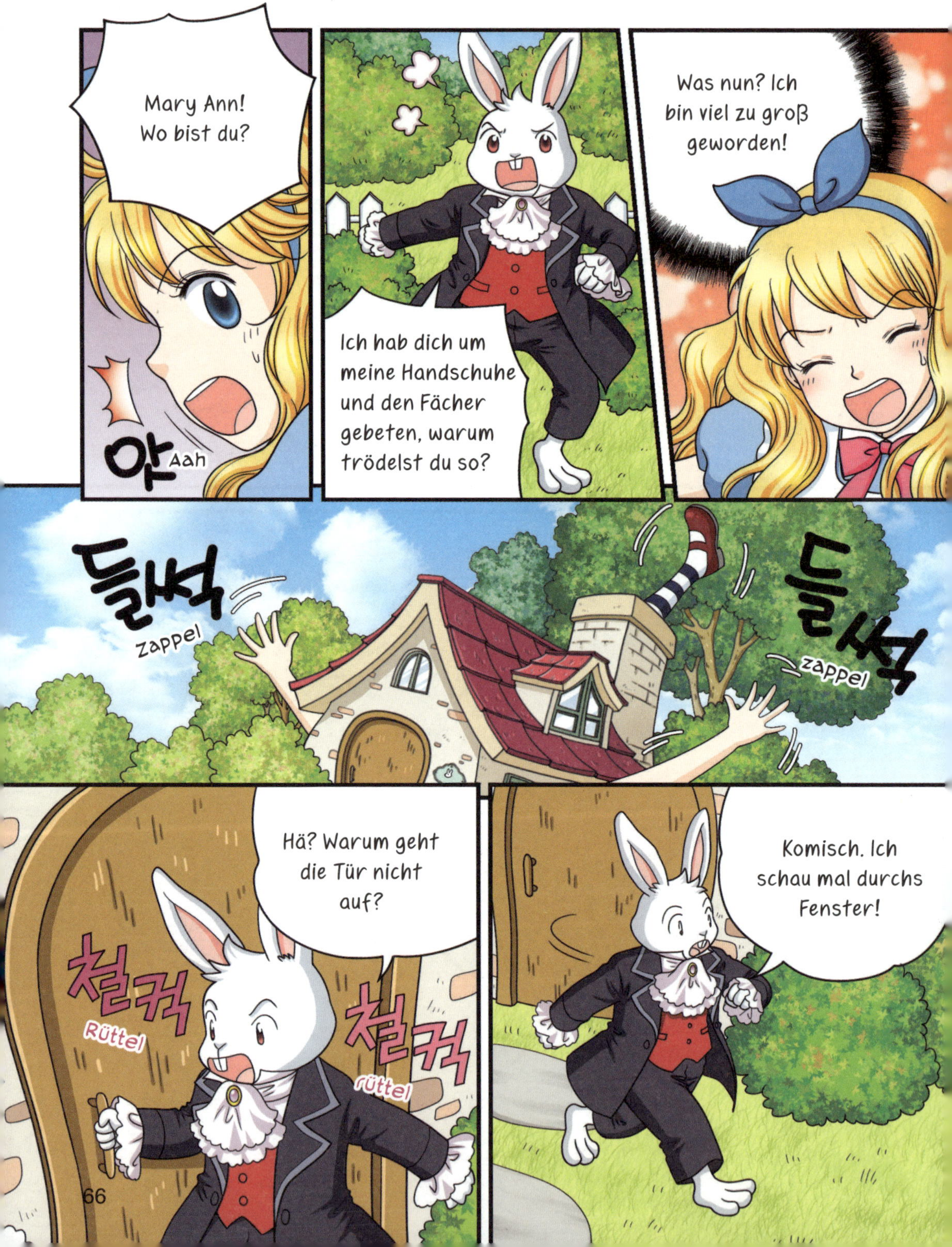

Mary Ann! Wo bist du?
야 Aah
Ich hab dich um meine Handschuhe und den Fächer gebeten, warum trödelst du so?
Was nun? Ich bin viel zu groß geworden!
들썩 zappel
들썩 zappel
Hä? Warum geht die Tür nicht auf?
철컥 Rüttel
철컥 rüttel
Komisch. Ich schau mal durchs Fenster!

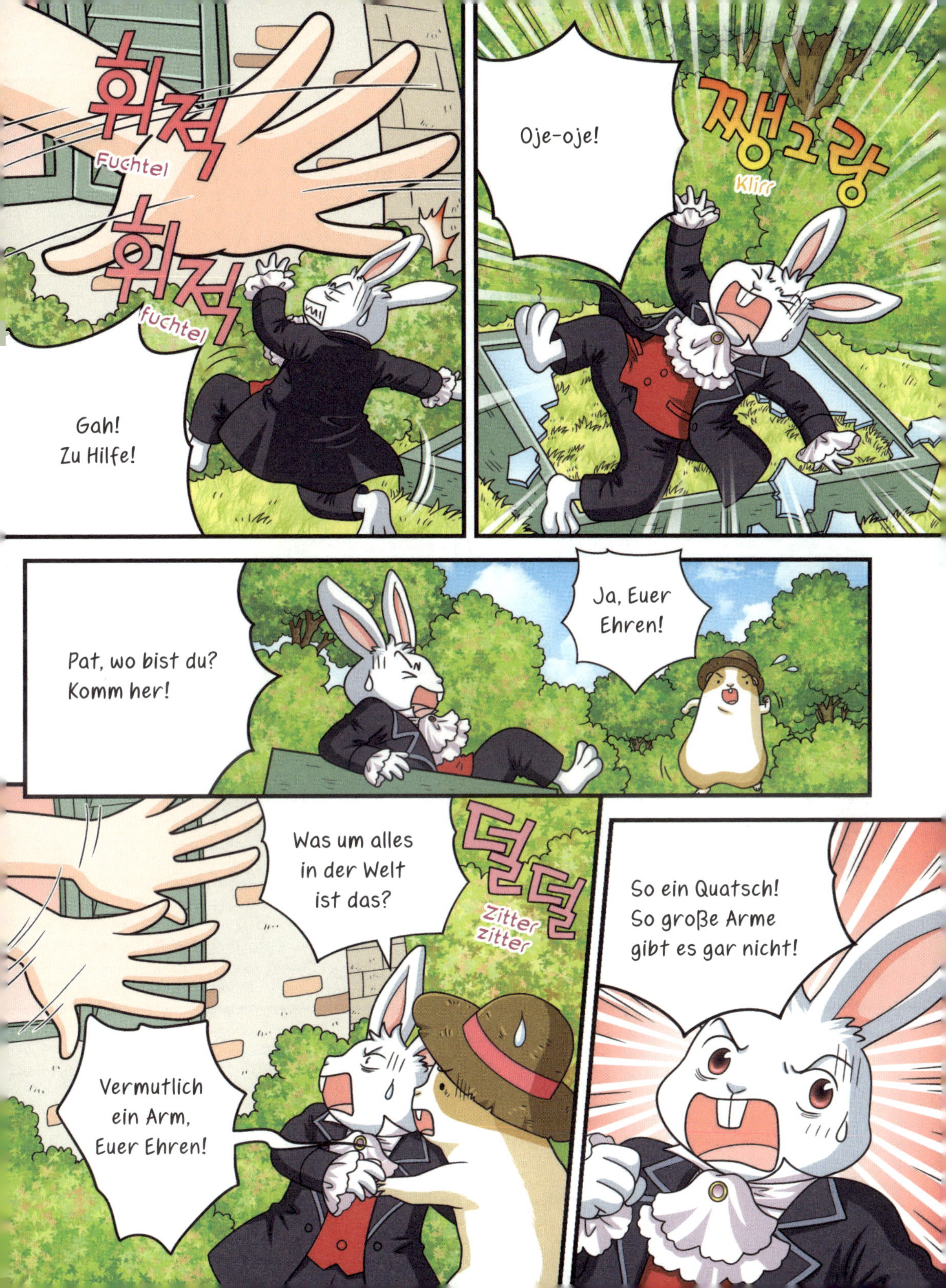

휘적
Fuchtel
휘적
fuchtel
Gah!
Zu Hilfe!
Oje-oje!
쨍그랑
Klirr
Pat, wo bist du?
Komm her!
Ja, Euer
Ehren!
Was um alles
in der Welt
ist das?
덜덜
Zitter
zitter
Vermutlich
ein Arm,
Euer Ehren!
So ein Quatsch!
So große Arme
gibt es gar nicht!

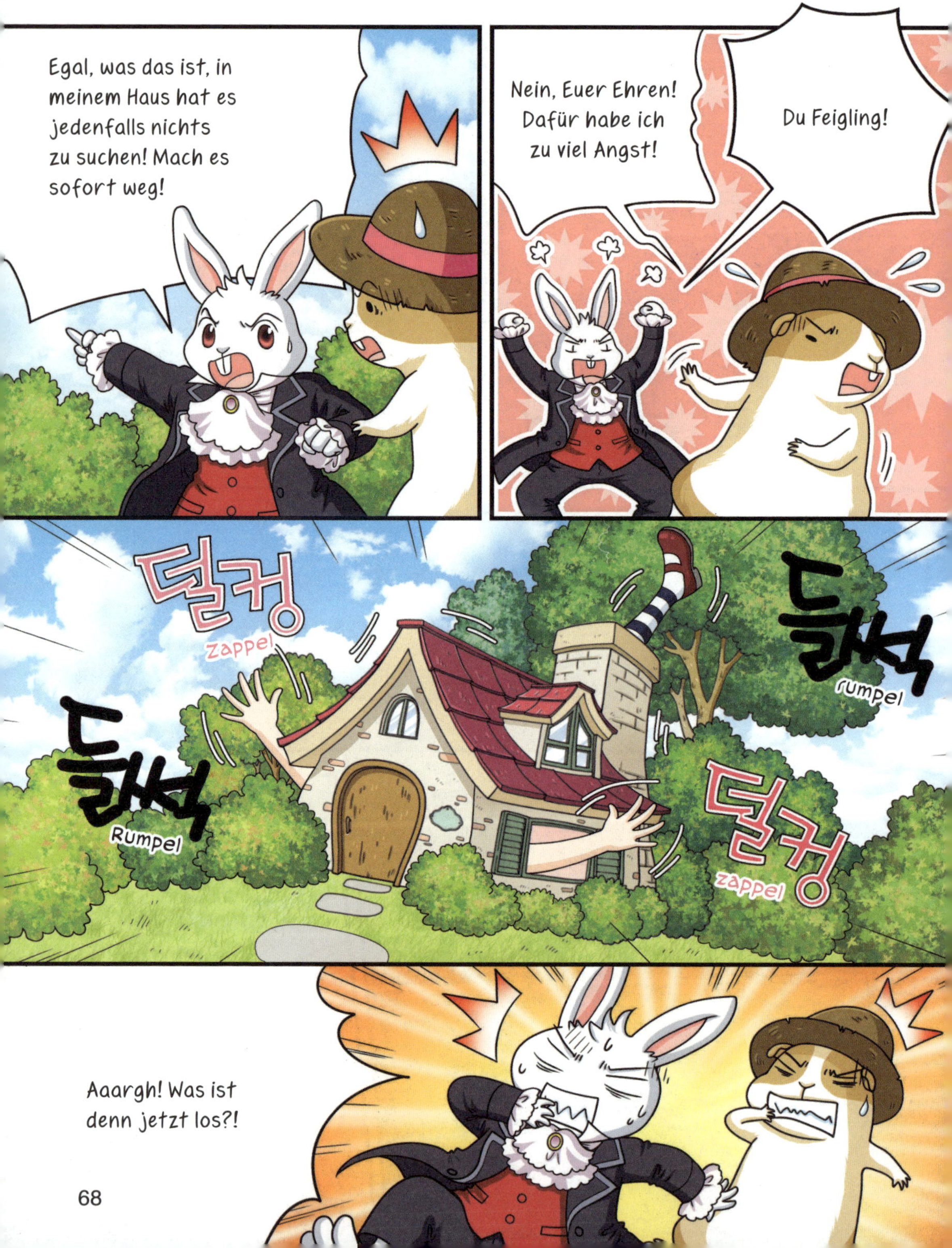

Egal, was das ist, in meinem Haus hat es jedenfalls nichts zu suchen! Mach es sofort weg!
Nein, Euer Ehren! Dafür habe ich zu viel Angst!
Du Feigling!
덜컹
zappel
들썩
rumpel
들썩
Rumpel
덜컹
zappel
Aaargh! Was ist denn jetzt los?!

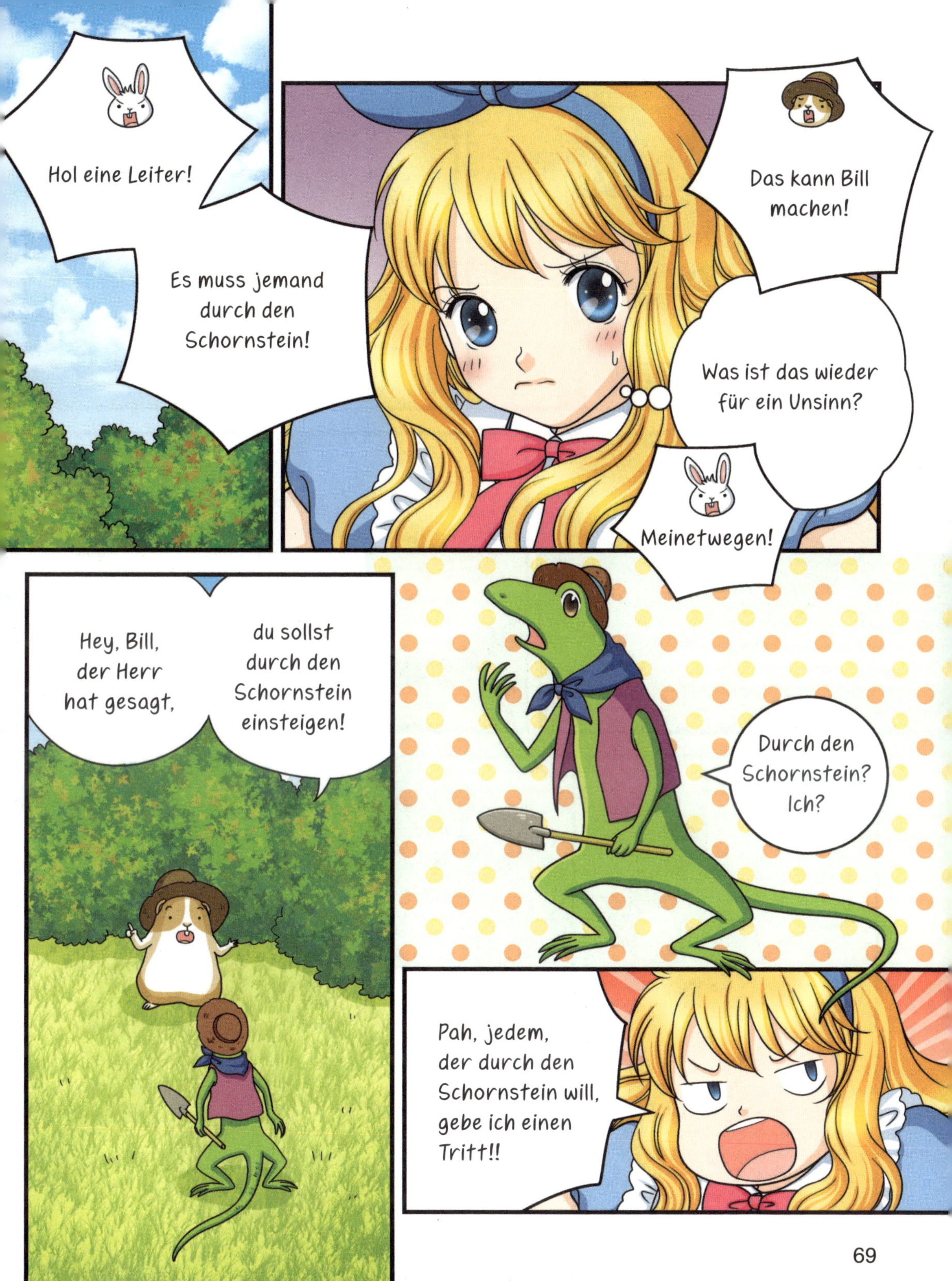
Hol eine Leiter!
Es muss jemand durch den Schornstein!
Das kann Bill machen!
Was ist das wieder für ein Unsinn?
Meinetwegen!
Hey, Bill, der Herr hat gesagt,
du sollst durch den Schornstein einsteigen!
Durch den Schornstein? Ich?
Pah, jedem, der durch den Schornstein will, gebe ich einen Tritt!!

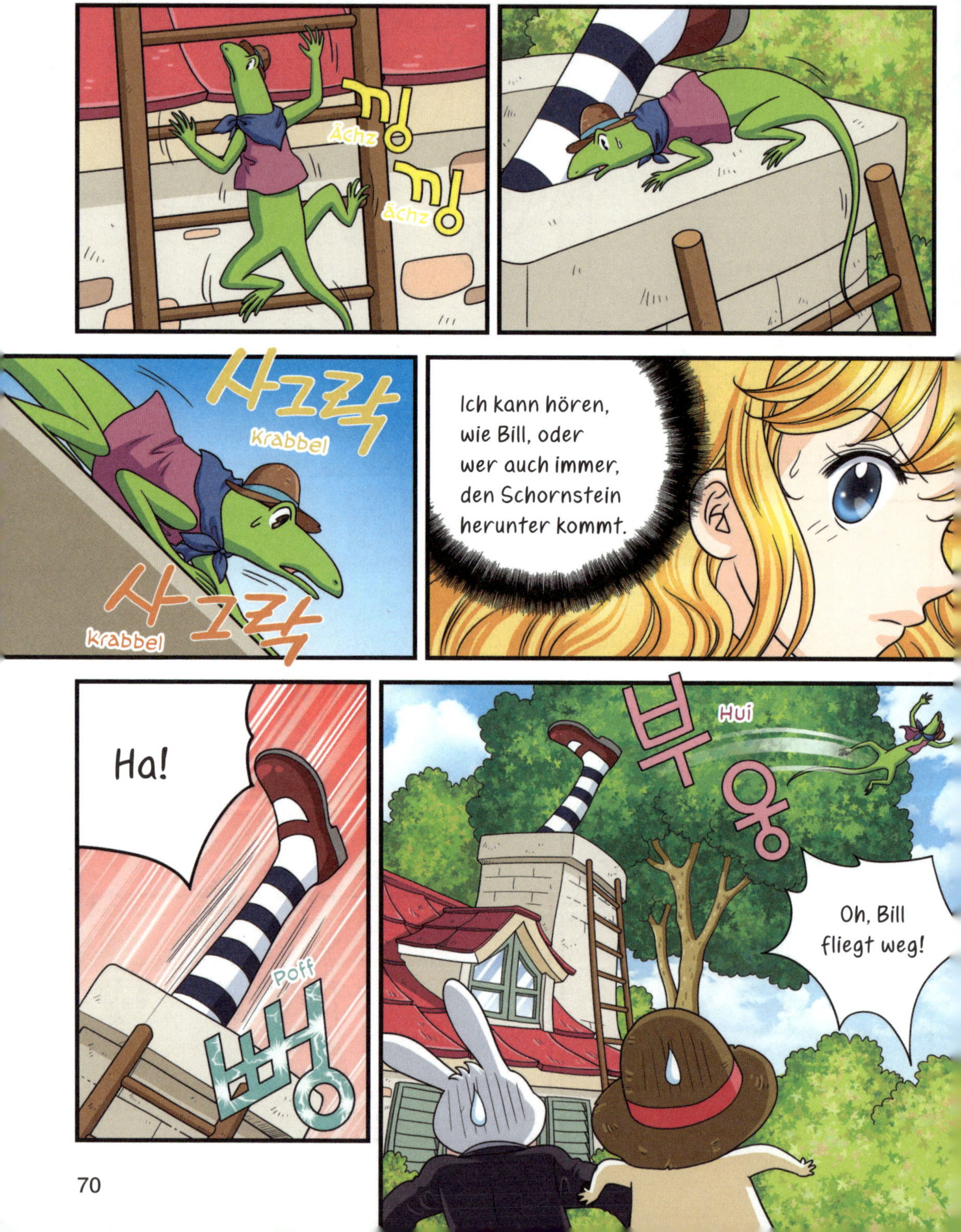

낑 Ächz
낑 Ächz
사그락 Krabbel
사그락 Krabbel
Ich kann hören, wie Bill, oder wer auch immer, den Schornstein herunter kommt.
Ha!
빵 Poff
부웅 Hui
Oh, Bill fliegt weg!

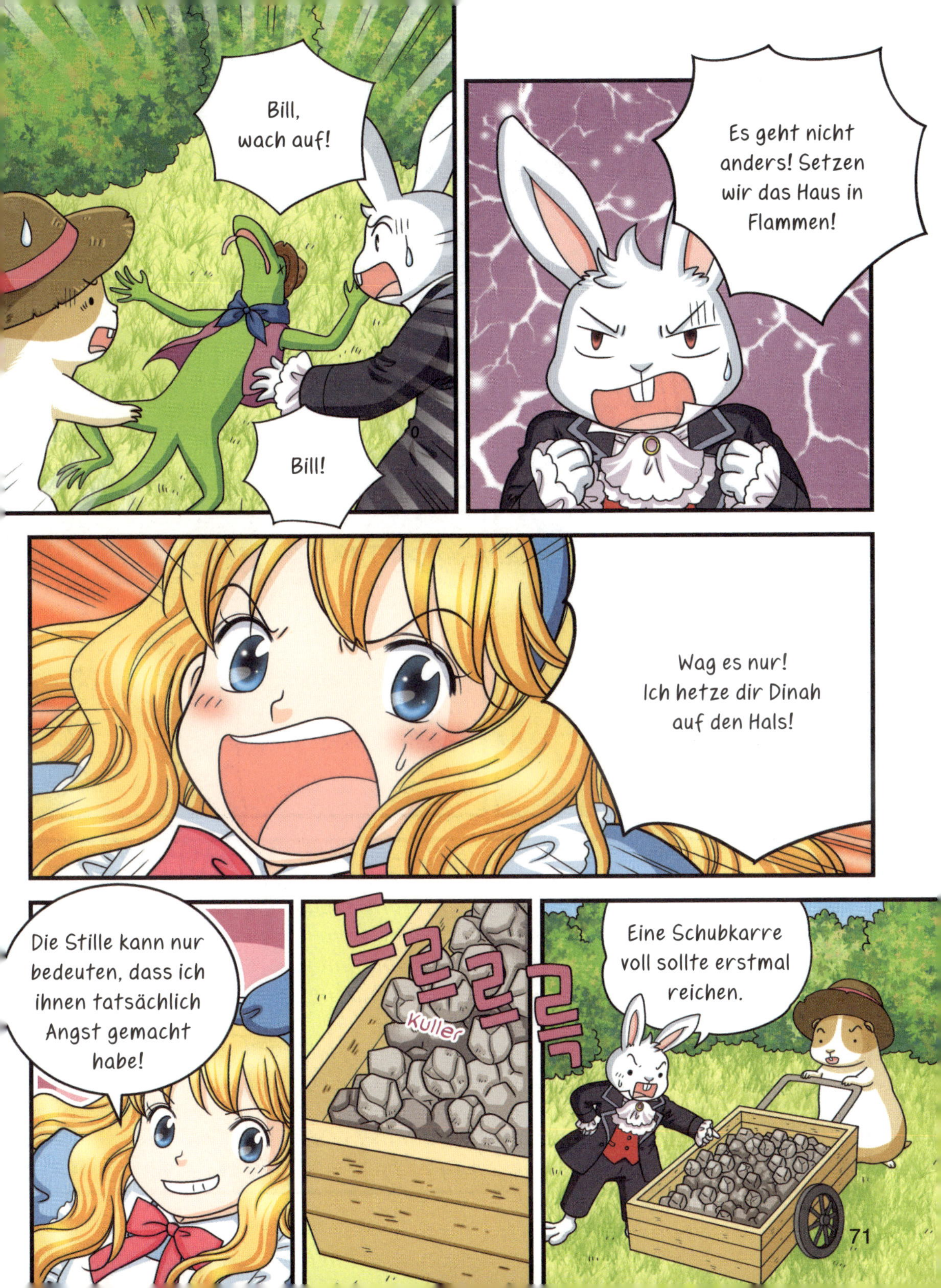
Bill, wach auf!
Bill!
Es geht nicht anders! Setzen wir das Haus in Flammen!
Wag es nur! Ich hetze dir Dinah auf den Hals!
Die Stille kann nur bedeuten, dass ich ihnen tatsächlich Angst gemacht habe!
드르르르
Kuller
Eine Schubkarre voll sollte erstmal reichen.

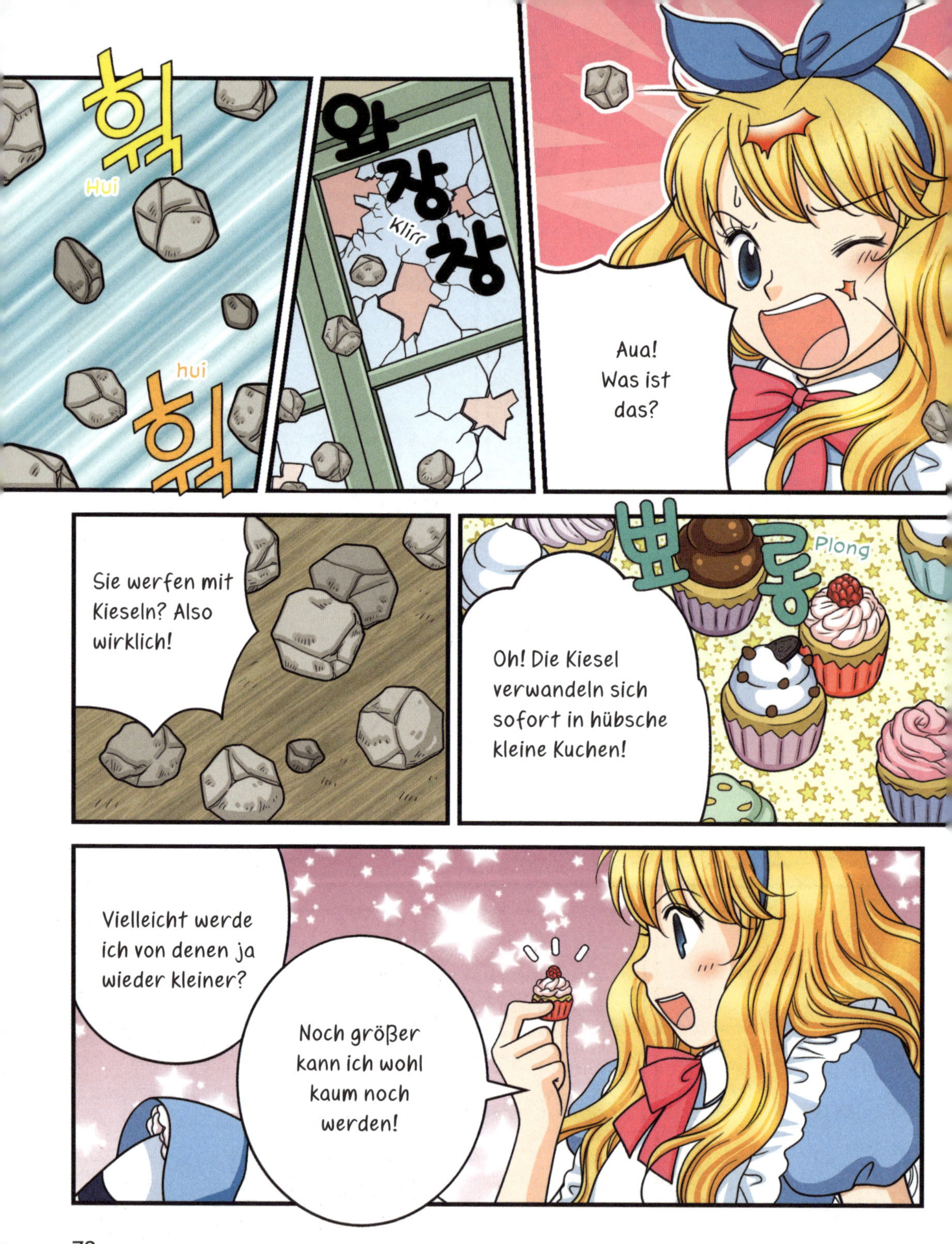

휘익
Hui
휘익
hui
와장창
Klirr
Aua! Was ist das?
Sie werfen mit Kieseln? Also wirklich!
뽀롱
Plong
Oh! Die Kiesel verwandeln sich sofort in hübsche kleine Kuchen!
Vielleicht werde ich von denen ja wieder kleiner?
Noch größer kann ich wohl kaum noch werden!

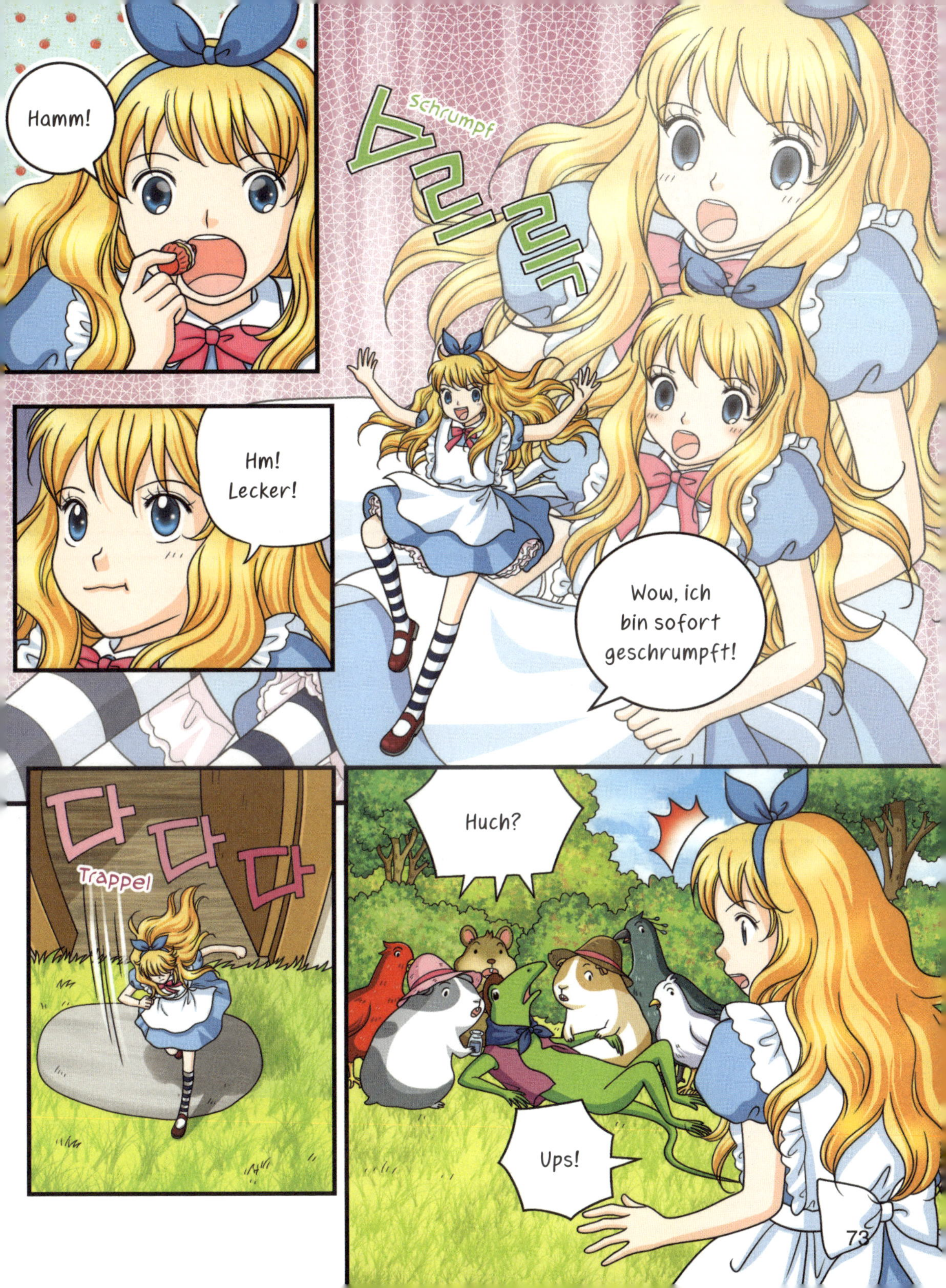
Hamm!
Schrumpf
Hm! Lecker!
Wow, ich bin sofort geschrumpft!
다 다 다
Trappel
Huch?
Ups!

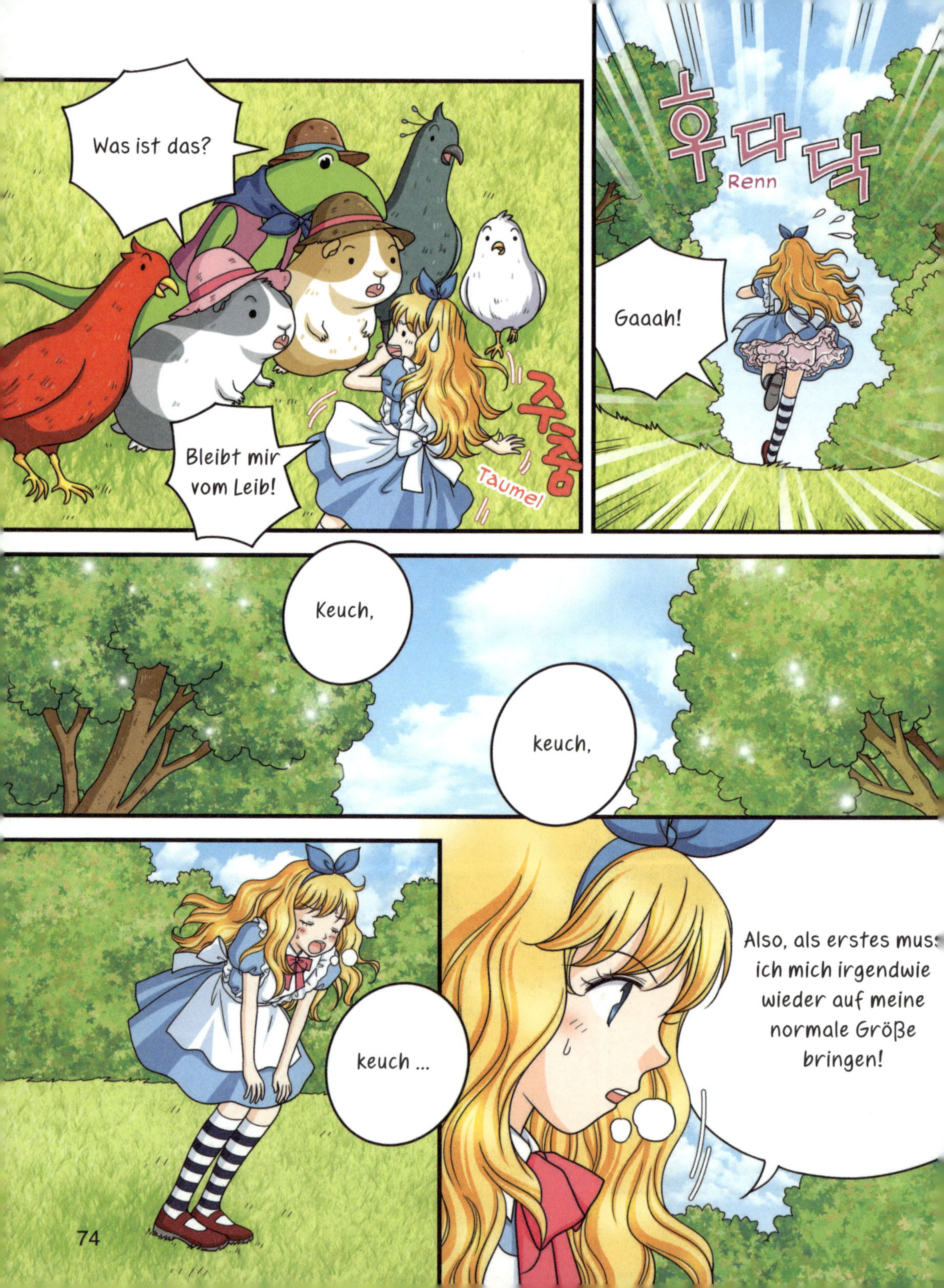
Was ist das?
Bleibt mir vom Leib!
주춤
Taumel
후다닥
Renn
Gaaah!
Keuch,
keuch,
keuch ...
Also, als erstes muss ich mich irgendwie wieder auf meine normale Größe bringen!

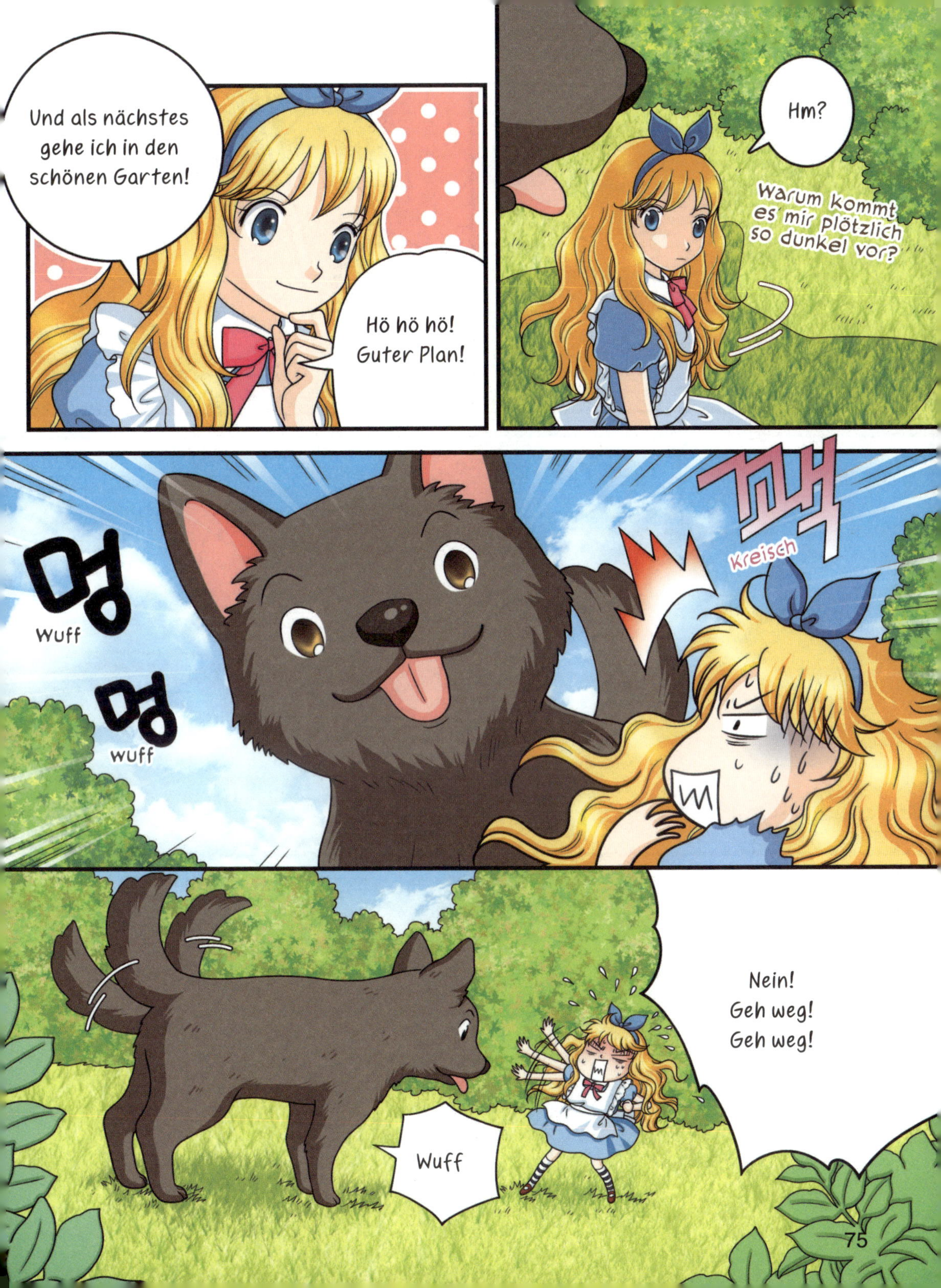
Und als nächstes gehe ich in den schönen Garten!
Hö hö hö! Guter Plan!
Hm?
Warum kommt es mir plötzlich so dunkel vor?
멍
Wuff
멍
wuff
꺄악
Kreisch
Nein! Geh weg! Geh weg!
Wuff

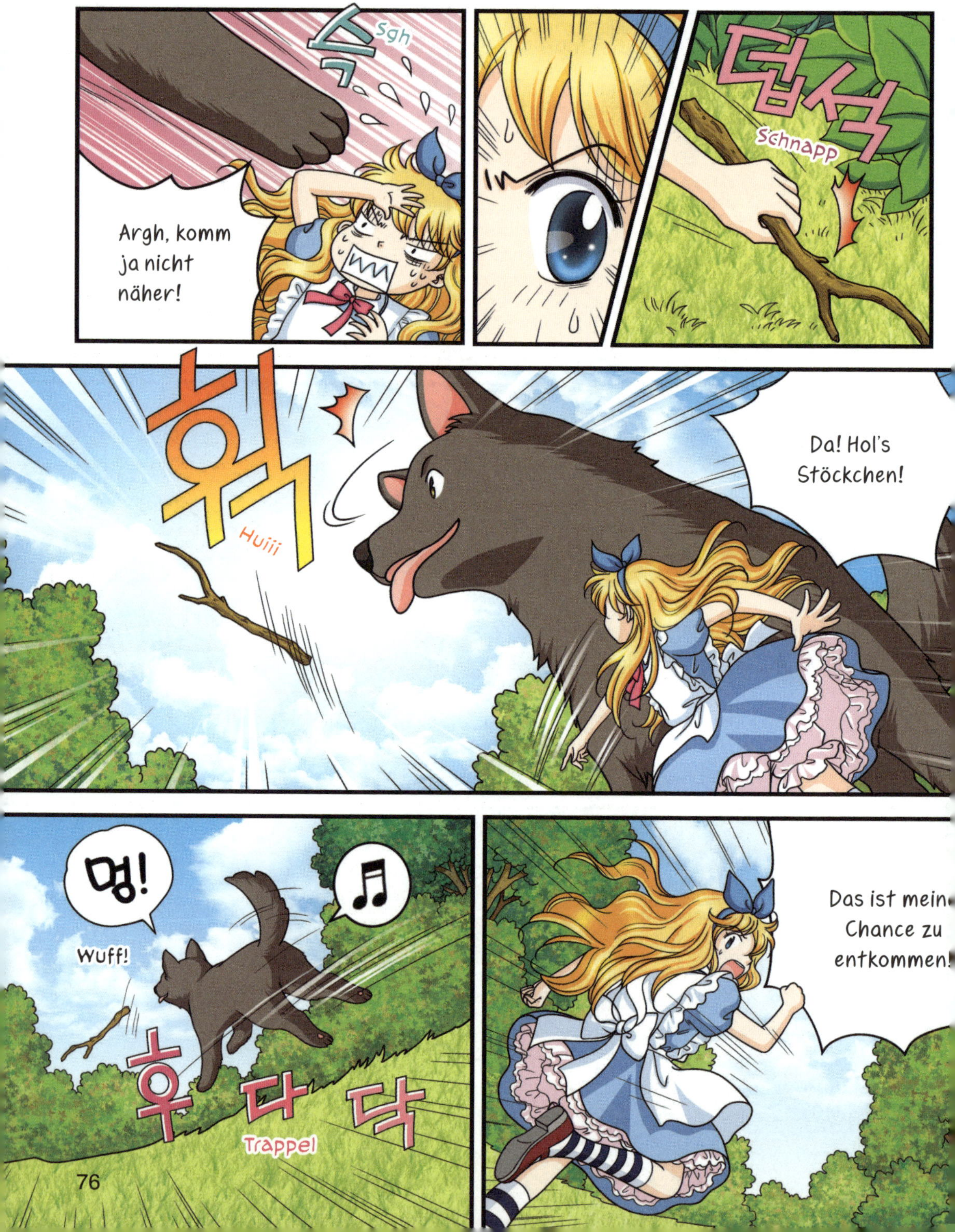

슉
Sgh
Argh, komm ja nicht näher!
덥석
Schnapp
휙
Huiii
Da! Hol's Stöckchen!
멍!
Wuff!
♫
후다닥
Trappel
Das ist mein Chance zu entkommen!

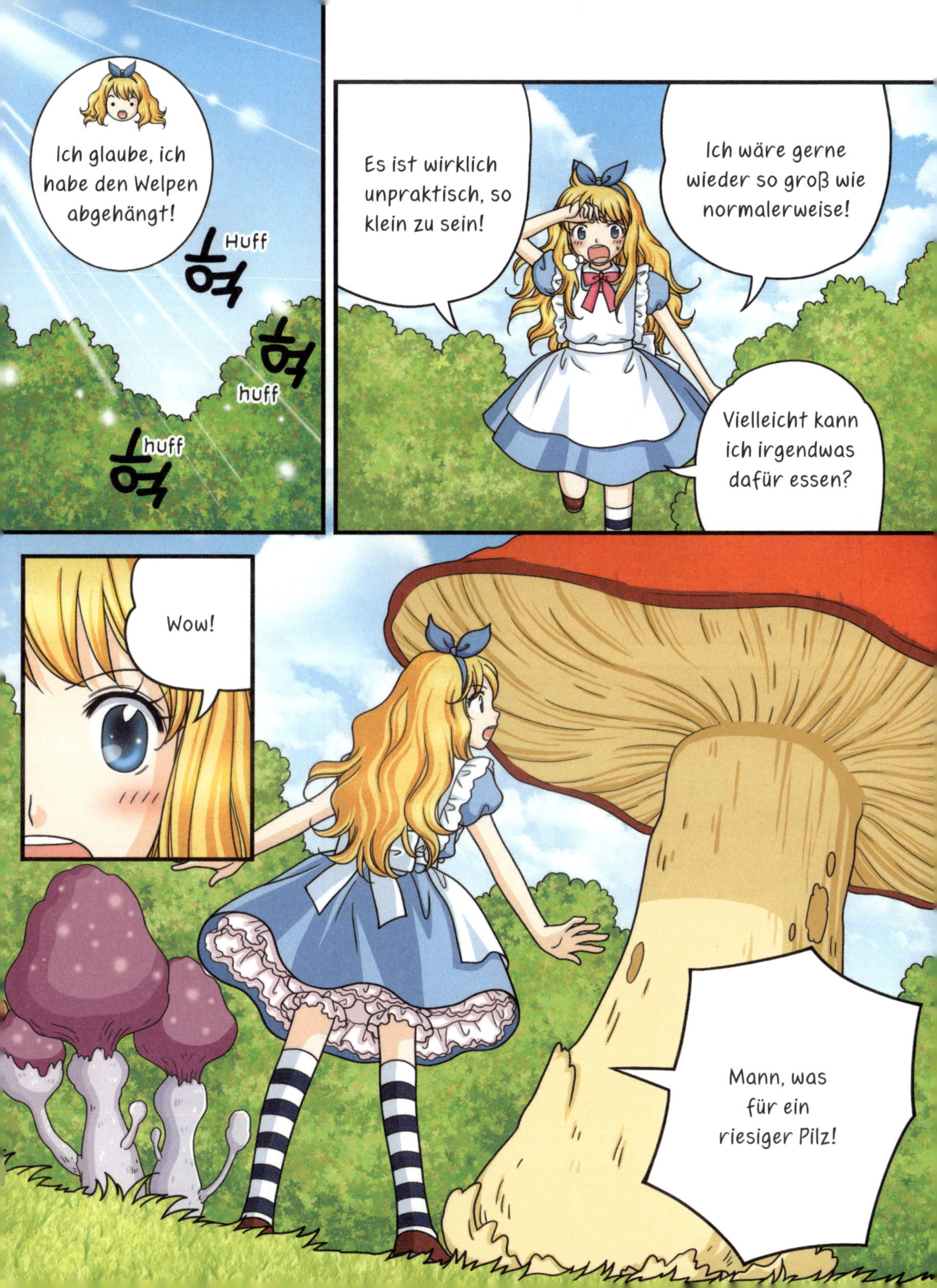
Ich glaube, ich habe den Welpen abgehängt!
Huff
huff
huff
Es ist wirklich unpraktisch, so klein zu sein!
Ich wäre gerne wieder so groß wie normalerweise!
Vielleicht kann ich irgendwas dafür essen?
Wow!
Mann, was für ein riesiger Pilz!

5. Kapitel

Die Raupe auf dem Pilz

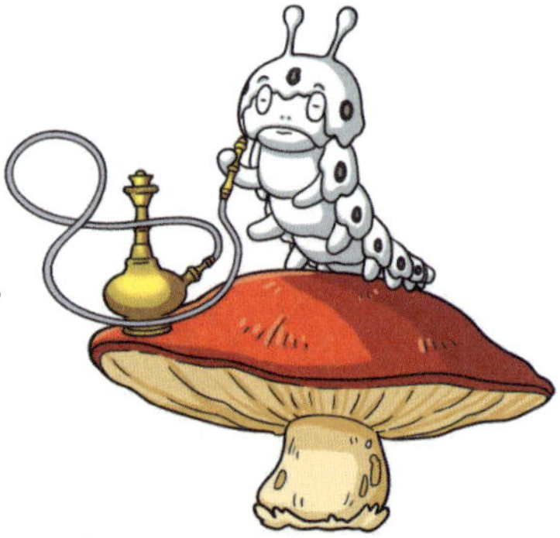

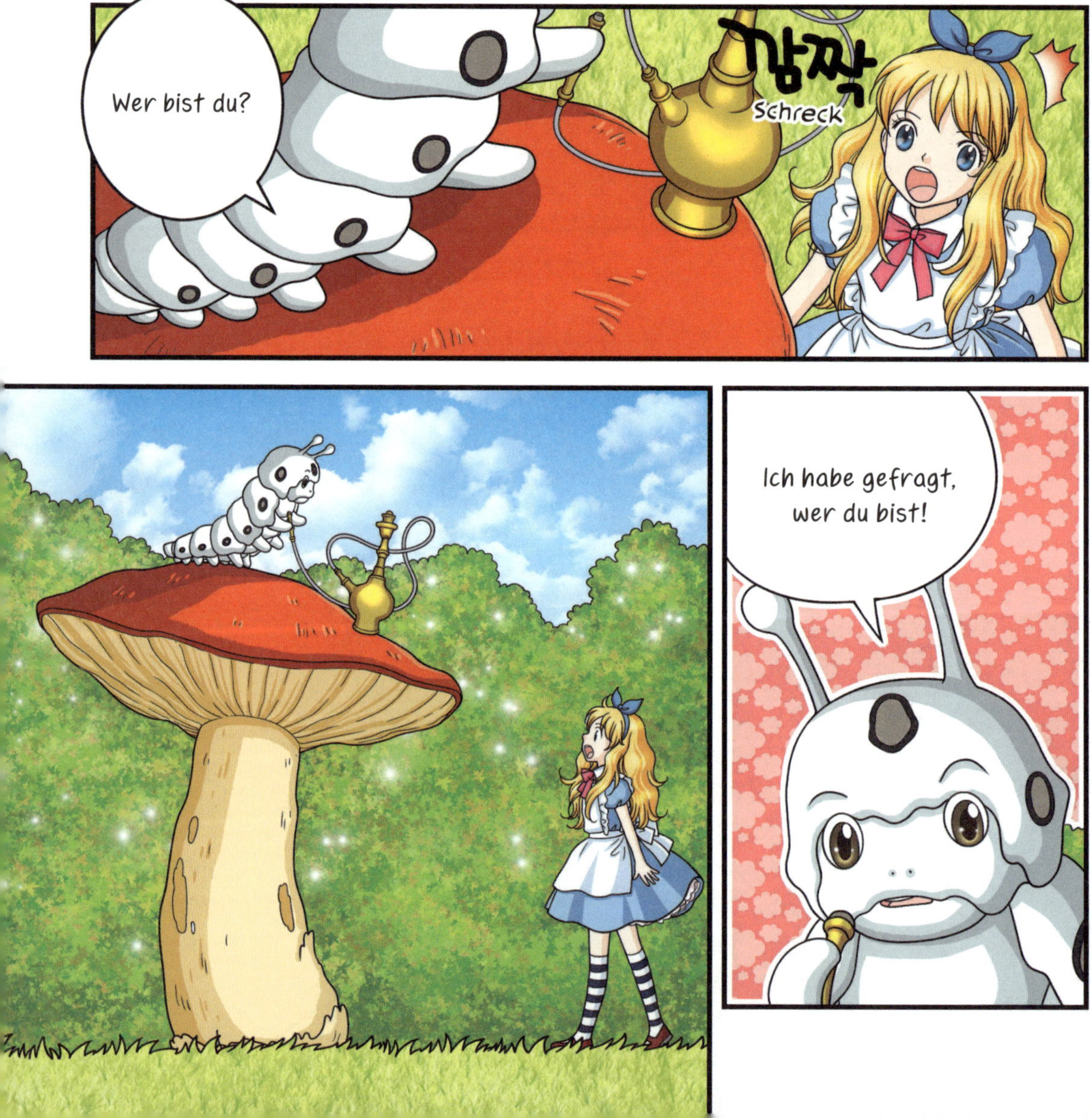

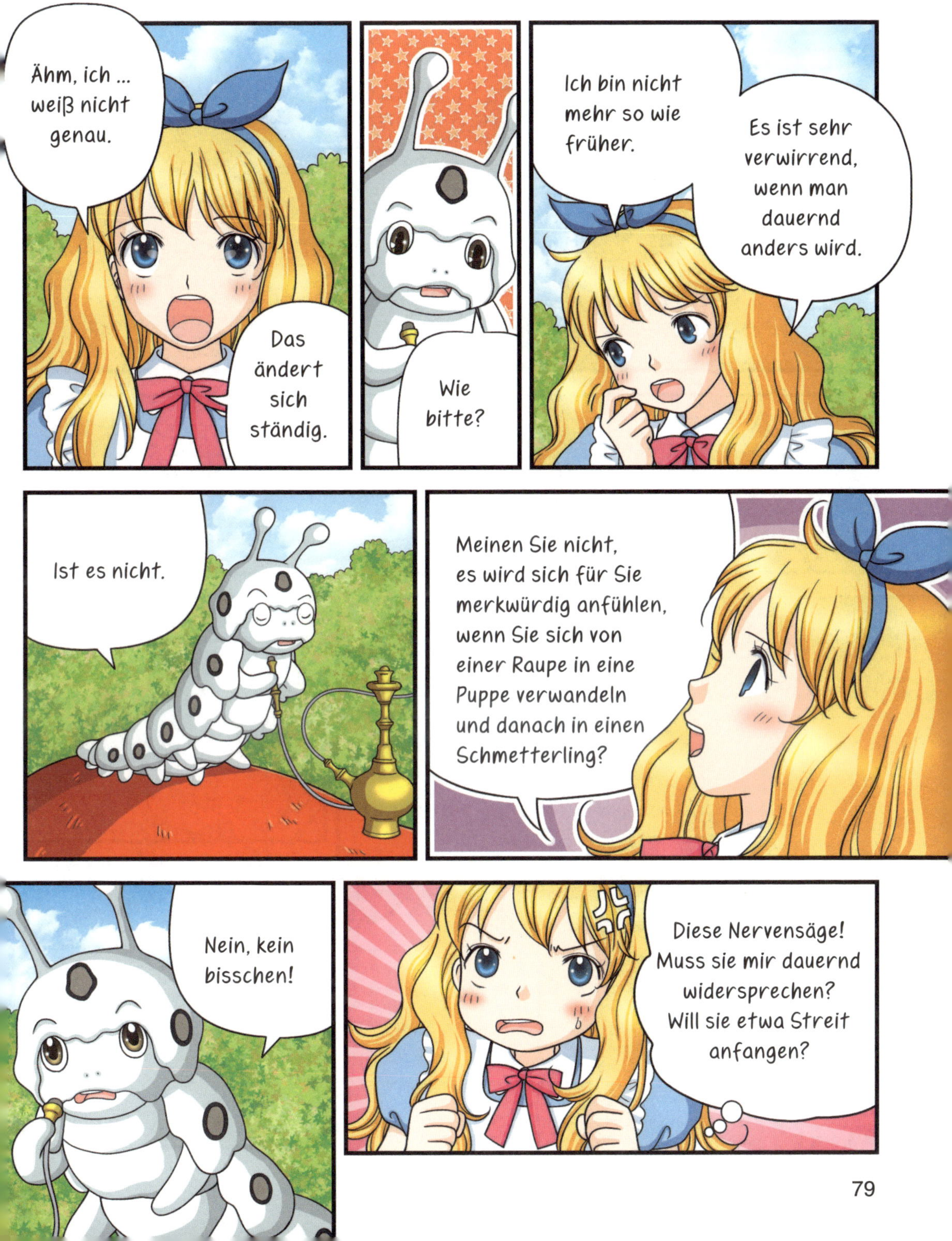

Ähm, ich ... weiß nicht genau.
Das ändert sich ständig.
Wie bitte?
Ich bin nicht mehr so wie früher.
Es ist sehr verwirrend, wenn man dauernd anders wird.
Ist es nicht.
Meinen Sie nicht, es wird sich für Sie merkwürdig anfühlen, wenn Sie sich von einer Raupe in eine Puppe verwandeln und danach in einen Schmetterling?
Nein, kein bisschen!
Diese Nervensäge! Muss sie mir dauernd widersprechen? Will sie etwa Streit anfangen?

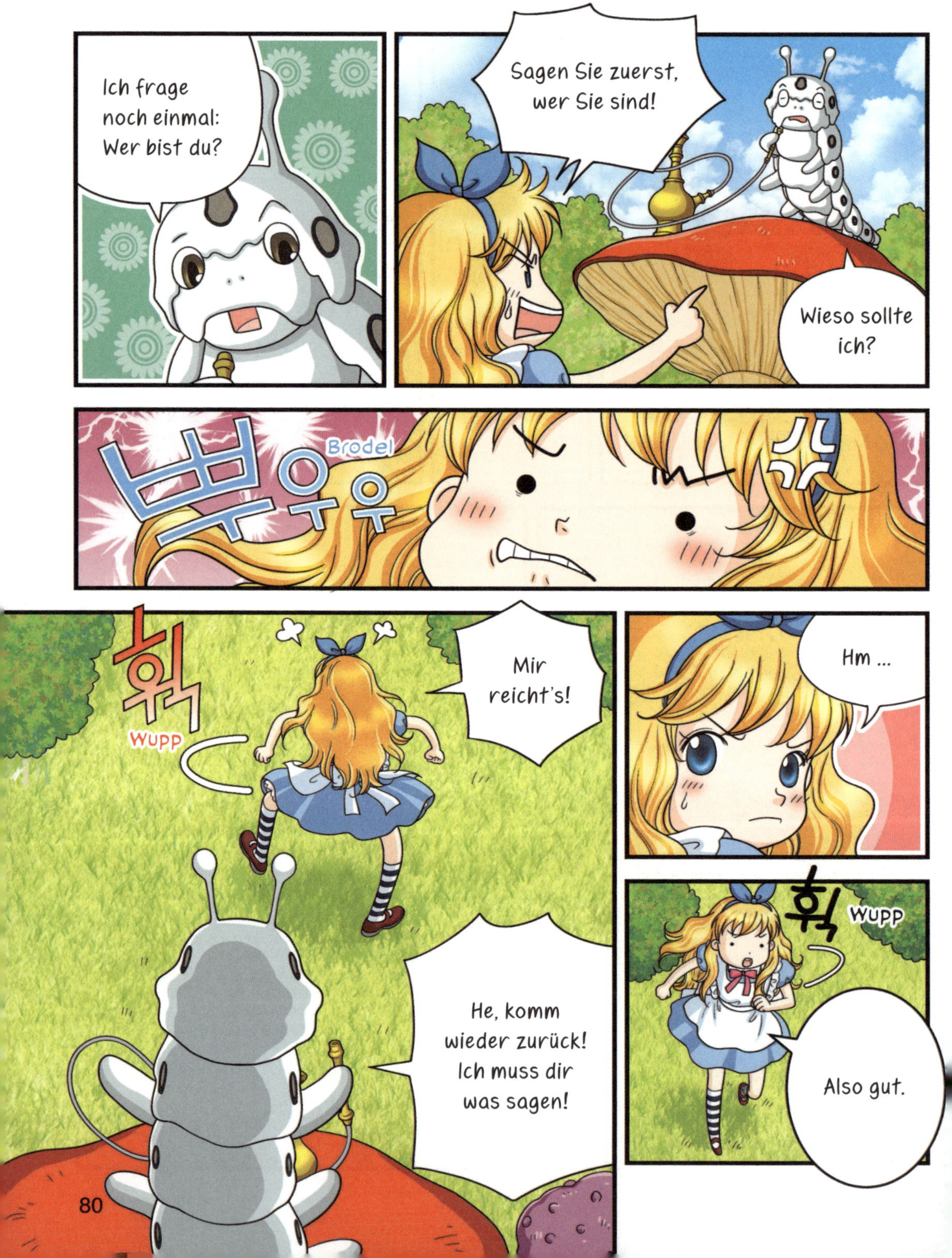
Ich frage noch einmal: Wer bist du?
Sagen Sie zuerst, wer Sie sind!
Wieso sollte ich?
Brodel
Wupp
Mir reicht's!
He, komm wieder zurück! Ich muss dir was sagen!
Hm ...
Wupp
Also gut.

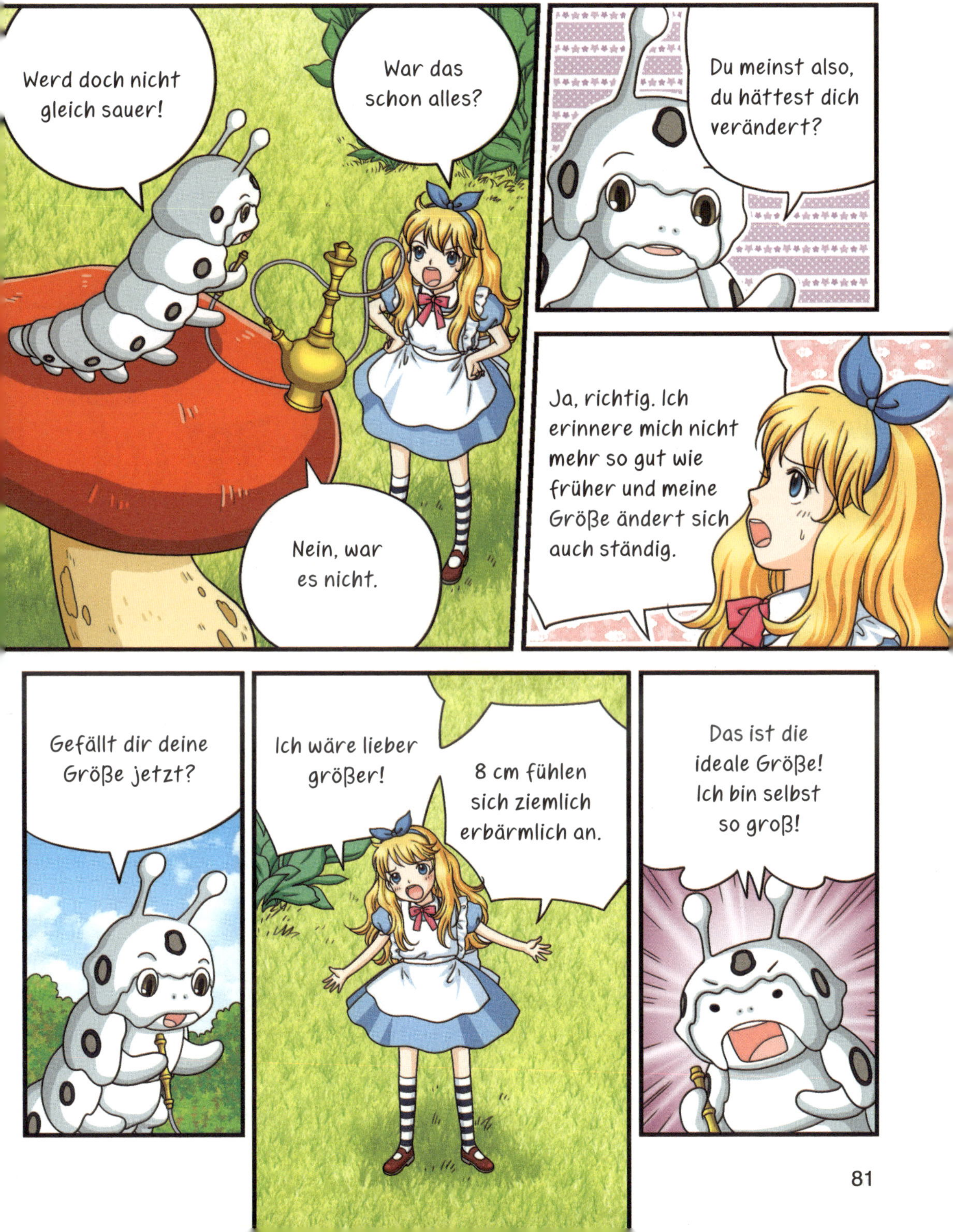

Werd doch nicht gleich sauer!
War das schon alles?
Nein, war es nicht.
Du meinst also, du hättest dich verändert?
Ja, richtig. Ich erinnere mich nicht mehr so gut wie früher und meine Größe ändert sich auch ständig.
Gefällt dir deine Größe jetzt?
Ich wäre lieber größer!
8 cm fühlen sich ziemlich erbärmlich an.
Das ist die ideale Größe! Ich bin selbst so groß!

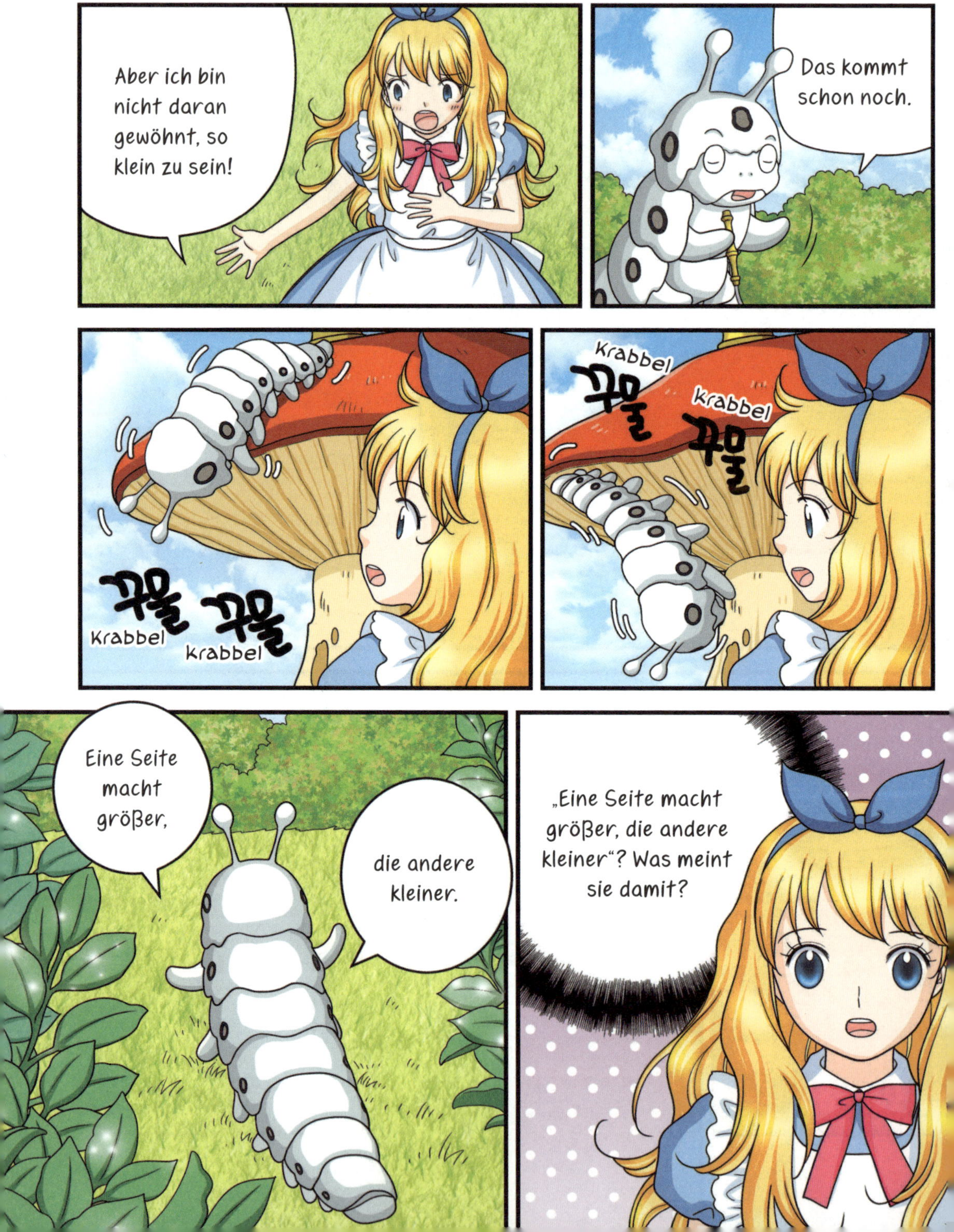
Aber ich bin nicht daran gewöhnt, so klein zu sein!
Das kommt schon noch.
꾸물 꾸물
Krabbel krabbel
Krabbel
꾸물
krabbel
꾸물
Eine Seite macht größer,
die andere kleiner.
„Eine Seite macht größer, die andere kleiner“? Was meint sie damit?

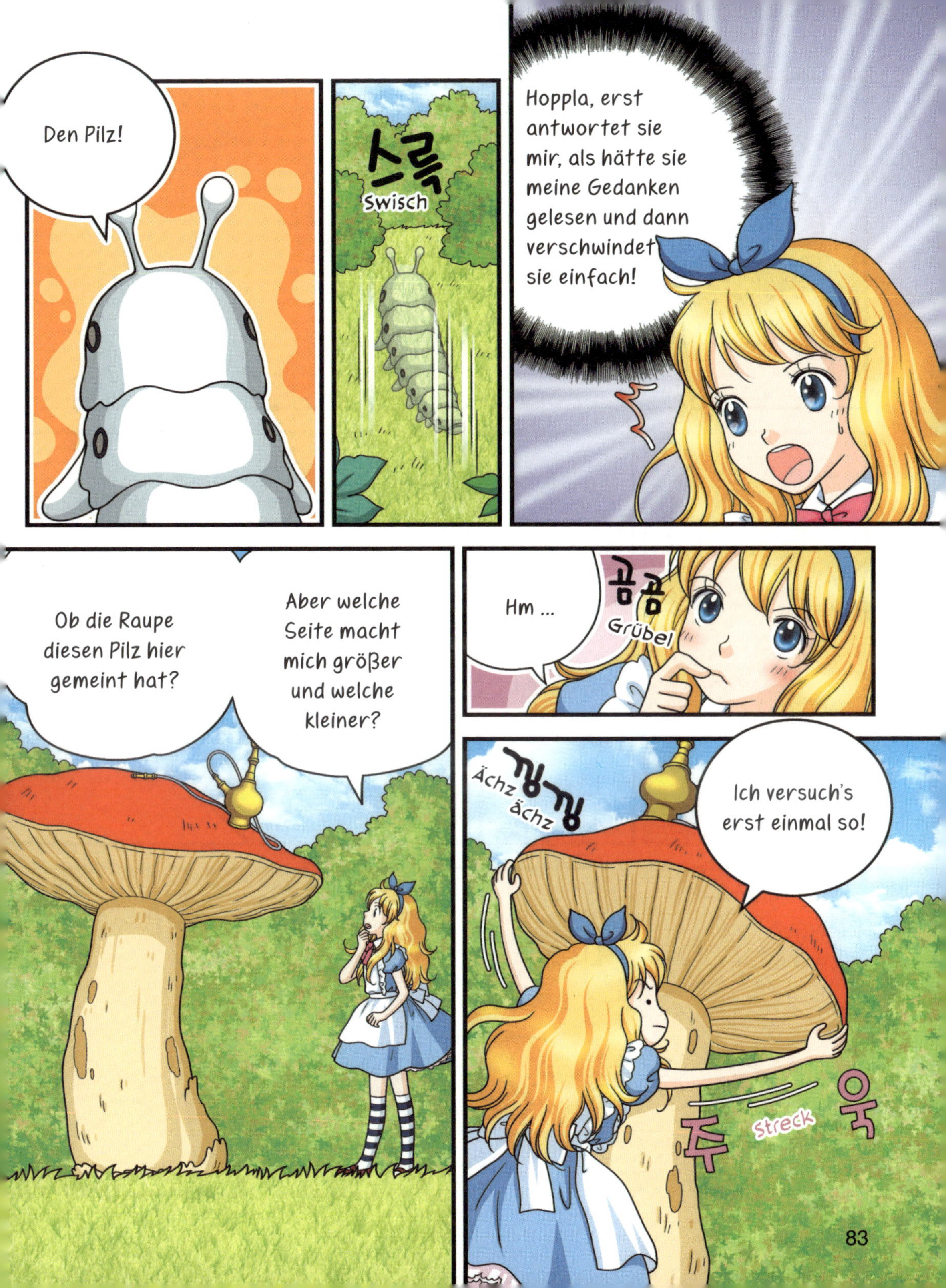

Den Pilz!
스륵
Swisch
Hoppla, erst antwortet sie mir, als hätte sie meine Gedanken gelesen und dann verschwindet sie einfach!
Ob die Raupe diesen Pilz hier gemeint hat?
Aber welche Seite macht mich größer und welche kleiner?
Hm ...
곰곰
Grübel
끙끙
Ächz ächz
Ich versuch's erst einmal so!
쭈욱
Streck

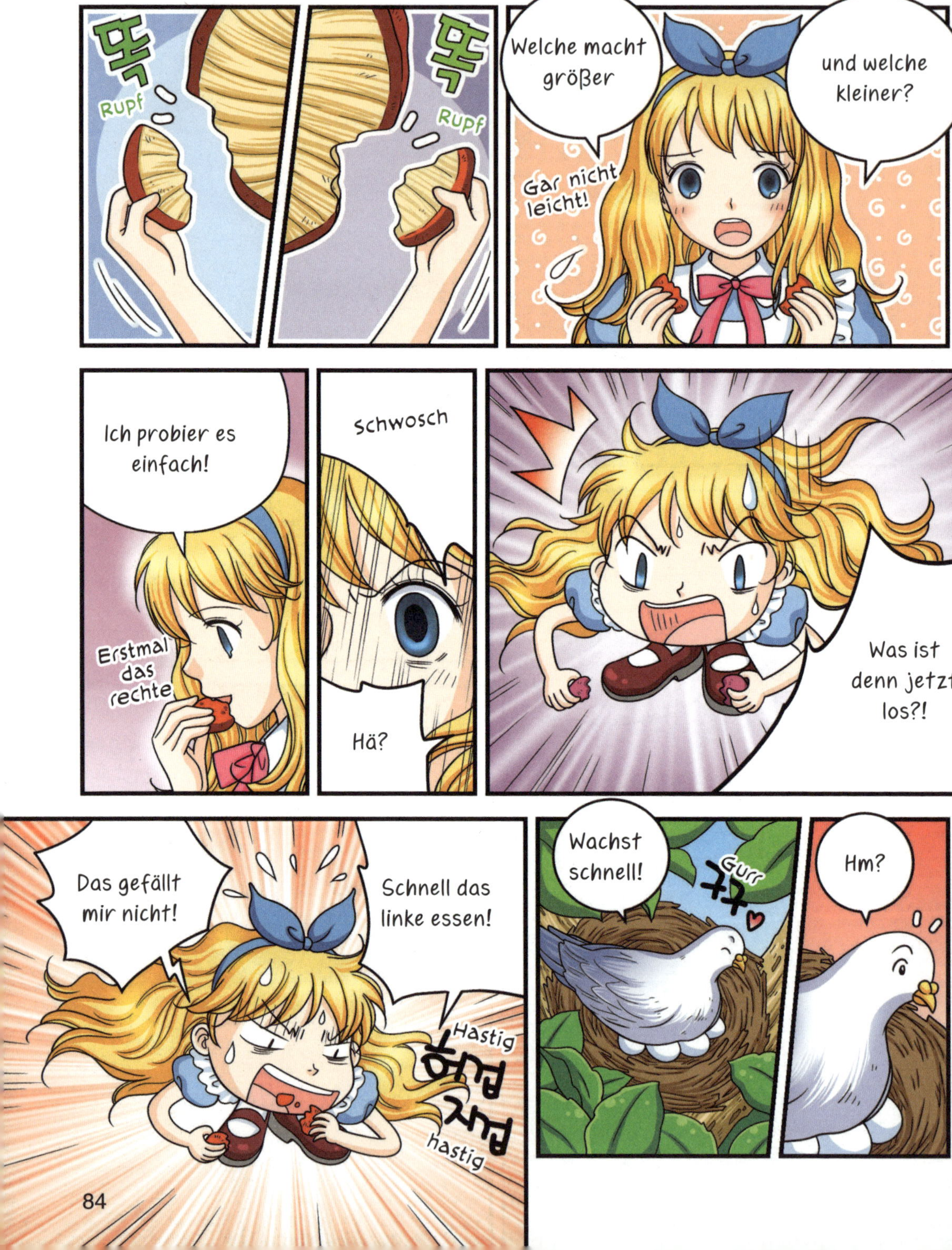

똑
Rupf
똑
Rupf
Welche macht größer
und welche kleiner?
Gar nicht leicht!
Ich probier es einfach!
Erstmal das rechte
Schwosch
Hä?
Was ist denn jetzt los?!
Das gefällt mir nicht!
Schnell das linke essen!
Hastig
허겁
지겁
hastig
Wachst schnell!
Gurr
구구
Hm?

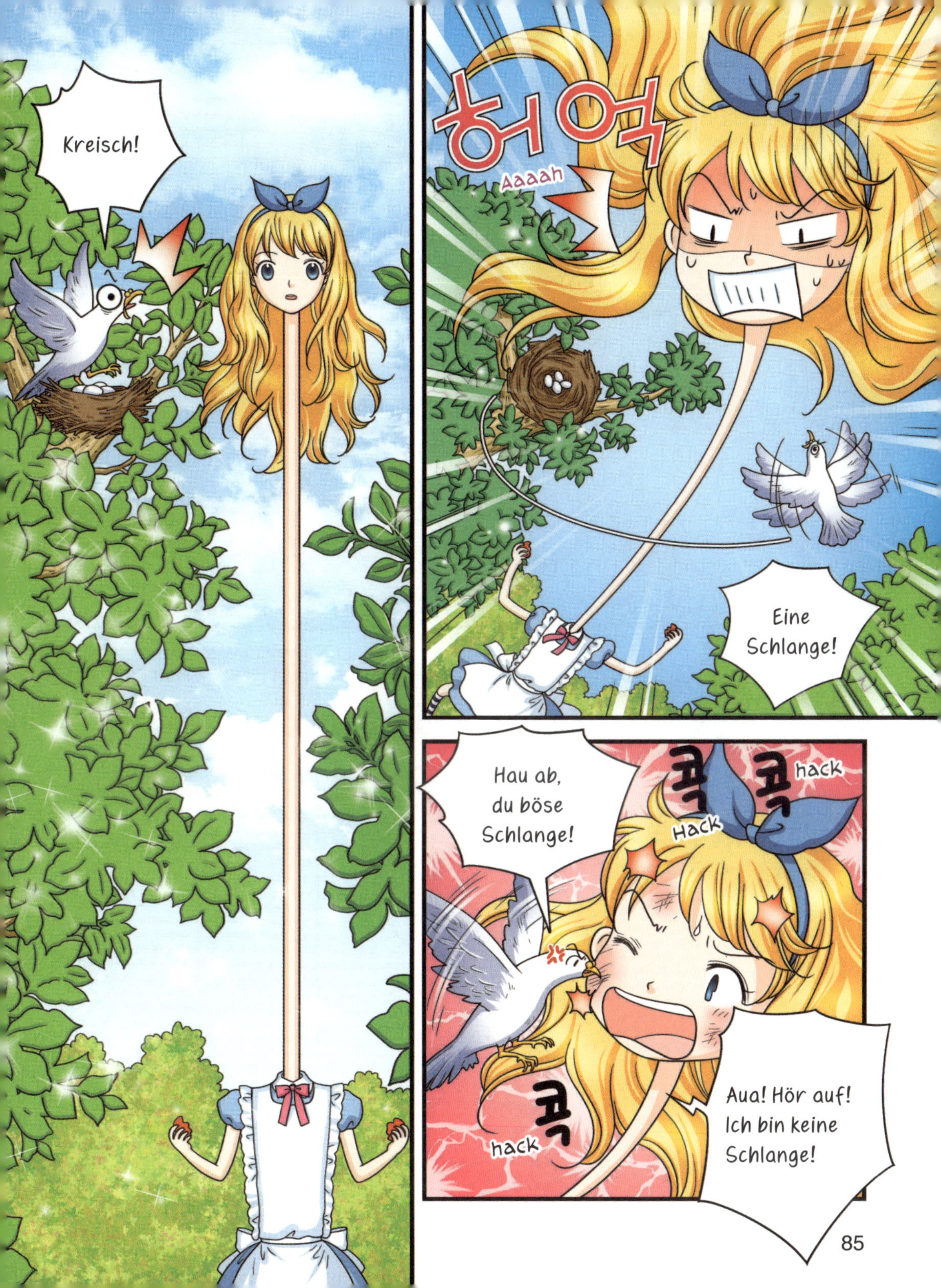
Kreisch!
허억
Aaaah
Eine Schlange!
Hau ab, du böse Schlange!
콕
hack
콕
Hack
Aua! Hör auf! Ich bin keine Schlange!
콕
hack

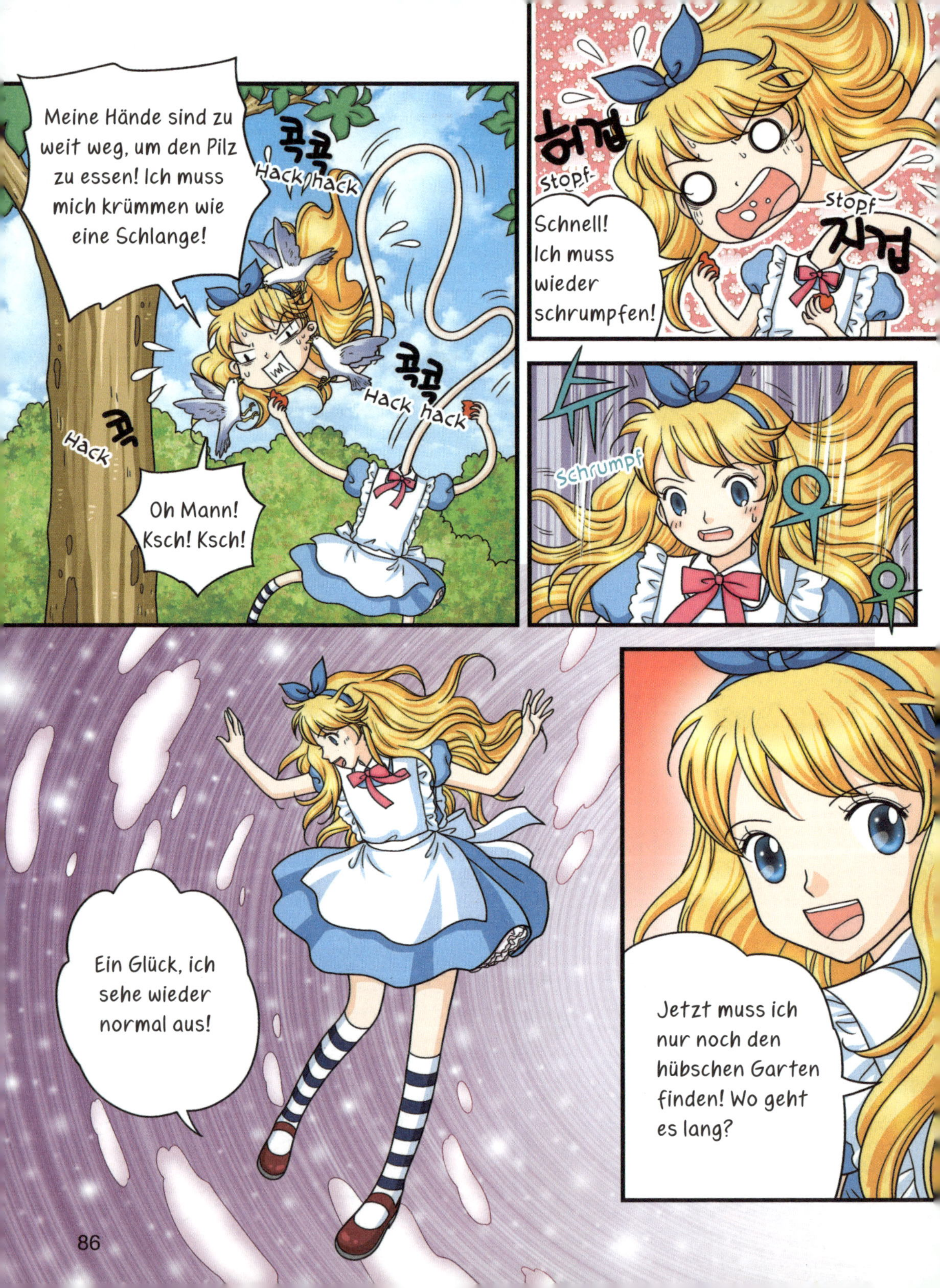
Meine Hände sind zu weit weg, um den Pilz zu essen! Ich muss mich krümmen wie eine Schlange!
콕콕
Hack hack
콕콕
Hack hack
콕
Hack
Oh Mann! Ksch! Ksch!
허겁
Stopf-
Schnell! Ich muss wieder schrumpfen!
Stopf
지겁
Schrumpf
Ein Glück, ich sehe wieder normal aus!
Jetzt muss ich nur noch den hübschen Garten finden! Wo geht es lang?

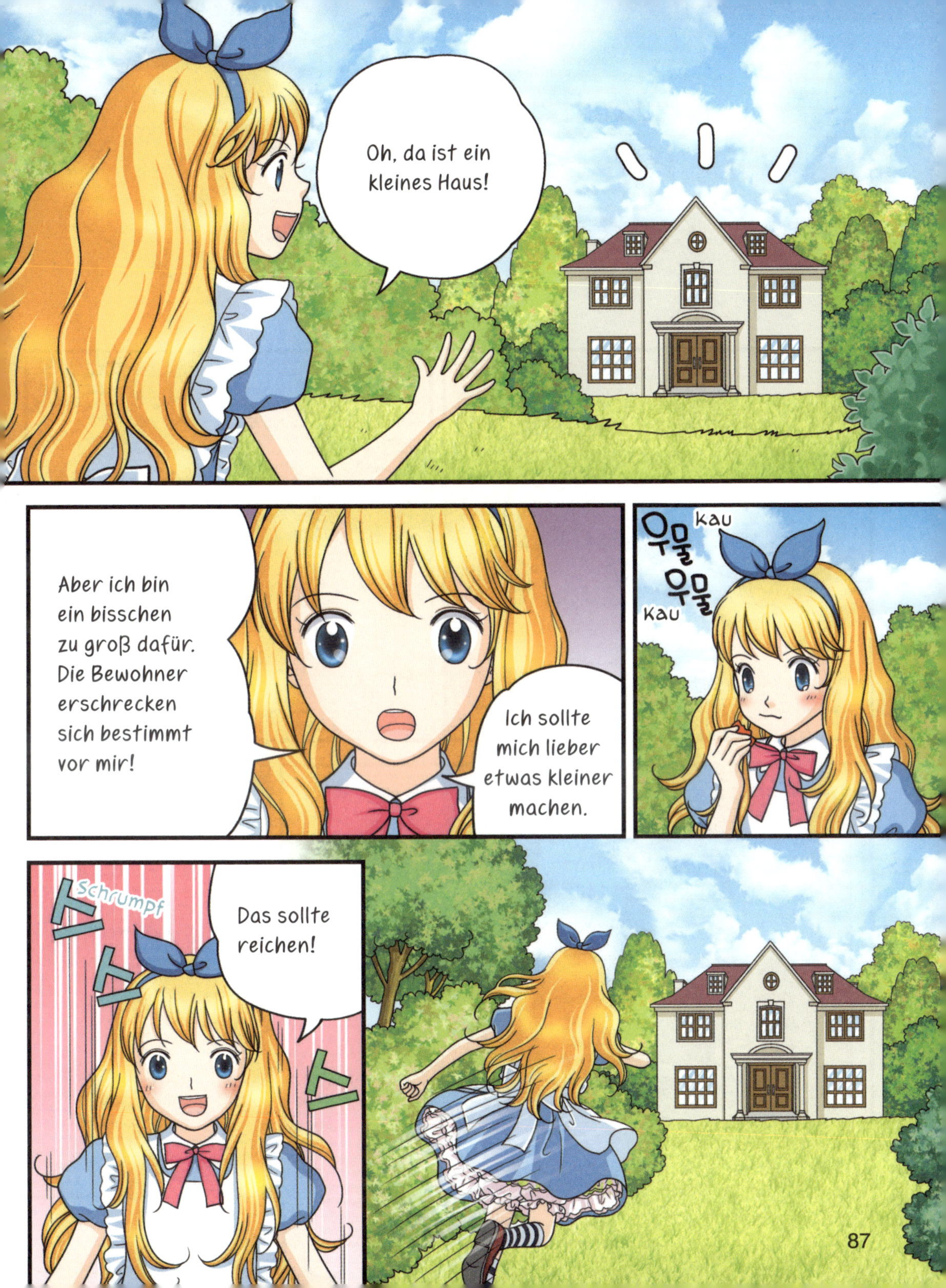

Oh, da ist ein kleines Haus!
Aber ich bin ein bisschen zu groß dafür. Die Bewohner erschrecken sich bestimmt vor mir!
Ich sollte mich lieber etwas kleiner machen.
우물 우물
kau
kau
Schrumpf
Das sollte reichen!

6. Kapitel

Die Herzogin erhält eine Einladung

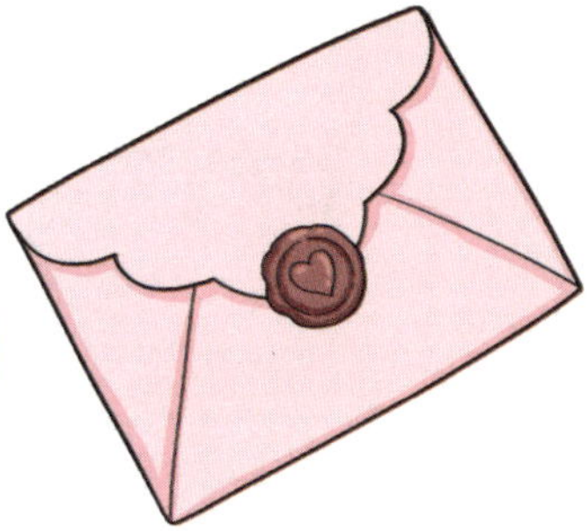

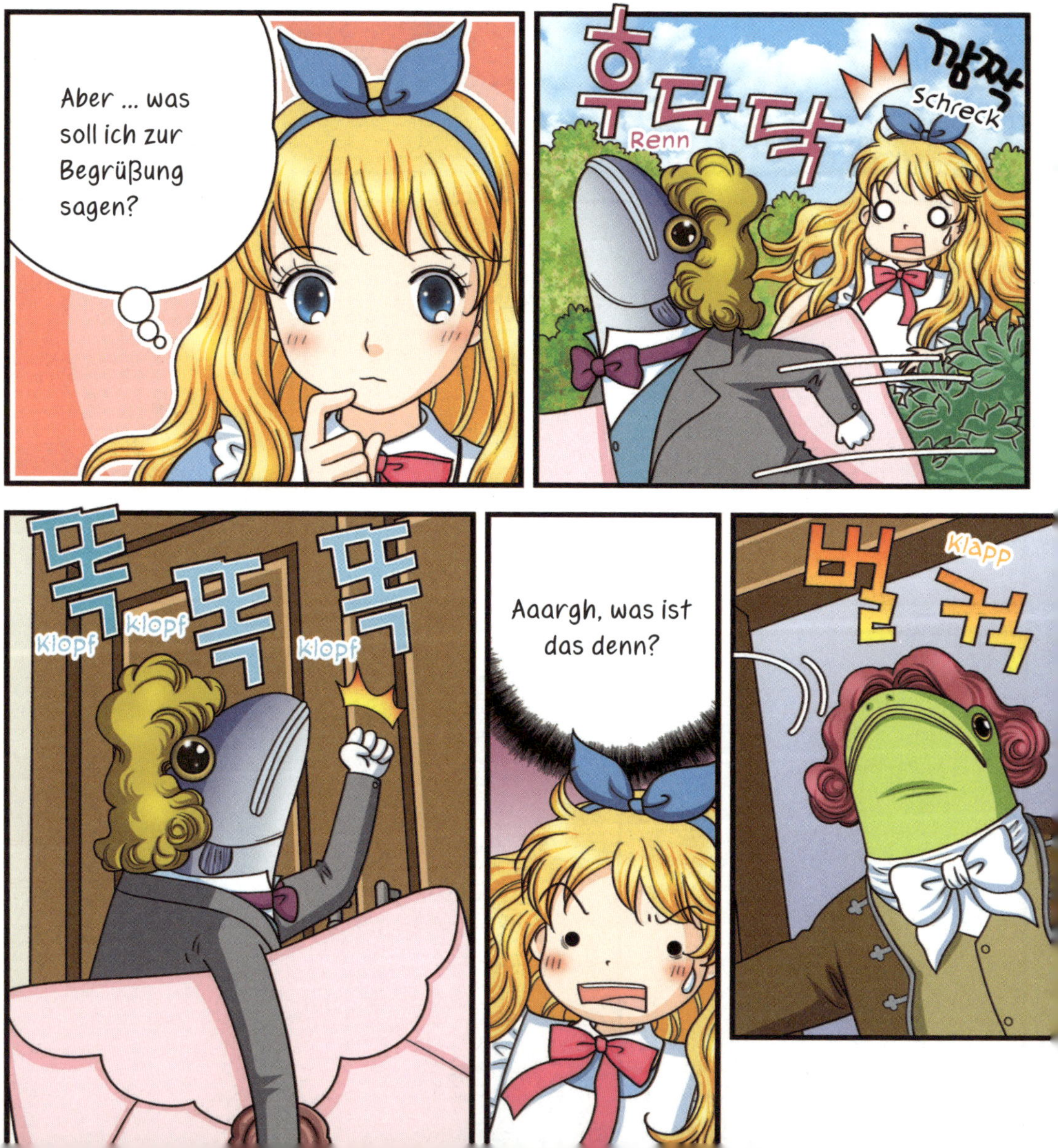

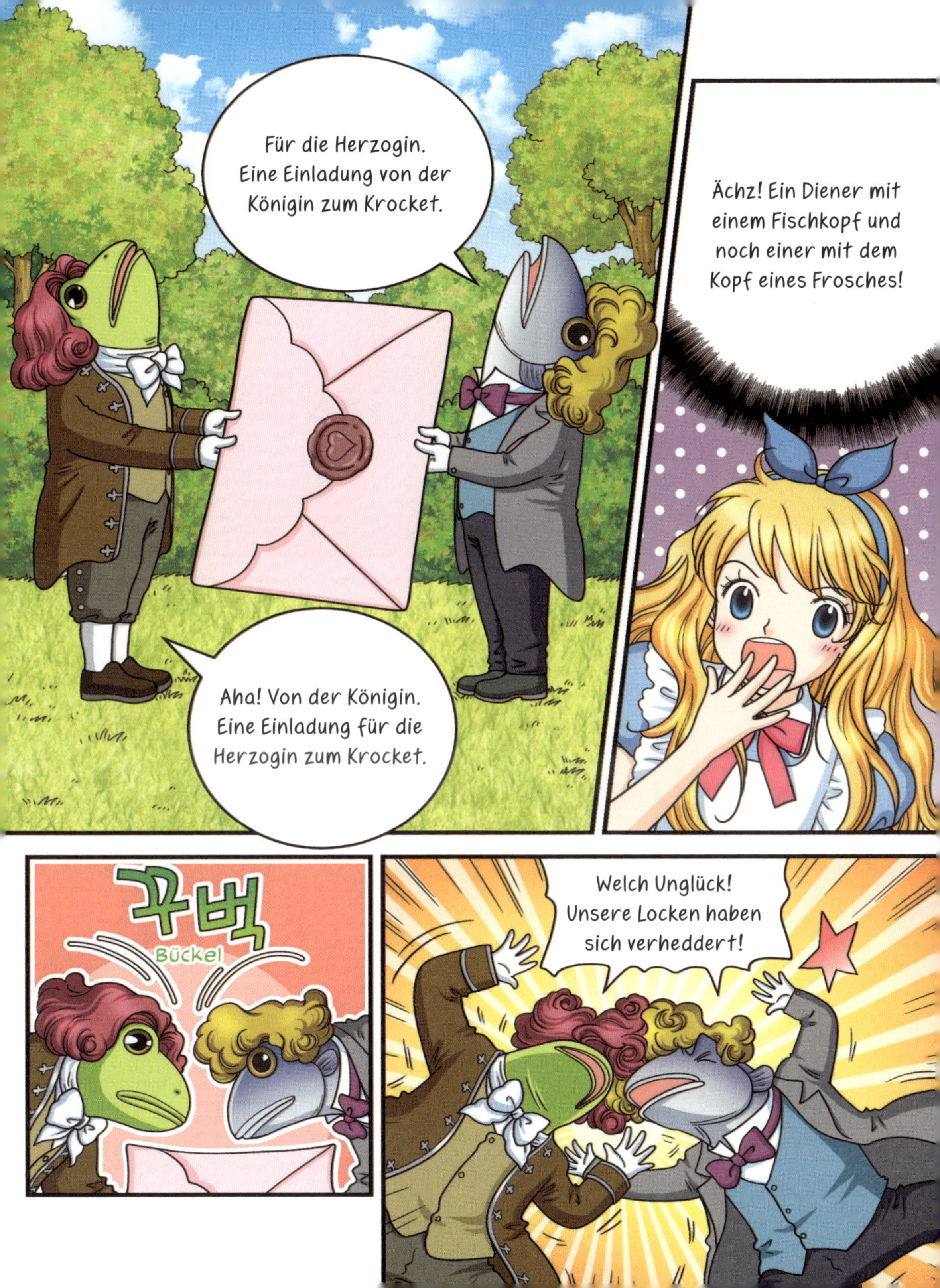
Für die Herzogin.
Eine Einladung von der Königin zum Krocket.
Aha! Von der Königin.
Eine Einladung für die Herzogin zum Krocket.
Ächz! Ein Diener mit einem Fischkopf und noch einer mit dem Kopf eines Frosches!
꾸벅
Bückel
Welch Unglück!
Unsere Locken haben sich verheddert!

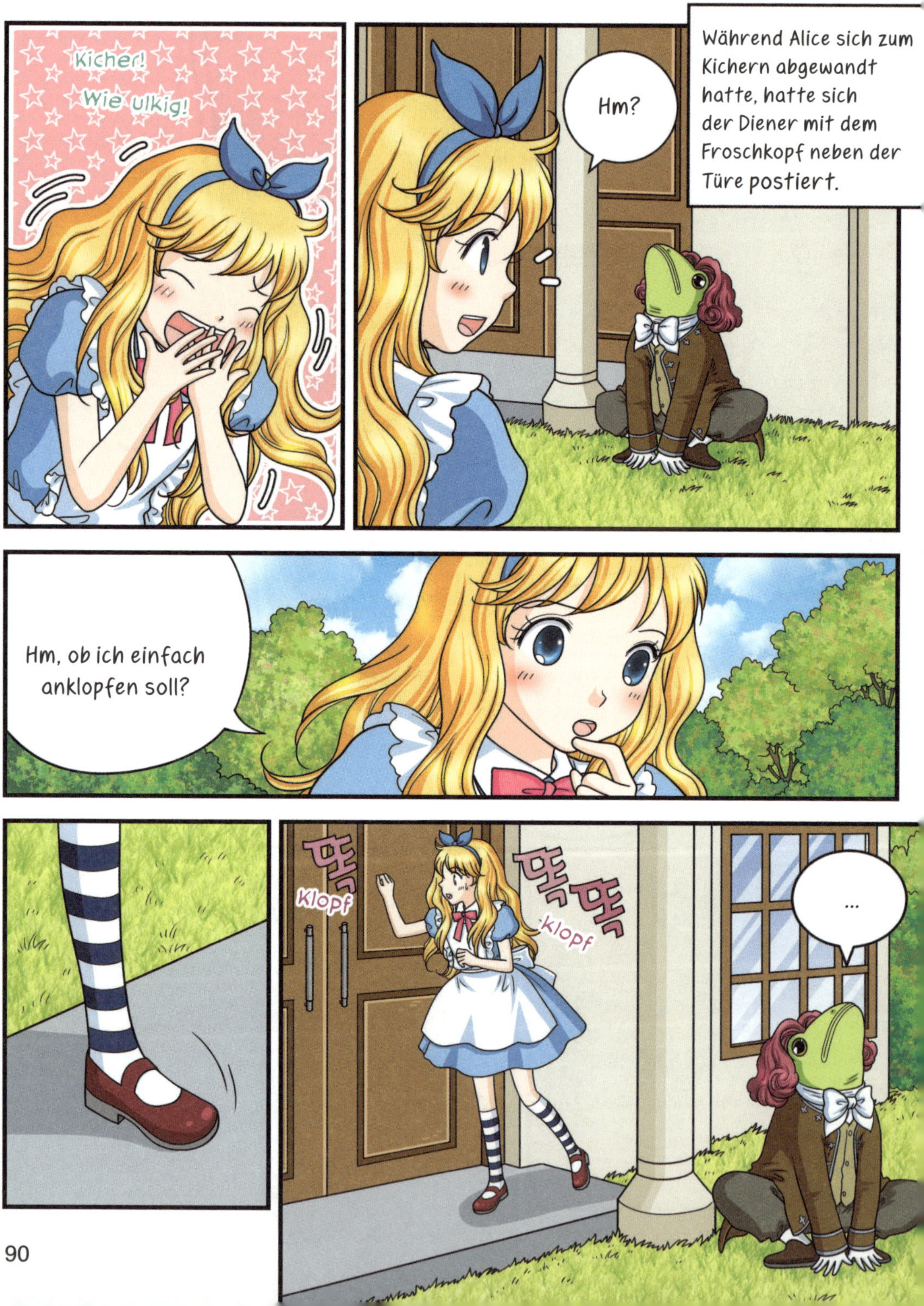
Kicher!
Wie ulkig!
Hm?
Während Alice sich zum Kichern abgewandt hatte, hatte sich der Diener mit dem Froschkopf neben der Türe postiert.
Hm, ob ich einfach anklopfen soll?
똑
Klopf
똑똑
Klopf
...

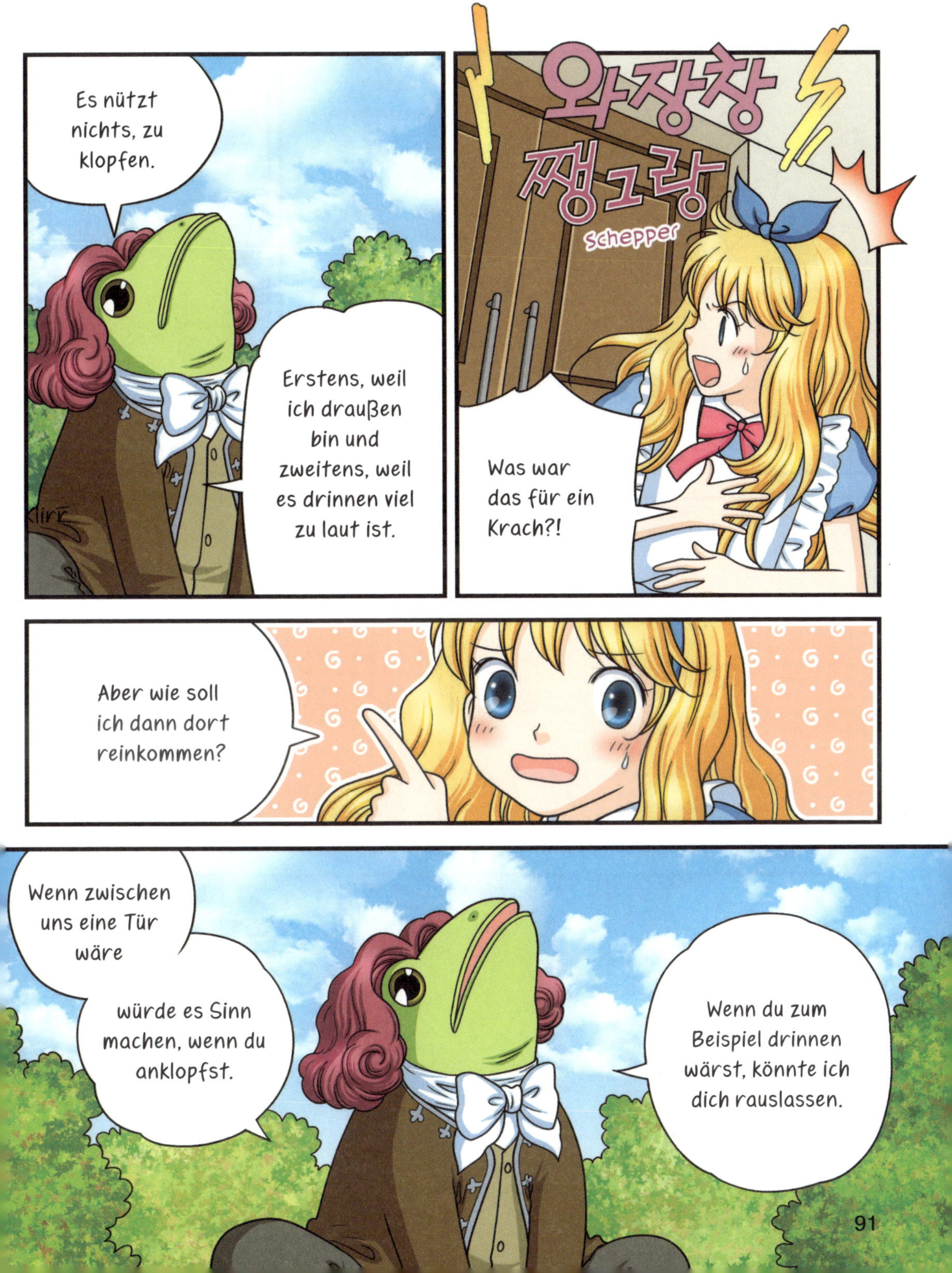
Es nützt nichts, zu klopfen.
Erstens, weil ich draußen bin und zweitens, weil es drinnen viel zu laut ist.
klirr
와장창
쨍그랑
Schepper
Was war das für ein Krach?!
Aber wie soll ich dann dort reinkommen?
Wenn zwischen uns eine Tür wäre
würde es Sinn machen, wenn du anklopfst.
Wenn du zum Beispiel drinnen wärst, könnte ich dich rauslassen.

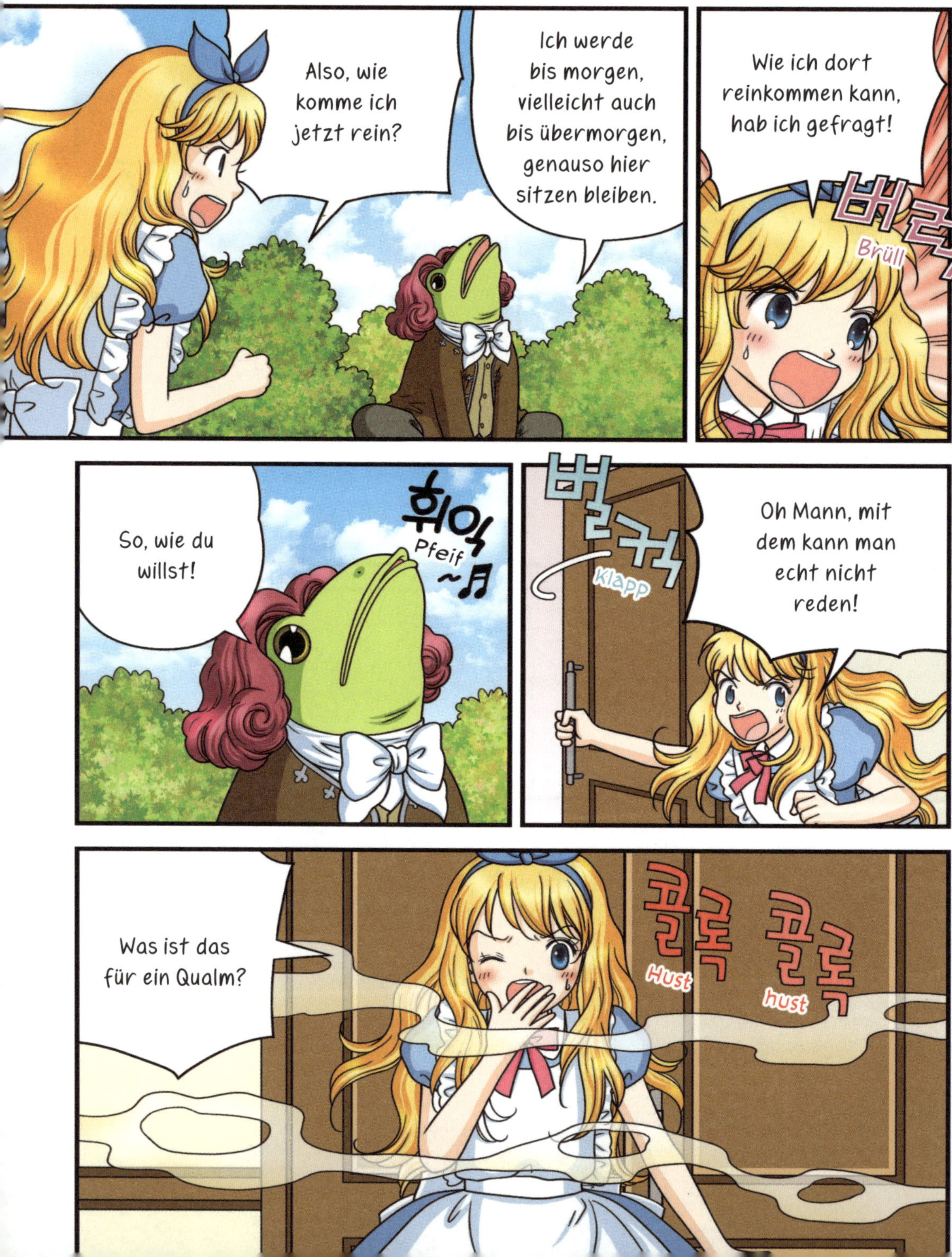
Also, wie komme ich jetzt rein?
Ich werde bis morgen, vielleicht auch bis übermorgen, genauso hier sitzen bleiben.
Wie ich dort reinkommen kann, hab ich gefragt!
벅
Brüll
So, wie du willst!
휘익
Pfeif
~♬
벌컥
Klapp
Oh Mann, mit dem kann man echt nicht reden!
Was ist das für ein Qualm?
콜록 콜록
Hust
hust

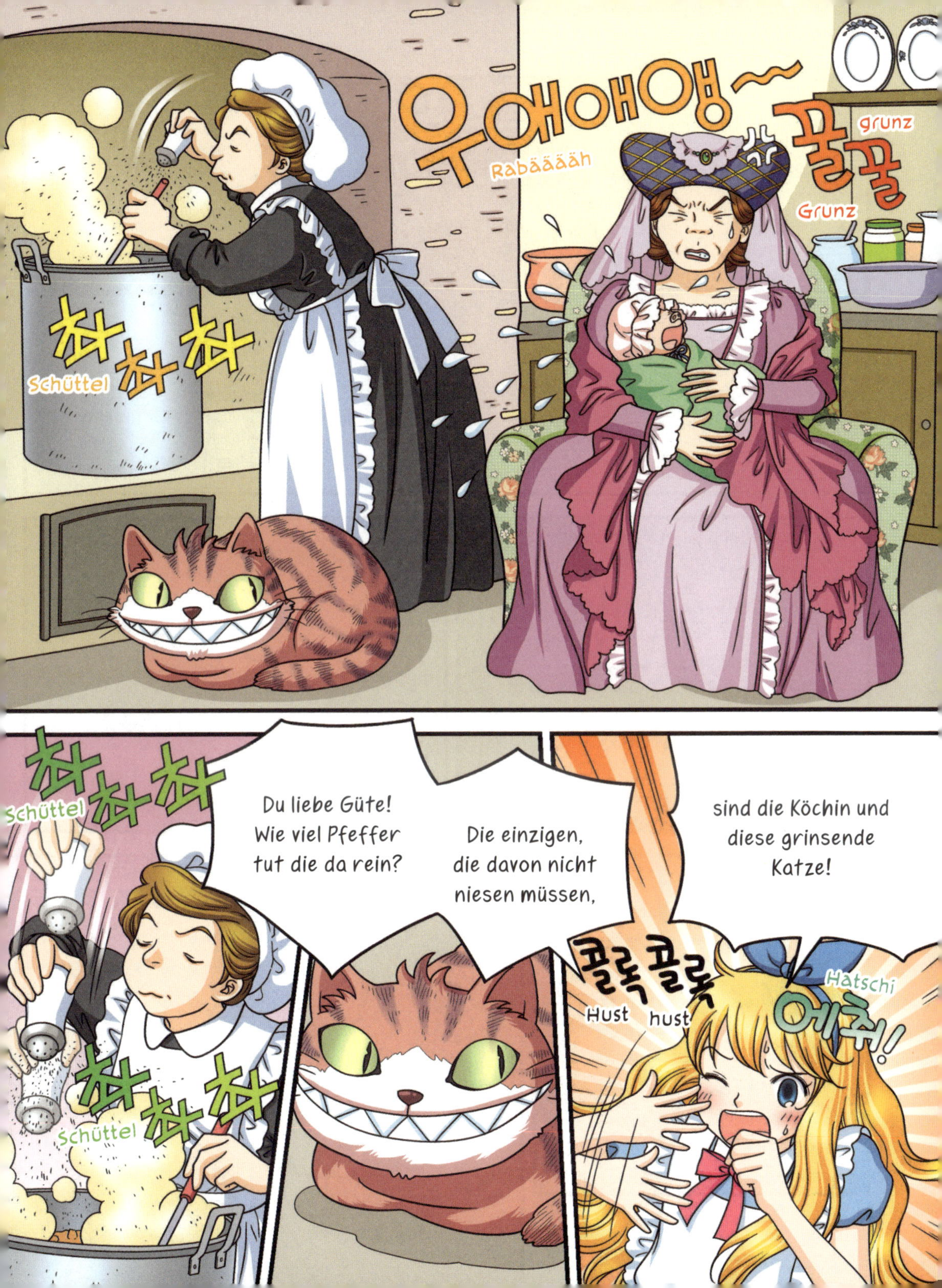

우애애앵~~
Rabääääh
꿀꿀
grunz
Grunz
솨솨솨
Schüttel
솨솨솨
Schüttel
Du liebe Güte! Wie viel Pfeffer tut die da rein?
솨솨솨
Schüttel
Die einzigen, die davon nicht niesen müssen,
sind die Köchin und diese grinsende Katze!
콜록 콜록
Hust hust
에취!
Hatschi

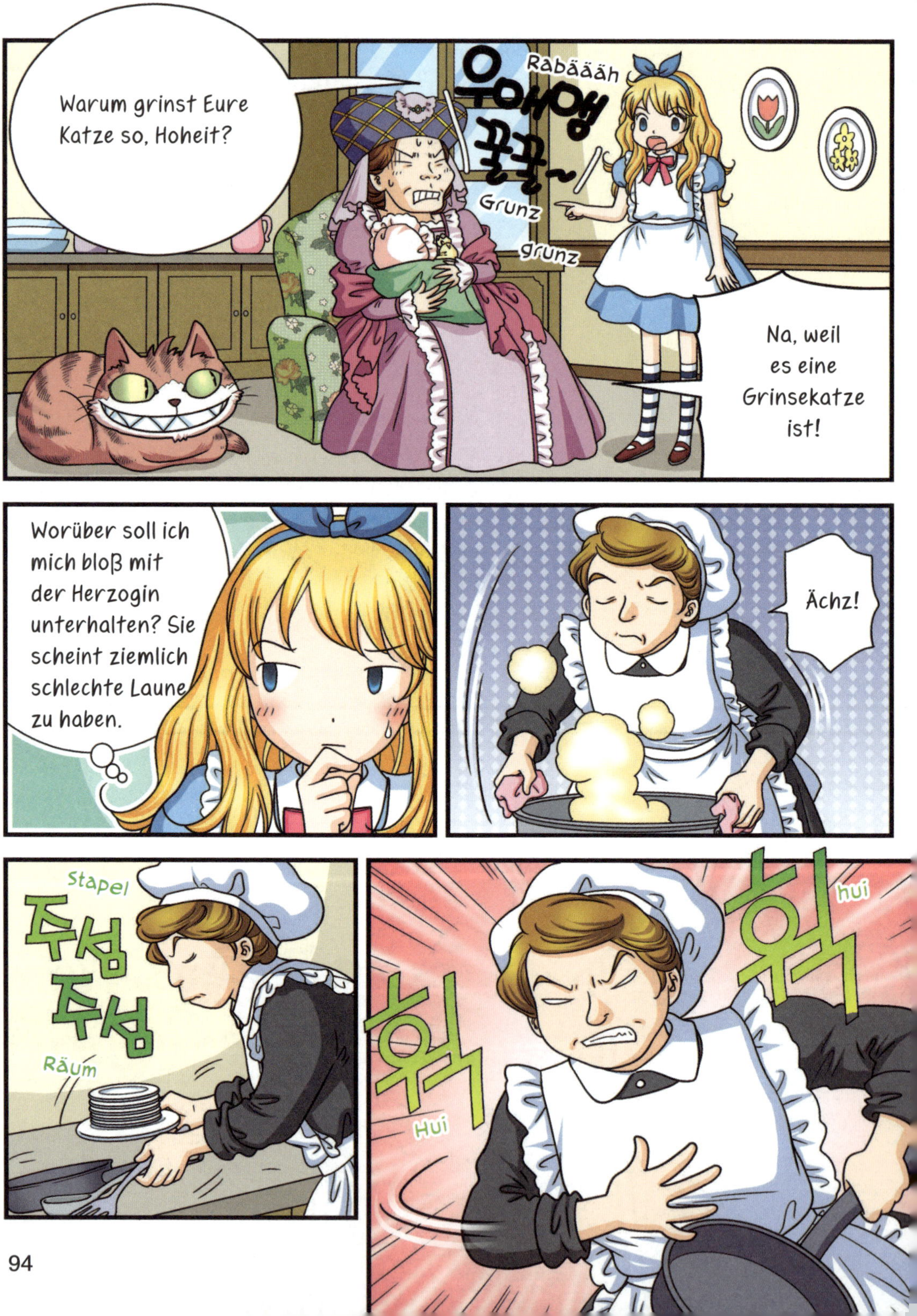
Warum grinst Eure Katze so, Hoheit?
우아앵
Rabäääh
꿀꿀~
Grunz
grunz
Na, weil es eine Grinsekatze ist!
Worüber soll ich mich bloß mit der Herzogin unterhalten? Sie scheint ziemlich schlechte Laune zu haben.
Ächz!
Stapel
주섬 주섬
Räum
휙 휙
hui
Hui

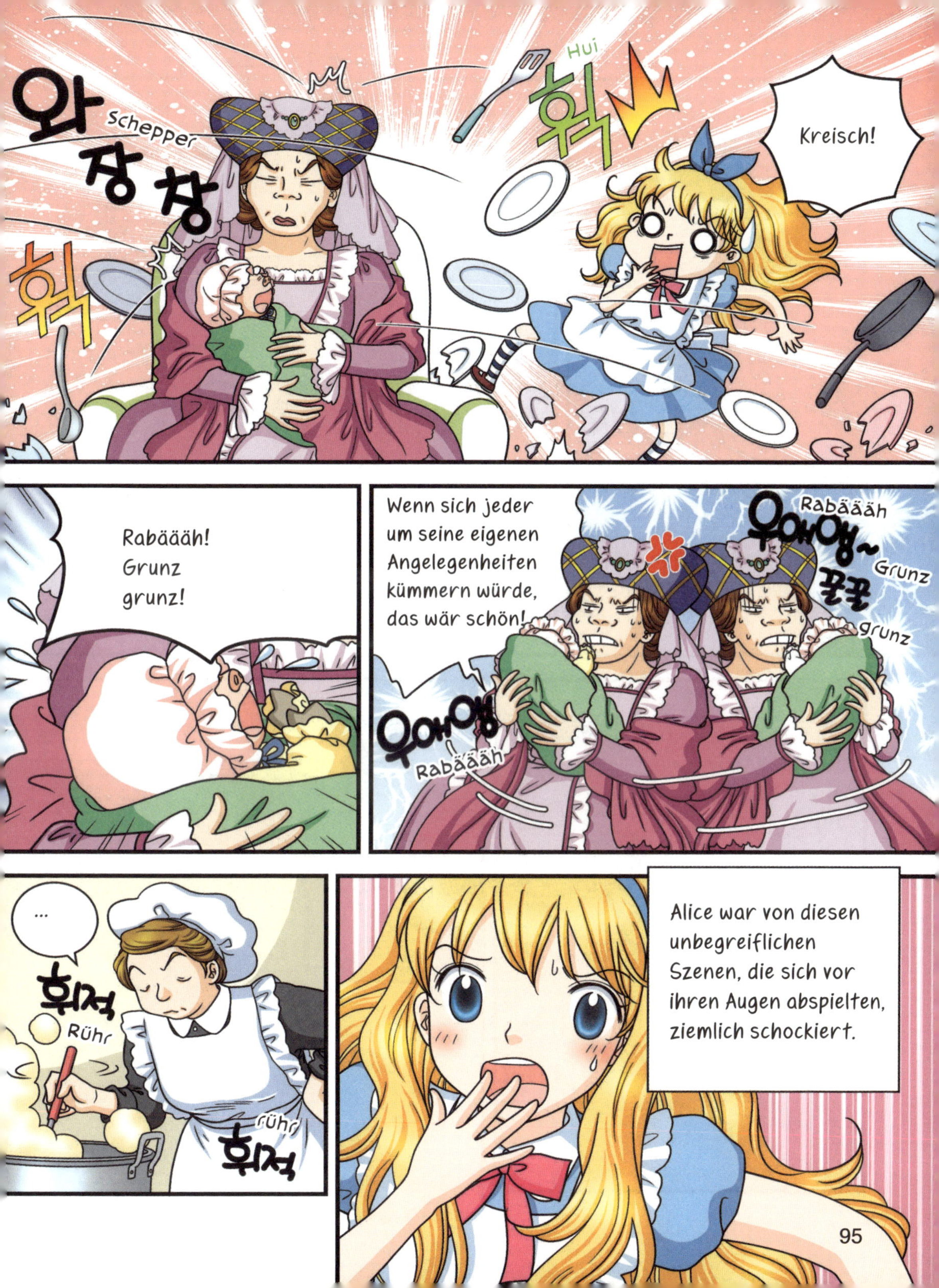

Kreisch!
Hui
Schepper
Rabäääh!
Grunz
grunz!
Wenn sich jeder um seine eigenen Angelegenheiten kümmern würde, das wär schön!
Rabäääh
Grunz
grunz
Rabäääh
...
Rühr
rühr
Alice war von diesen unbegreiflichen Szenen, die sich vor ihren Augen abspielten, ziemlich schockiert.

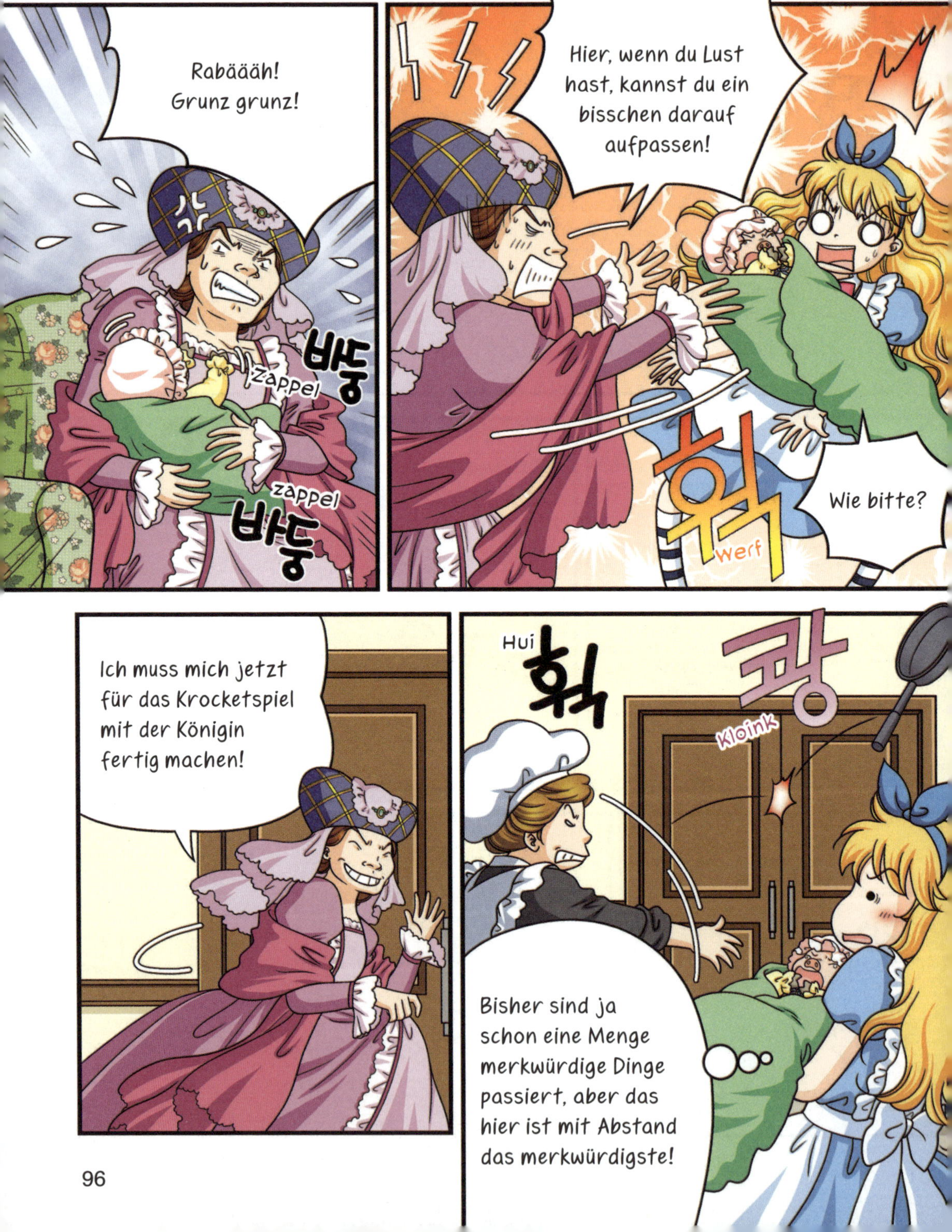
Rabääääh!
Grunz grunz!
빠둥
Zappel
zappel
바둥
Hier, wenn du Lust hast, kannst du ein bisschen darauf aufpassen!
훠
Werf
Wie bitte?
Ich muss mich jetzt für das Krocketspiel mit der Königin fertig machen!
Hui
휙
쾅
Kloink
Bisher sind ja schon eine Menge merkwürdige Dinge passiert, aber das hier ist mit Abstand das merkwürdigste!

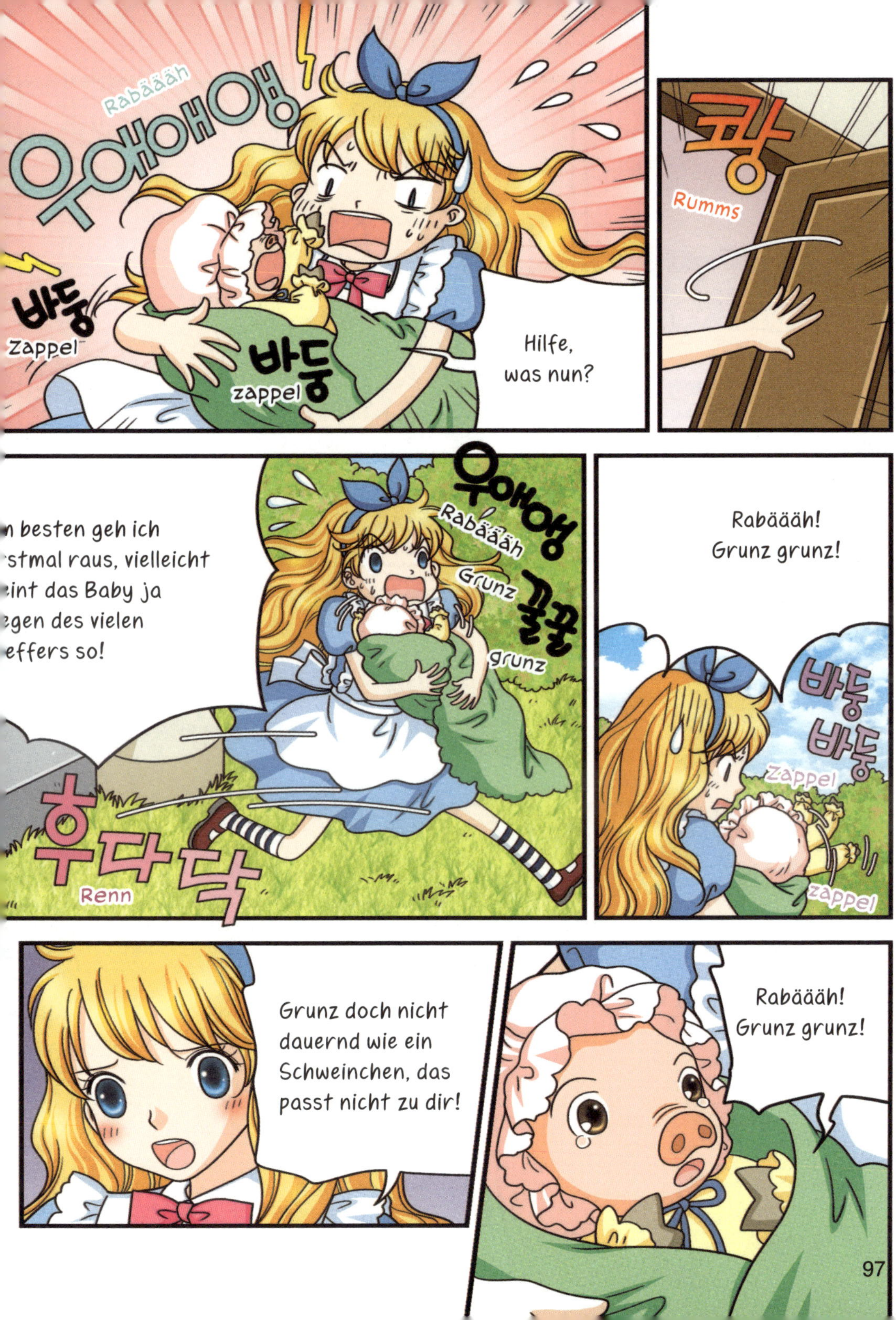
Rabäääh
우애애앵
바둥
Zappel
바둥
zappel
Hilfe, was nun?
쾅
Rumms
n besten geh ich
rstmal raus, vielleicht
eint das Baby ja
egen des vielen
effers so!
우애앵
Rabäääh
Grunz
꿀꿀
grunz
후다닥
Renn
Rabäääh! Grunz grunz!
바둥
바둥
Zappel
zappel
Grunz doch nicht dauernd wie ein Schweinchen, das passt nicht zu dir!
Rabäääh! Grunz grunz!

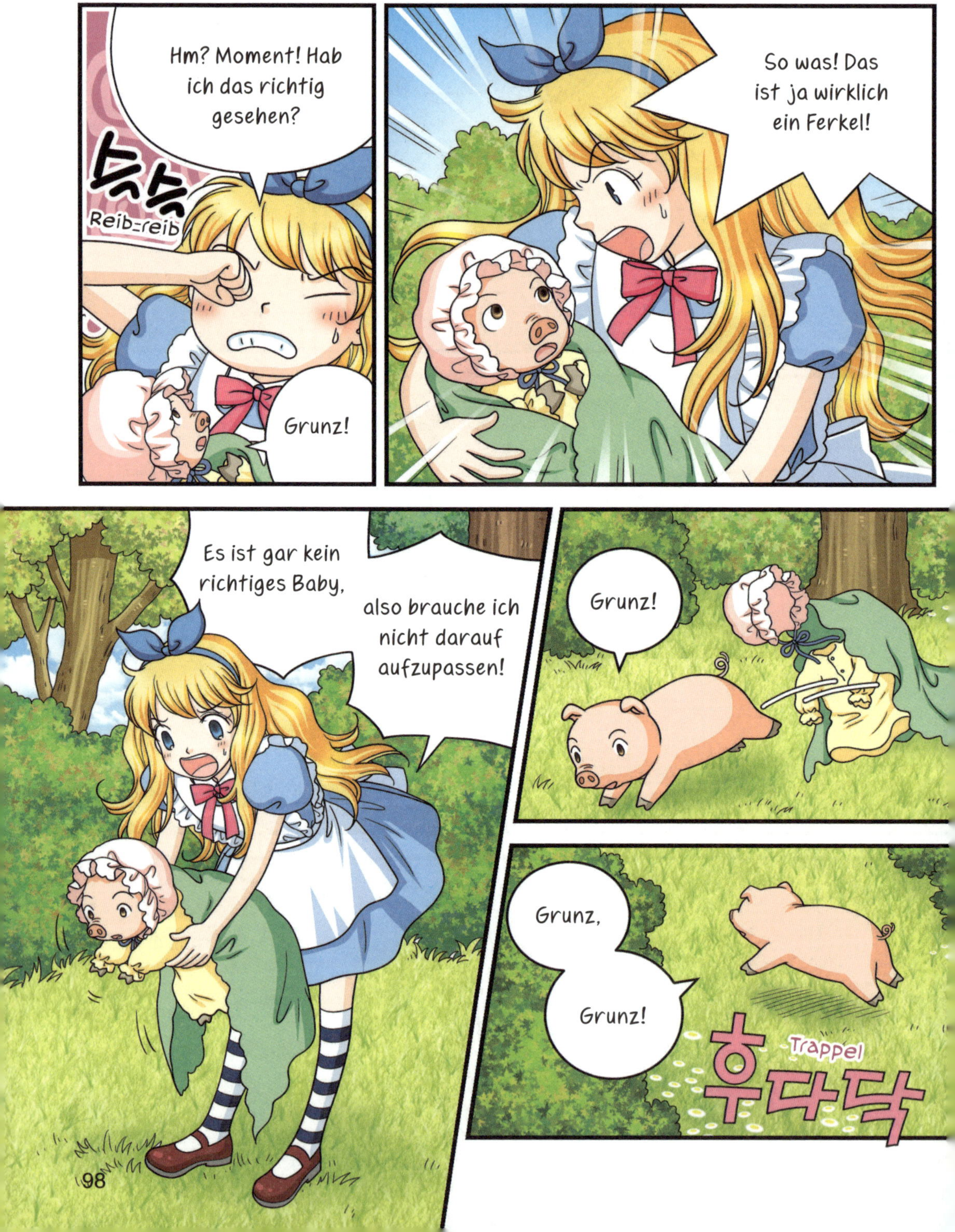
Hm? Moment! Hab ich das richtig gesehen?
Reib-reib
Grunz!
So was! Das ist ja wirklich ein Ferkel!
Es ist gar kein richtiges Baby,
also brauche ich nicht darauf aufzupassen!
Grunz!
Grunz,
Grunz!
Trappel
후다닥

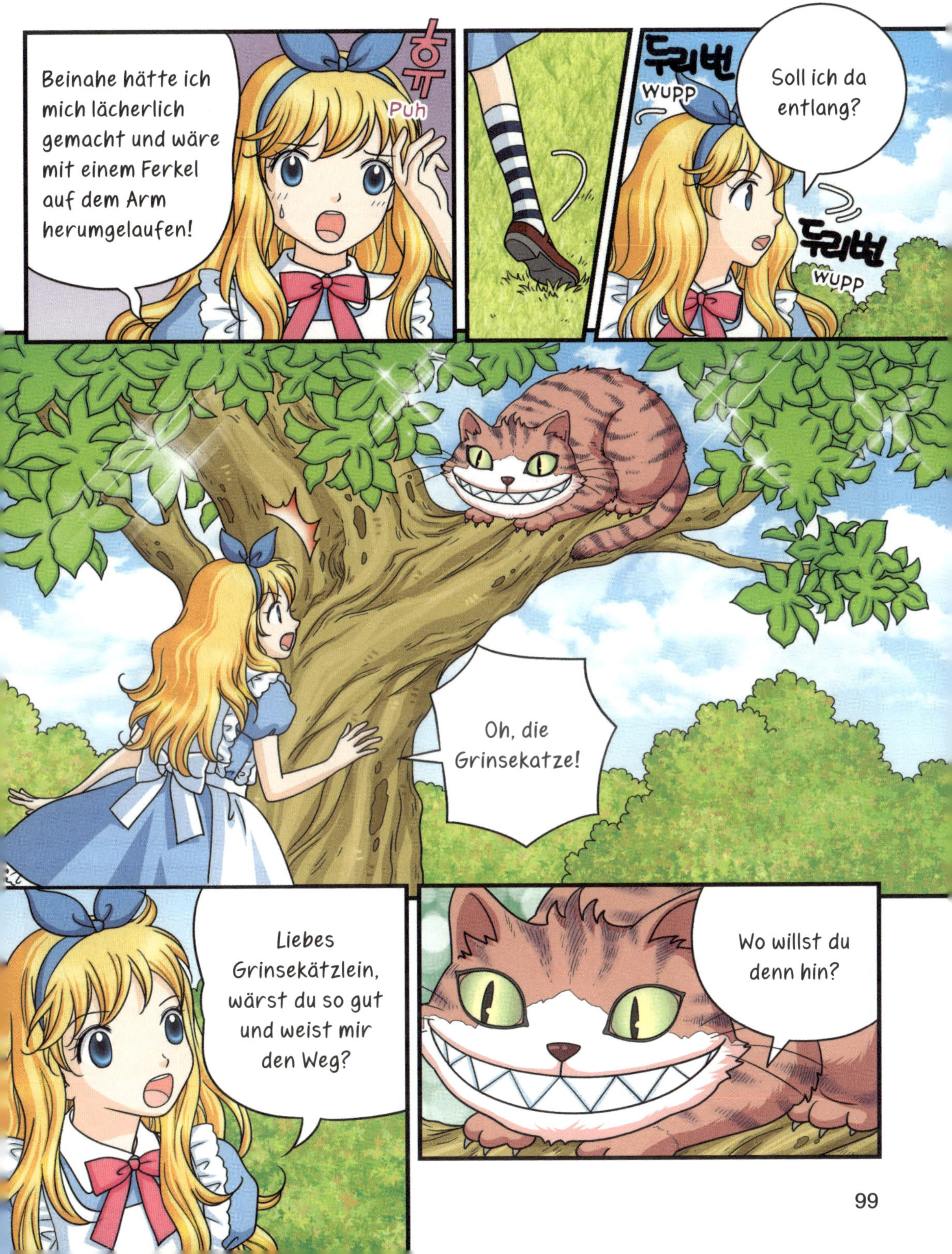
휴
Puh
Beinahe hätte ich mich lächerlich gemacht und wäre mit einem Ferkel auf dem Arm herumgelaufen!
두리번
WUPP
Soll ich da entlang?
두리번
WUPP
Oh, die Grinsekatze!
Liebes Grinsekätzlein, wärst du so gut und weist mir den Weg?
Wo willst du denn hin?

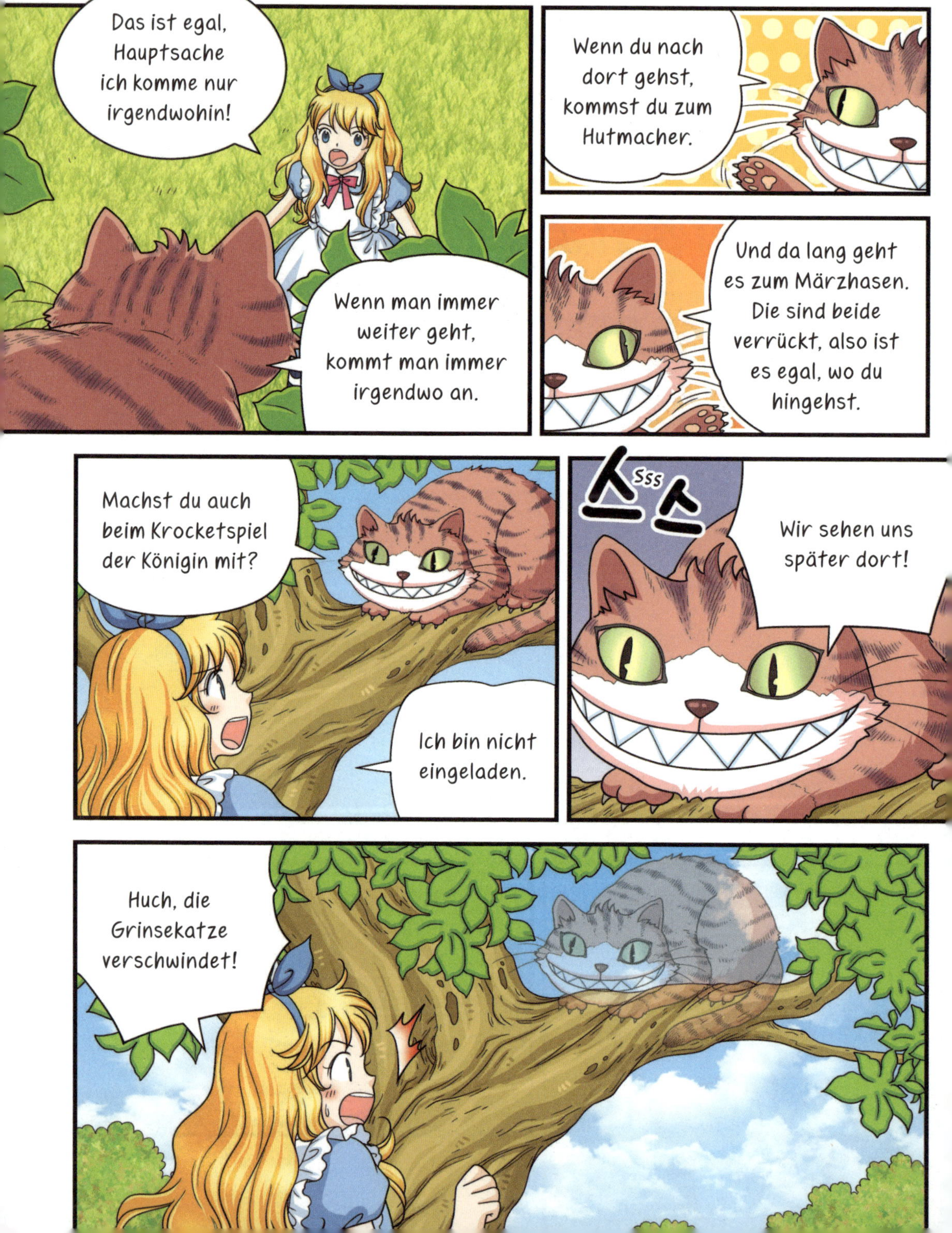
Das ist egal, Hauptsache ich komme nur irgendwohin!
Wenn man immer weiter geht, kommt man immer irgendwo an.
Wenn du nach dort gehst, kommst du zum Hutmacher.
Und da lang geht es zum Märzhasen. Die sind beide verrückt, also ist es egal, wo du hingehst.
Machst du auch beim Krocketspiel der Königin mit?
Ich bin nicht eingeladen.
sss
Wir sehen uns später dort!
Huch, die Grinsekatze verschwindet!

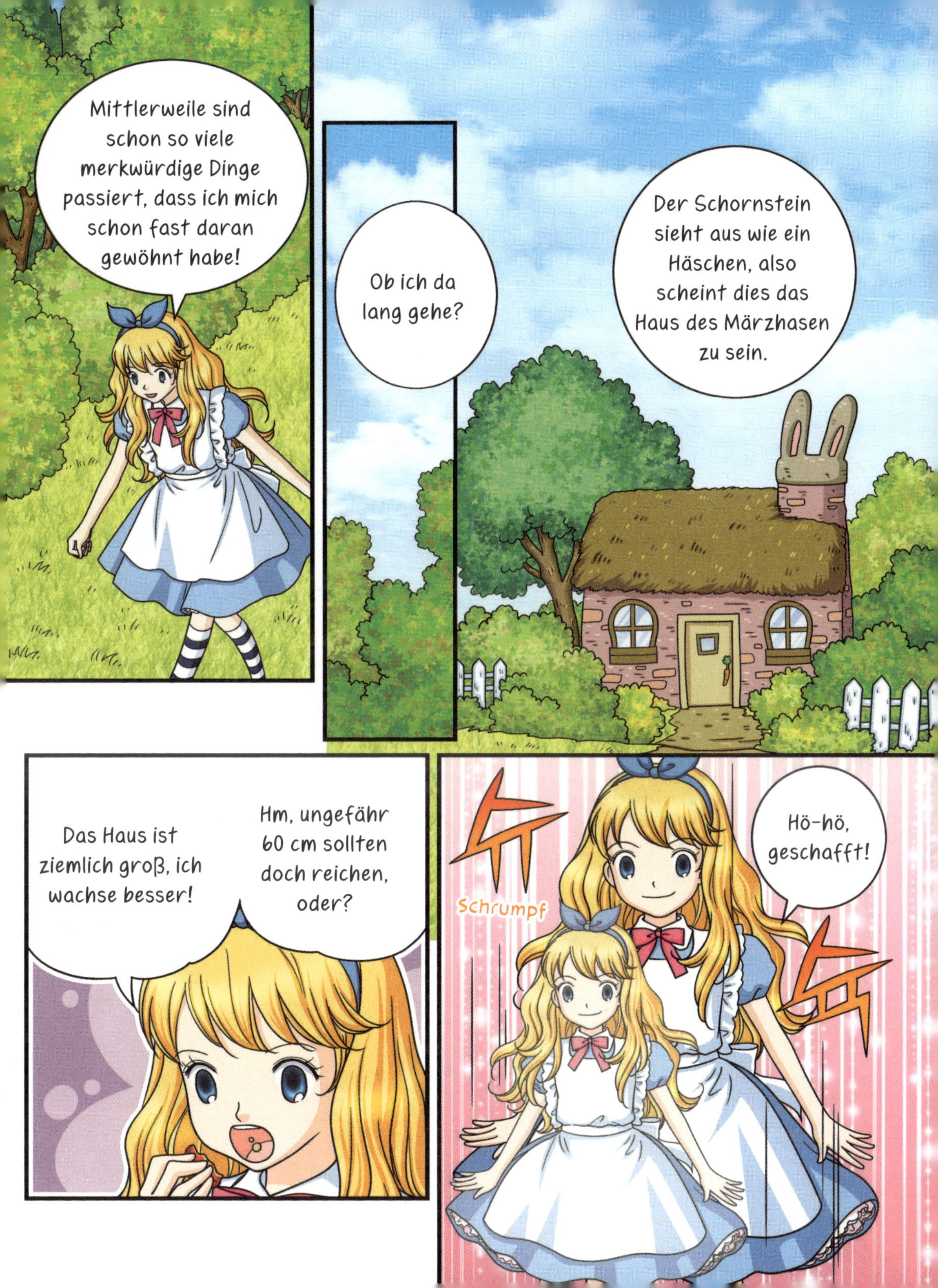
Mittlerweile sind schon so viele merkwürdige Dinge passiert, dass ich mich schon fast daran gewöhnt habe!
Ob ich da lang gehe?
Der Schornstein sieht aus wie ein Häschen, also scheint dies das Haus des Märzhasen zu sein.
Hm, ungefähr 60 cm sollten doch reichen, oder?
Das Haus ist ziemlich groß, ich wachse besser!
Hö-hö, geschafft!
Schrumpf

7. Kapitel

Die Teeparty des Hutmachers

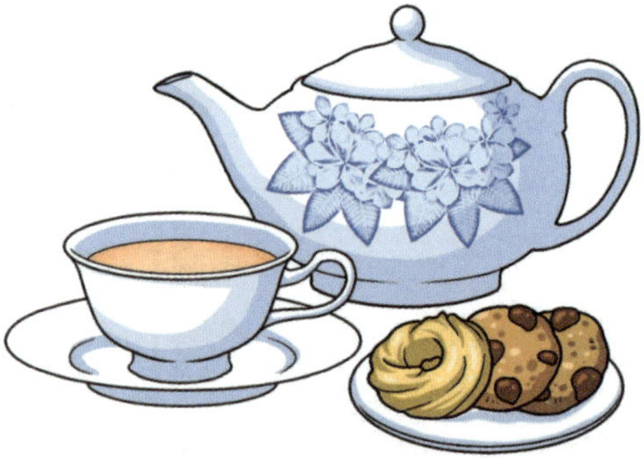

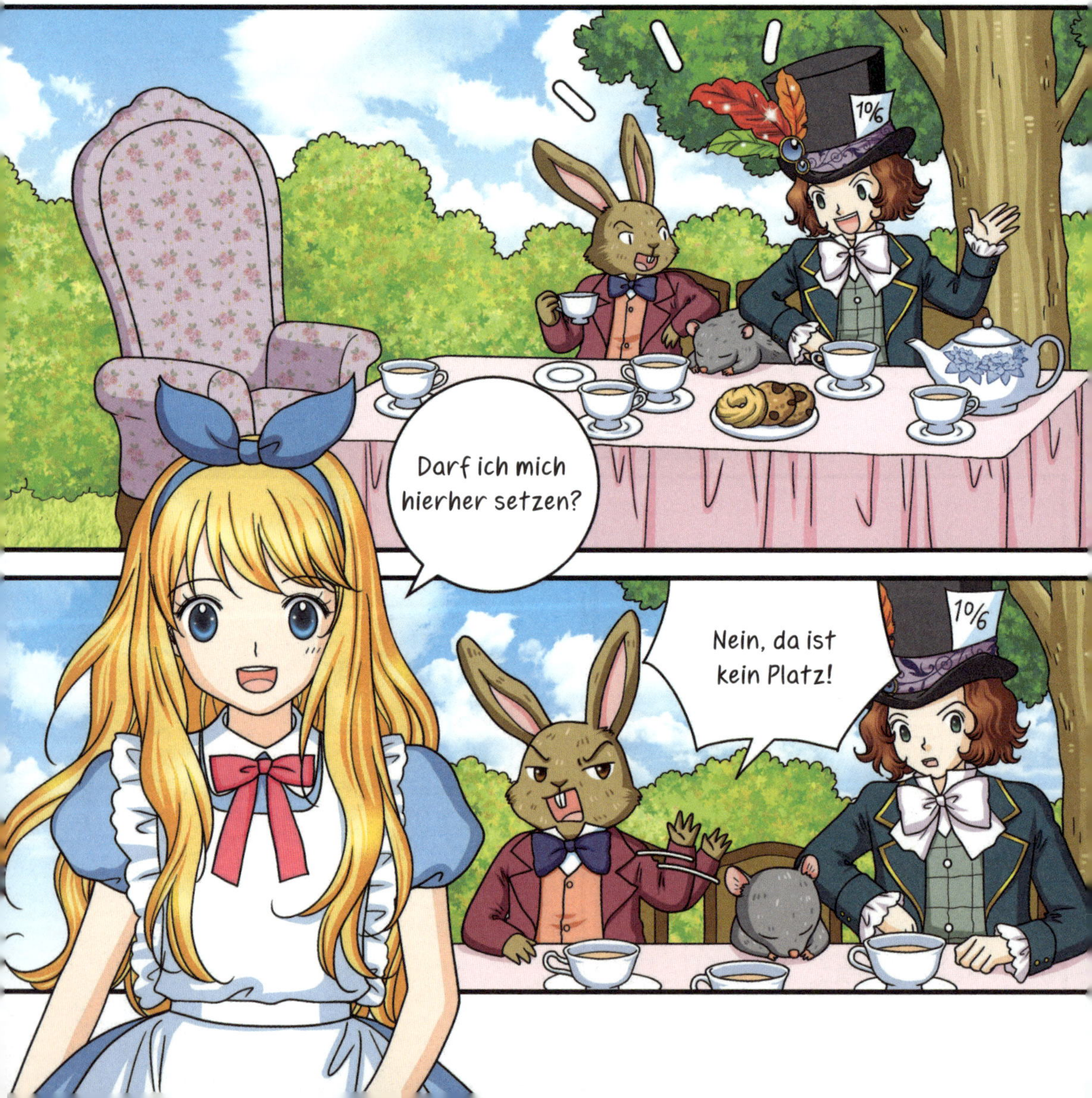

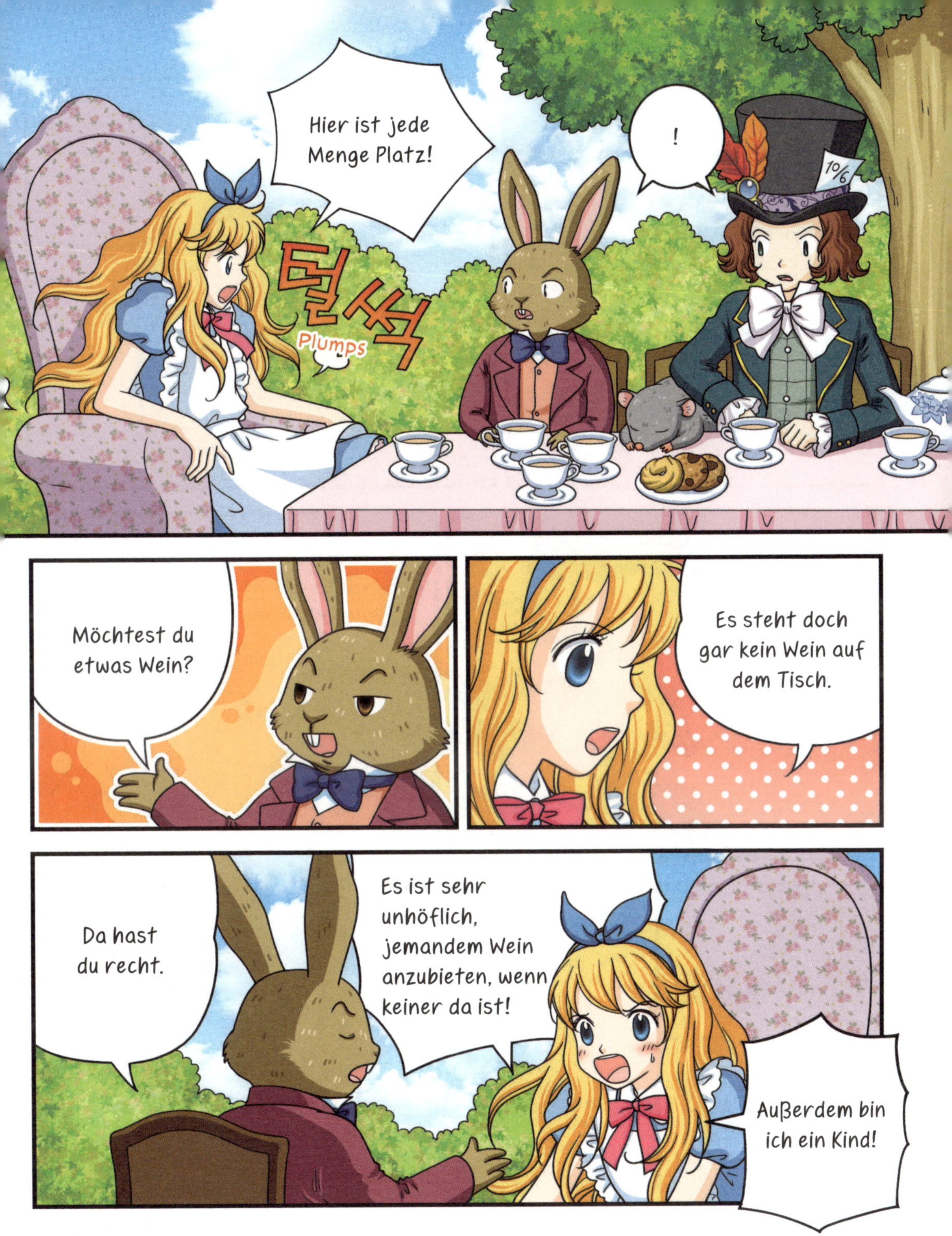
Hier ist jede Menge Platz!
털썩
Plumps
!
Möchtest du etwas Wein?
Es steht doch gar kein Wein auf dem Tisch.
Da hast du recht.
Es ist sehr unhöflich, jemandem Wein anzubieten, wenn keiner da ist!
Außerdem bin ich ein Kind!

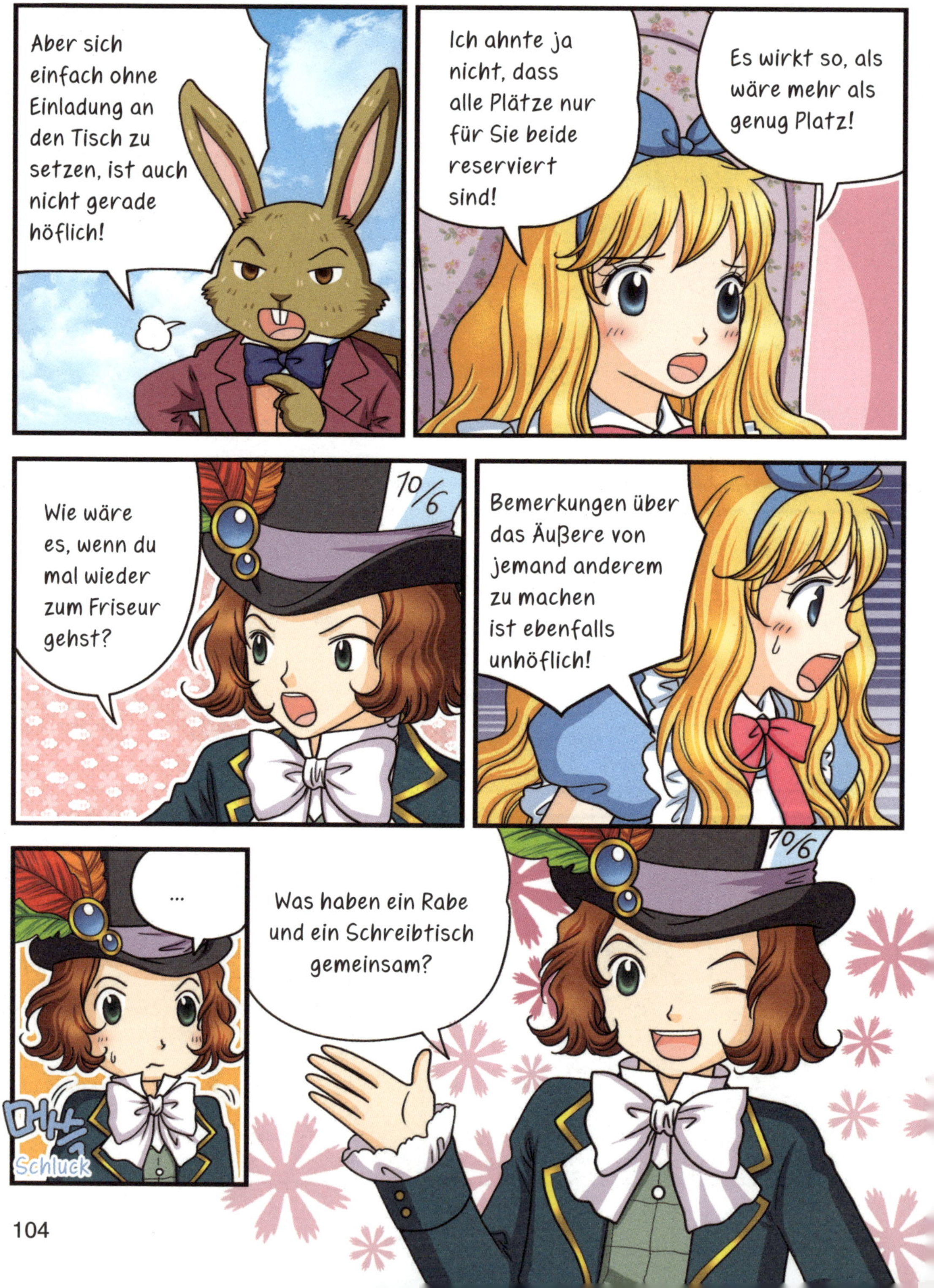
Aber sich einfach ohne Einladung an den Tisch zu setzen, ist auch nicht gerade höflich!
Ich ahnte ja nicht, dass alle Plätze nur für Sie beide reserviert sind!
Es wirkt so, als wäre mehr als genug Platz!
Wie wäre es, wenn du mal wieder zum Friseur gehst?
Bemerkungen über das Äußere von jemand anderem zu machen ist ebenfalls unhöflich!
...
Schluck
Was haben ein Rabe und ein Schreibtisch gemeinsam?

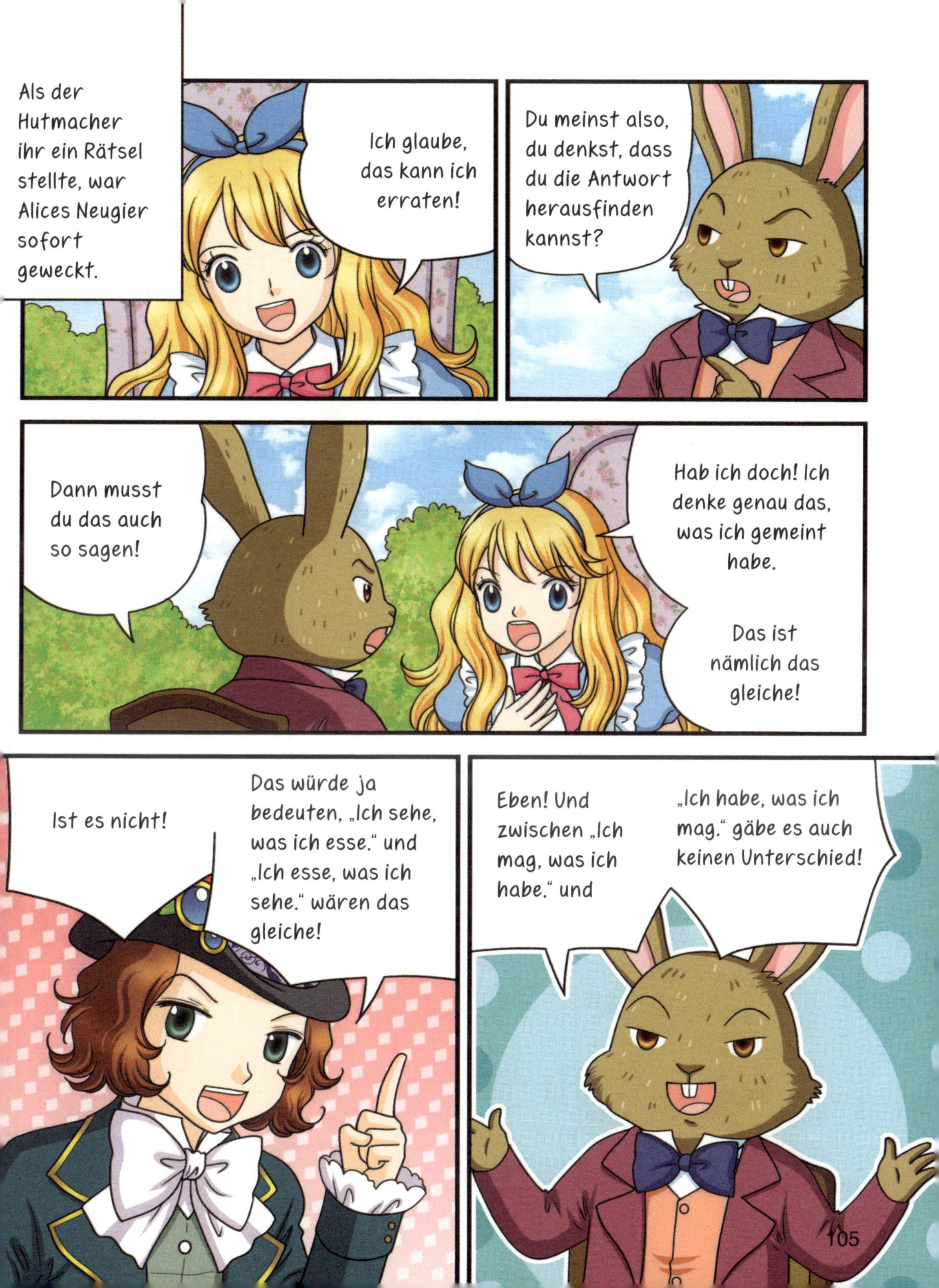
Als der Hutmacher ihr ein Rätsel stellte, war Alices Neugier sofort geweckt.
Ich glaube, das kann ich erraten!
Du meinst also, du denkst, dass du die Antwort herausfinden kannst?
Dann musst du das auch so sagen!
Hab ich doch! Ich denke genau das, was ich gemeint habe.
Das ist nämlich das gleiche!
Ist es nicht!
Das würde ja bedeuten, „Ich sehe, was ich esse.“ und „Ich esse, was ich sehe.“ wären das gleiche!
Eben! Und zwischen „Ich mag, was ich habe.“ und
„Ich habe, was ich mag.“ gäbe es auch keinen Unterschied!

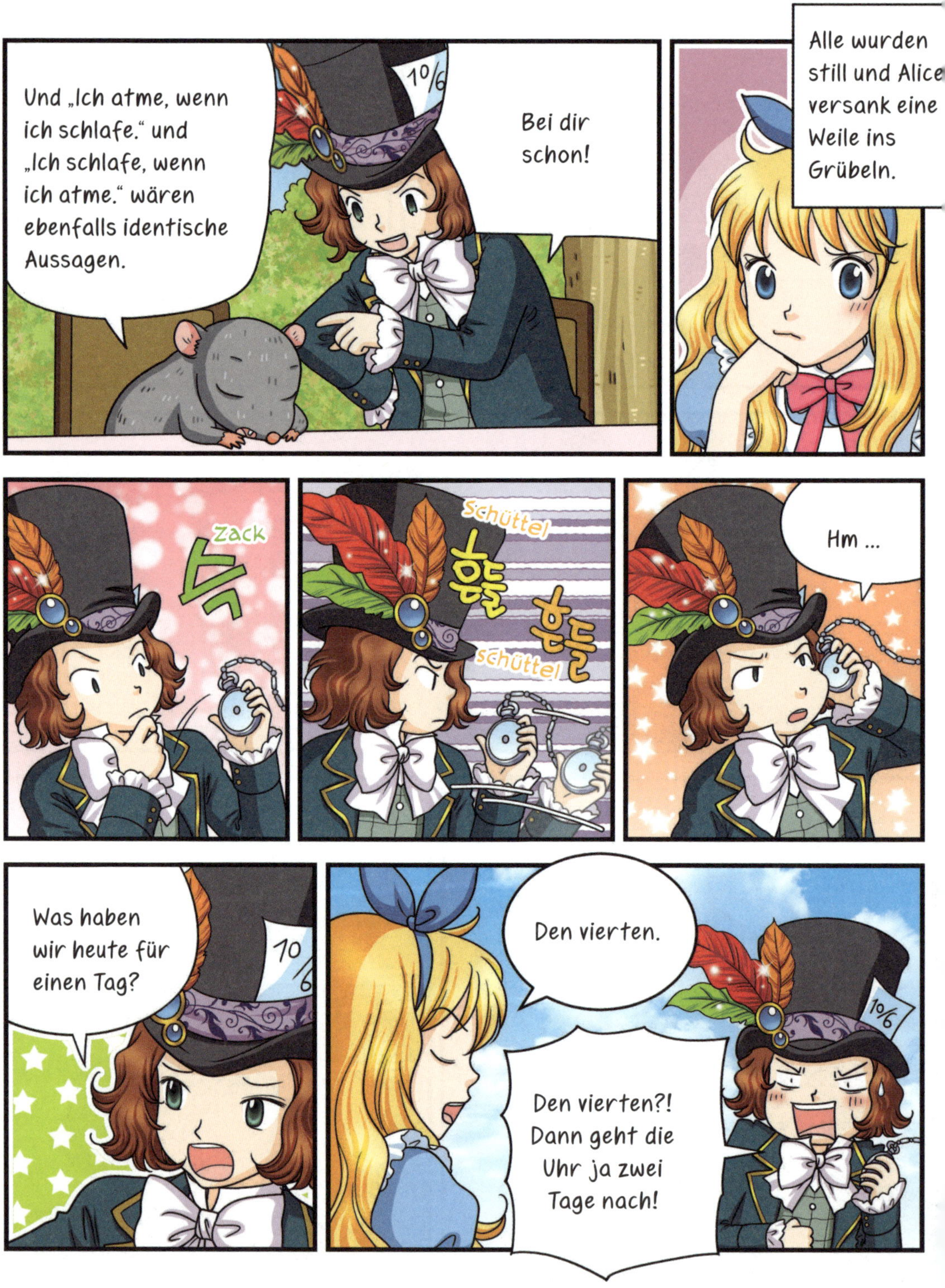
Und „Ich atme, wenn ich schlafe.“ und „Ich schlafe, wenn ich atme.“ wären ebenfalls identische Aussagen.
Bei dir schon!
Alle wurden still und Alice versank eine Weile ins Grübeln.
Zack
슥
Schüttel
흔들
흔들
schüttel
Hm ...
Was haben wir heute für einen Tag?
Den vierten.
Den vierten?! Dann geht die Uhr ja zwei Tage nach!

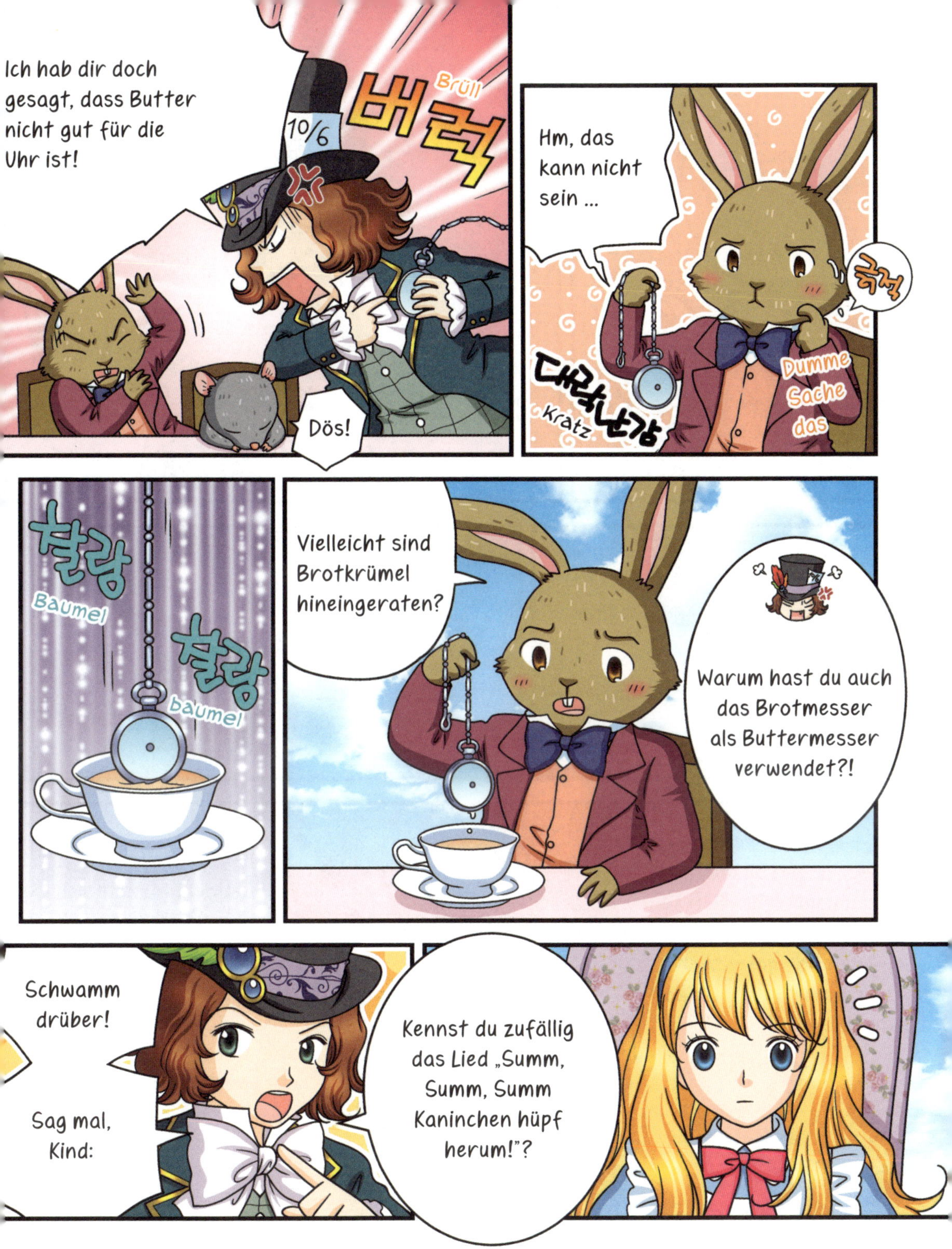
Ich hab dir doch gesagt, dass Butter nicht gut für die Uhr ist!
10/6
버럭
Brüll
Dös!
Hm, das kann nicht sein ...
긁적
Dumme Sache das
대략난감
Kratz
찰랑
Baumel
찰랑
baumel
Vielleicht sind Brotkrümel hineingeraten?
Warum hast du auch das Brotmesser als Buttermesser verwendet?!
Schwamm drüber!
Sag mal, Kind:
Kennst du zufällig das Lied „Summ, Summ, Summ Kaninchen hüpf herum!"?

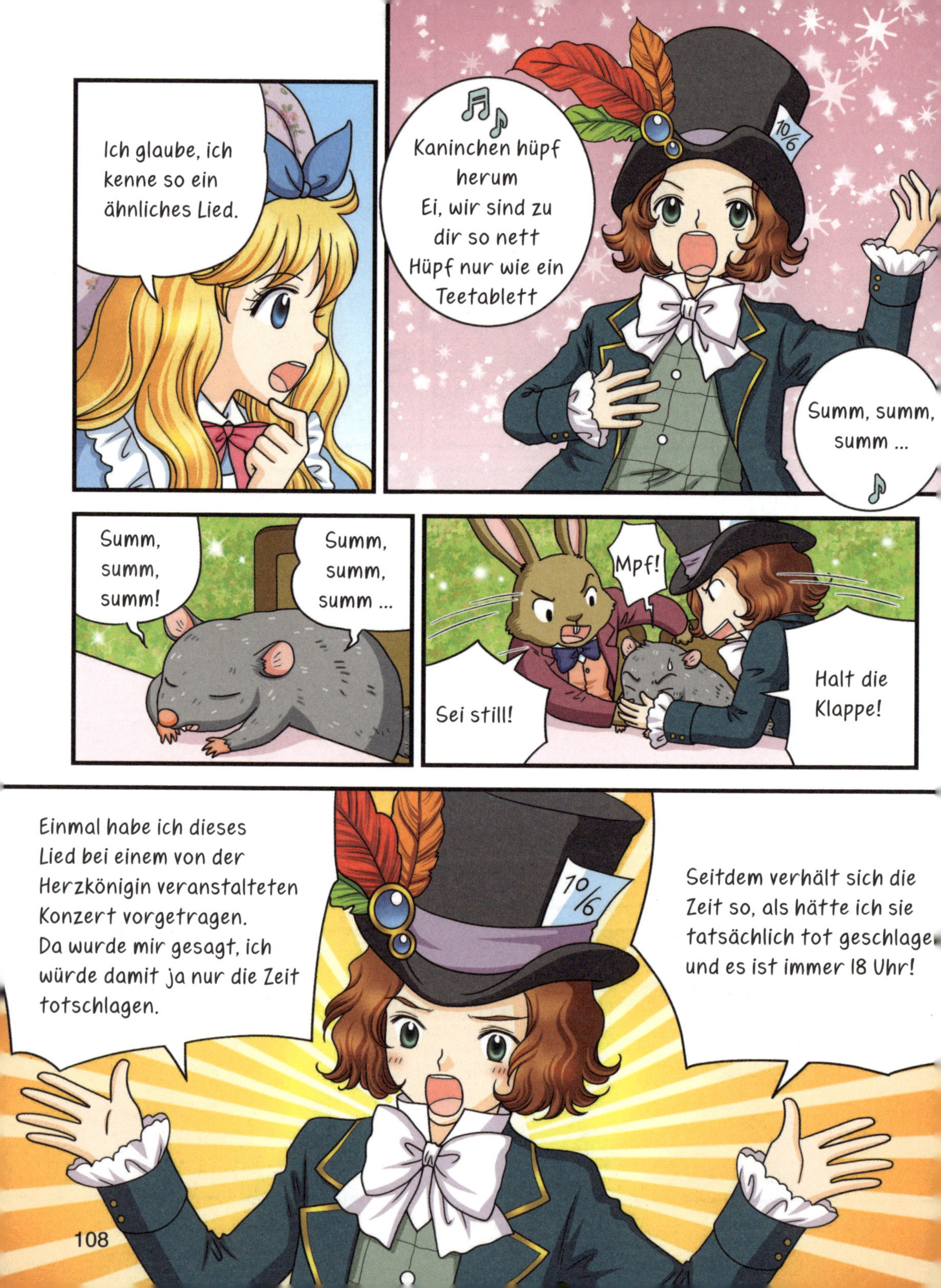
Ich glaube, ich kenne so ein ähnliches Lied.
Kaninchen hüpf herum
Ei, wir sind zu dir so nett
Hüpf nur wie ein Teetablett
Summ, summ, summ ...
Summ, summ, summ!
Summ, summ, summ ...
Mpf!
Sei still!
Halt die Klappe!
Einmal habe ich dieses Lied bei einem von der Herzkönigin veranstalteten Konzert vorgetragen. Da wurde mir gesagt, ich würde damit ja nur die Zeit totschlagen.
Seitdem verhält sich die Zeit so, als hätte ich sie tatsächlich tot geschlage[n] und es ist immer 18 Uhr!
10/6

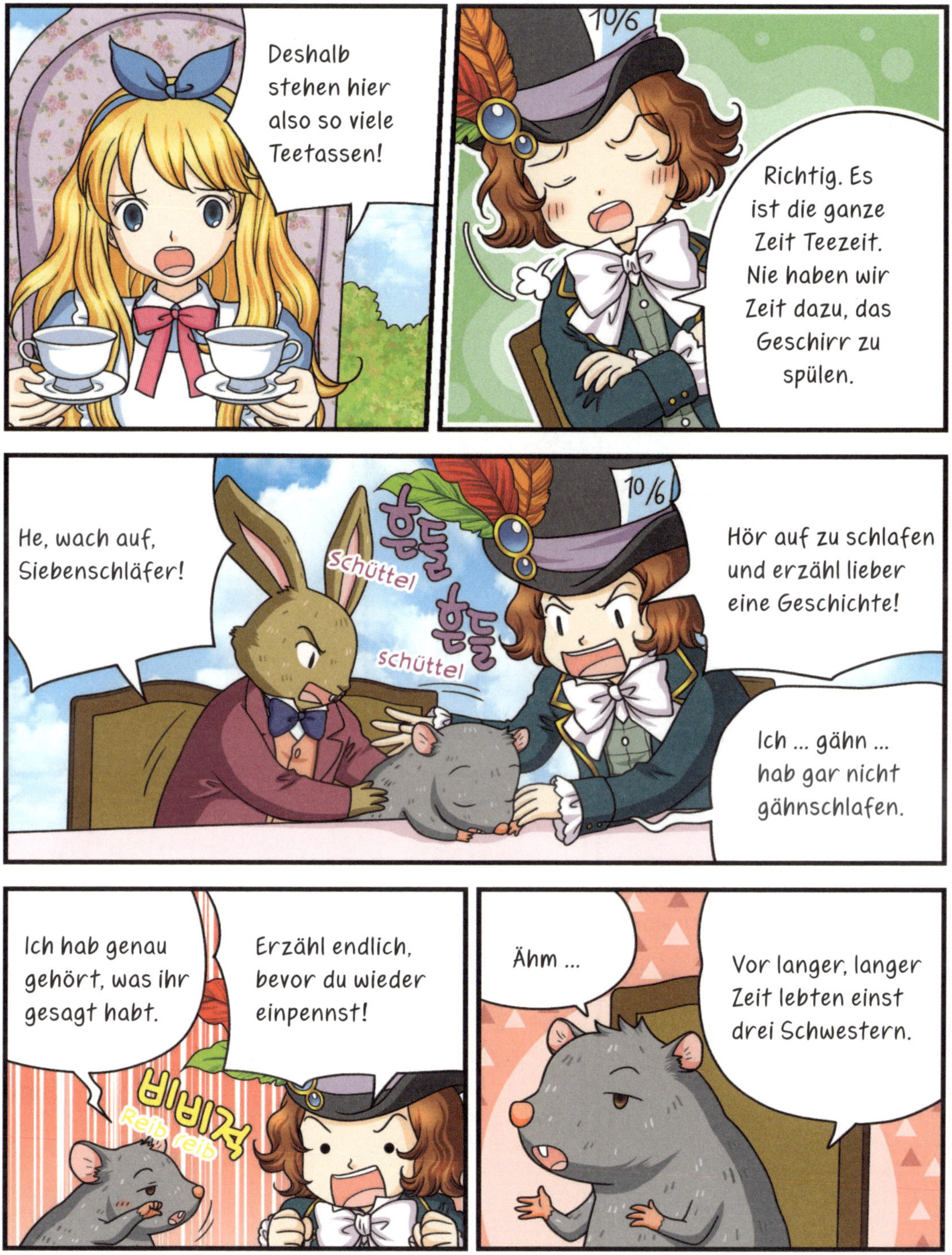
Deshalb stehen hier also so viele Teetassen!
Richtig. Es ist die ganze Zeit Teezeit. Nie haben wir Zeit dazu, das Geschirr zu spülen.
He, wach auf, Siebenschläfer!
Hör auf zu schlafen und erzähl lieber eine Geschichte!
흔들
Schüttel
흔들
schüttel
Ich ... gähn ... hab gar nicht gähnschlafen.
Ich hab genau gehört, was ihr gesagt habt.
비비적
Reib reib
Erzähl endlich, bevor du wieder einpennst!
Ähm ...
Vor langer, langer Zeit lebten einst drei Schwestern.

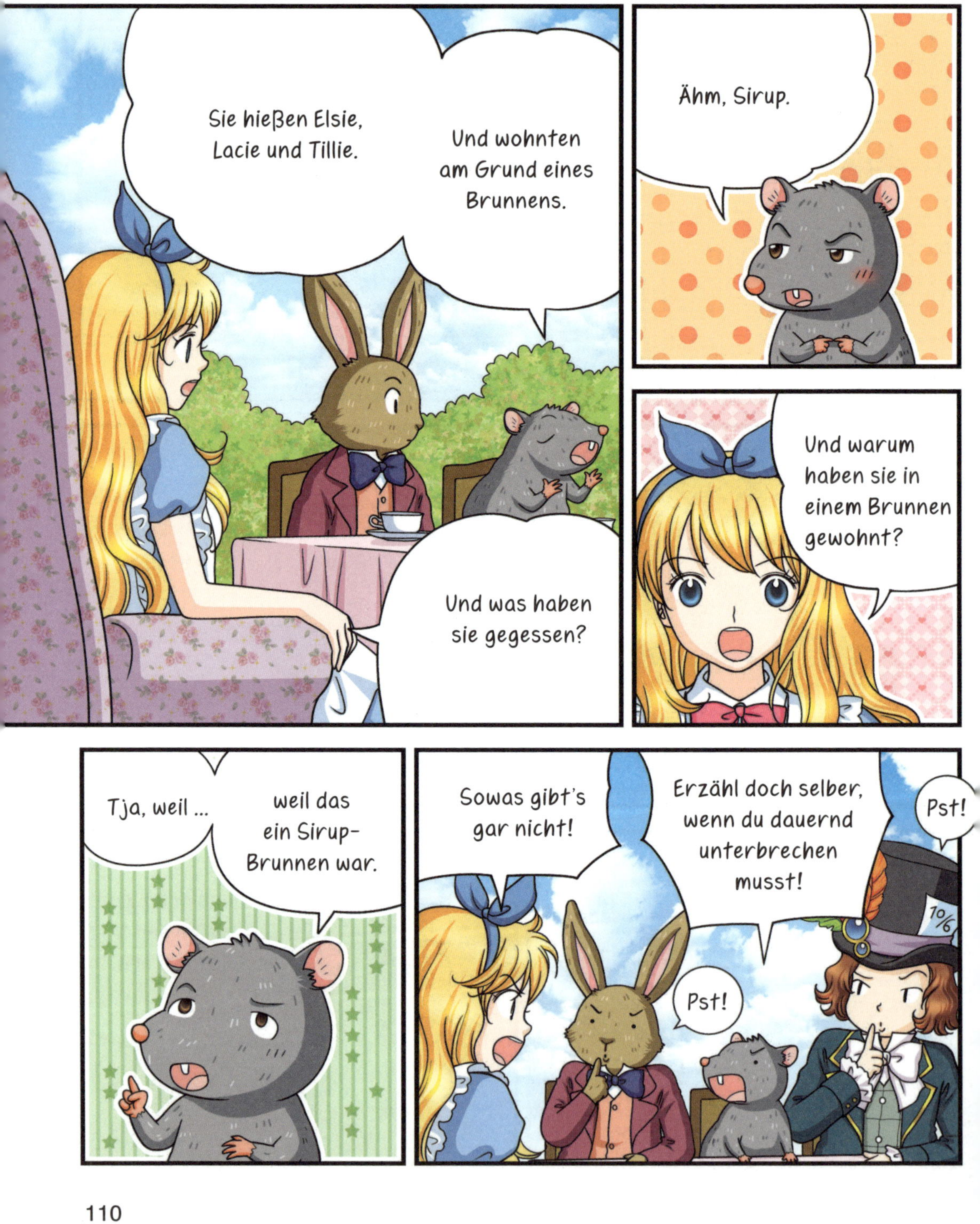
Sie hießen Elsie, Lacie und Tillie.
Und wohnten am Grund eines Brunnens.
Und was haben sie gegessen?
Ähm, Sirup.
Und warum haben sie in einem Brunnen gewohnt?
Tja, weil ...
weil das ein Sirup-Brunnen war.
Sowas gibt's gar nicht!
Erzähl doch selber, wenn du dauernd unterbrechen musst!
Pst!
Pst!

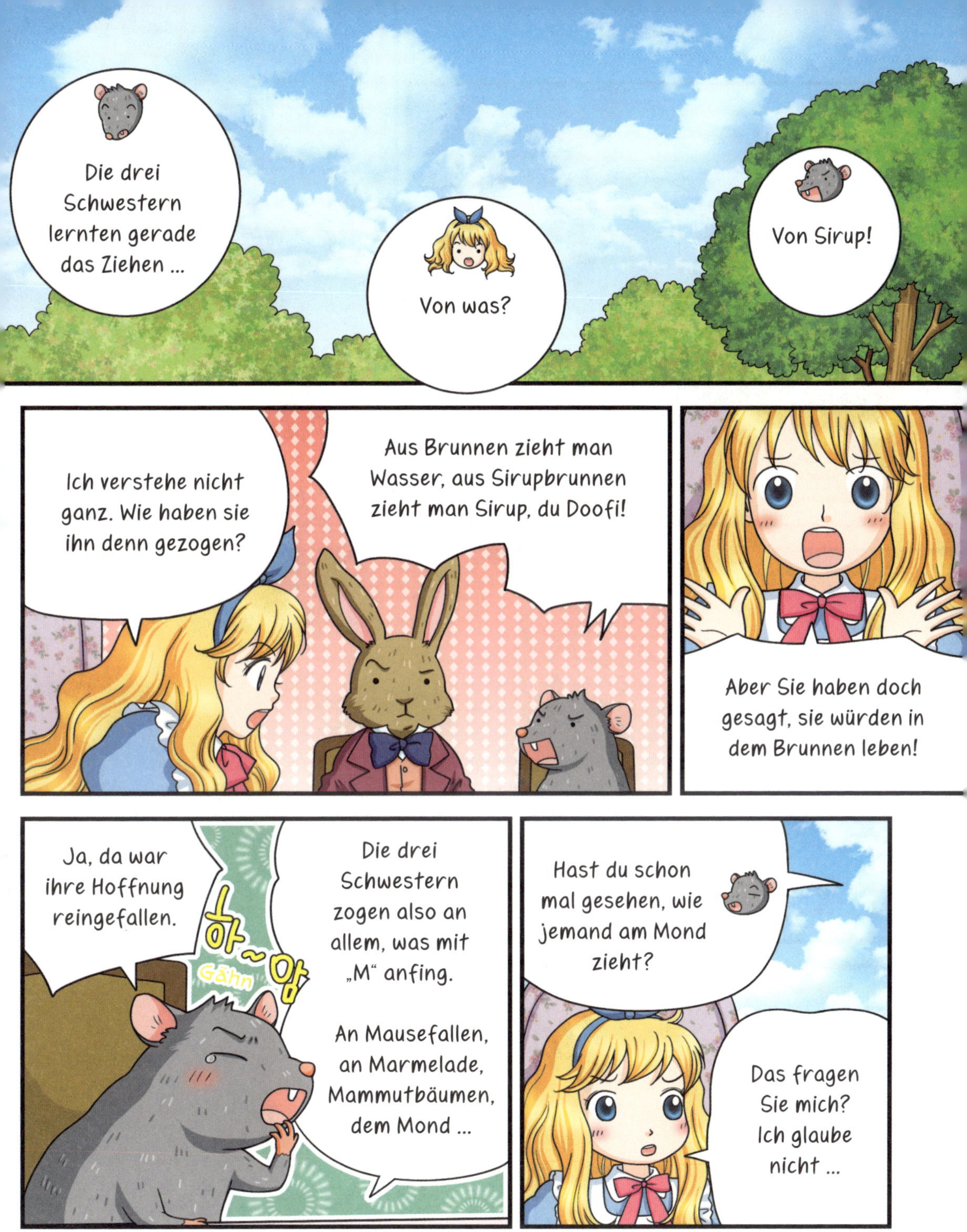

Die drei Schwestern lernten gerade das Ziehen …
Von was?
Von Sirup!
Ich verstehe nicht ganz. Wie haben sie ihn denn gezogen?
Aus Brunnen zieht man Wasser, aus Sirupbrunnen zieht man Sirup, du Doofi!
Aber Sie haben doch gesagt, sie würden in dem Brunnen leben!
Ja, da war ihre Hoffnung reingefallen.
하~암
Gähn
Die drei Schwestern zogen also an allem, was mit „M" anfing.
An Mausefallen, an Marmelade, Mammutbäumen, dem Mond …
Hast du schon mal gesehen, wie jemand am Mond zieht?
Das fragen Sie mich? Ich glaube nicht …

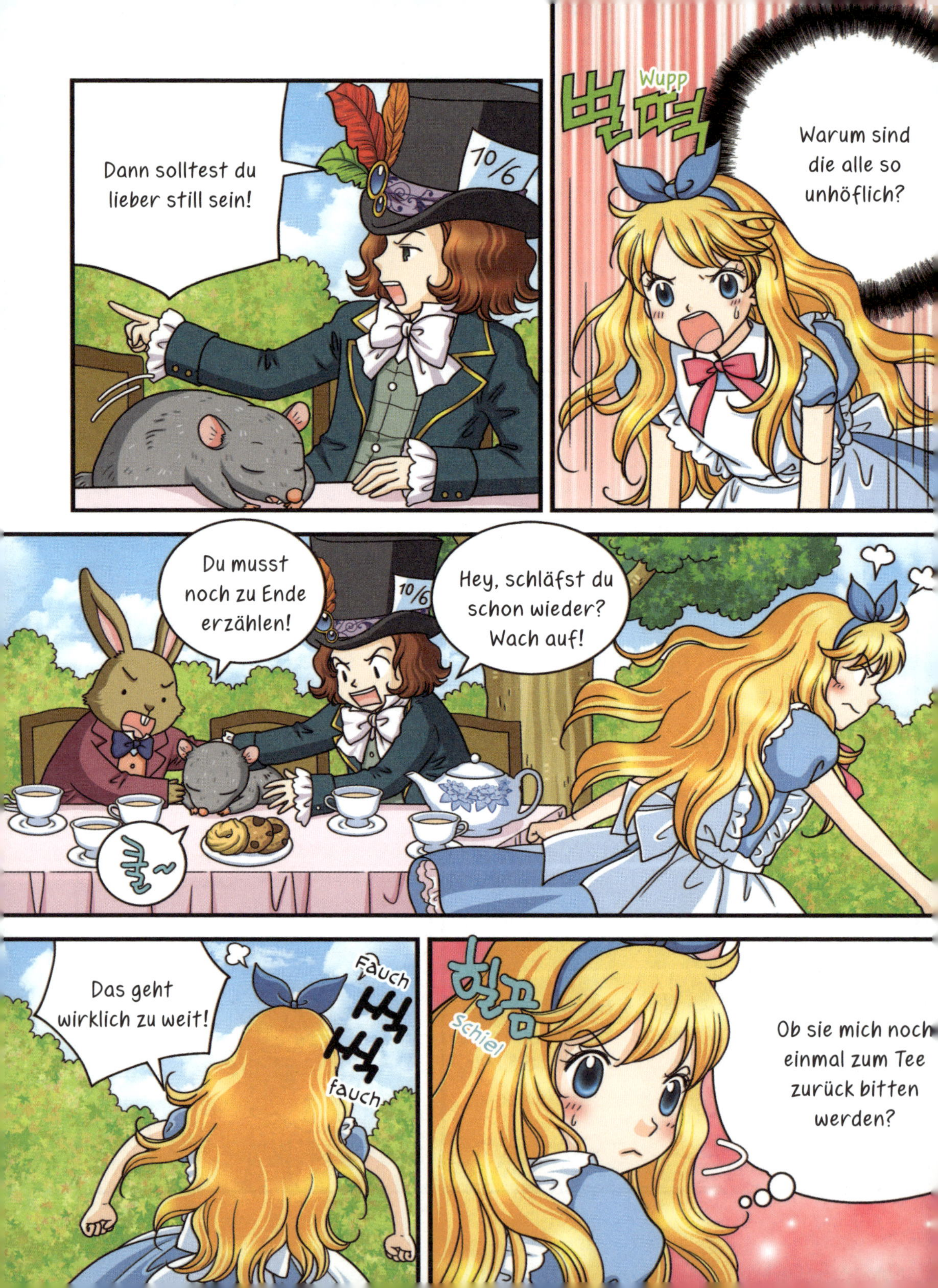
Dann solltest du lieber still sein!
벌떡
Wupp
Warum sind die alle so unhöflich?
Du musst noch zu Ende erzählen!
Hey, schläfst du schon wieder? Wach auf!
쿨~
Das geht wirklich zu weit!
Fauch
씩씩
fauch
힐끔
Schiel
Ob sie mich noch einmal zum Tee zurück bitten werden?

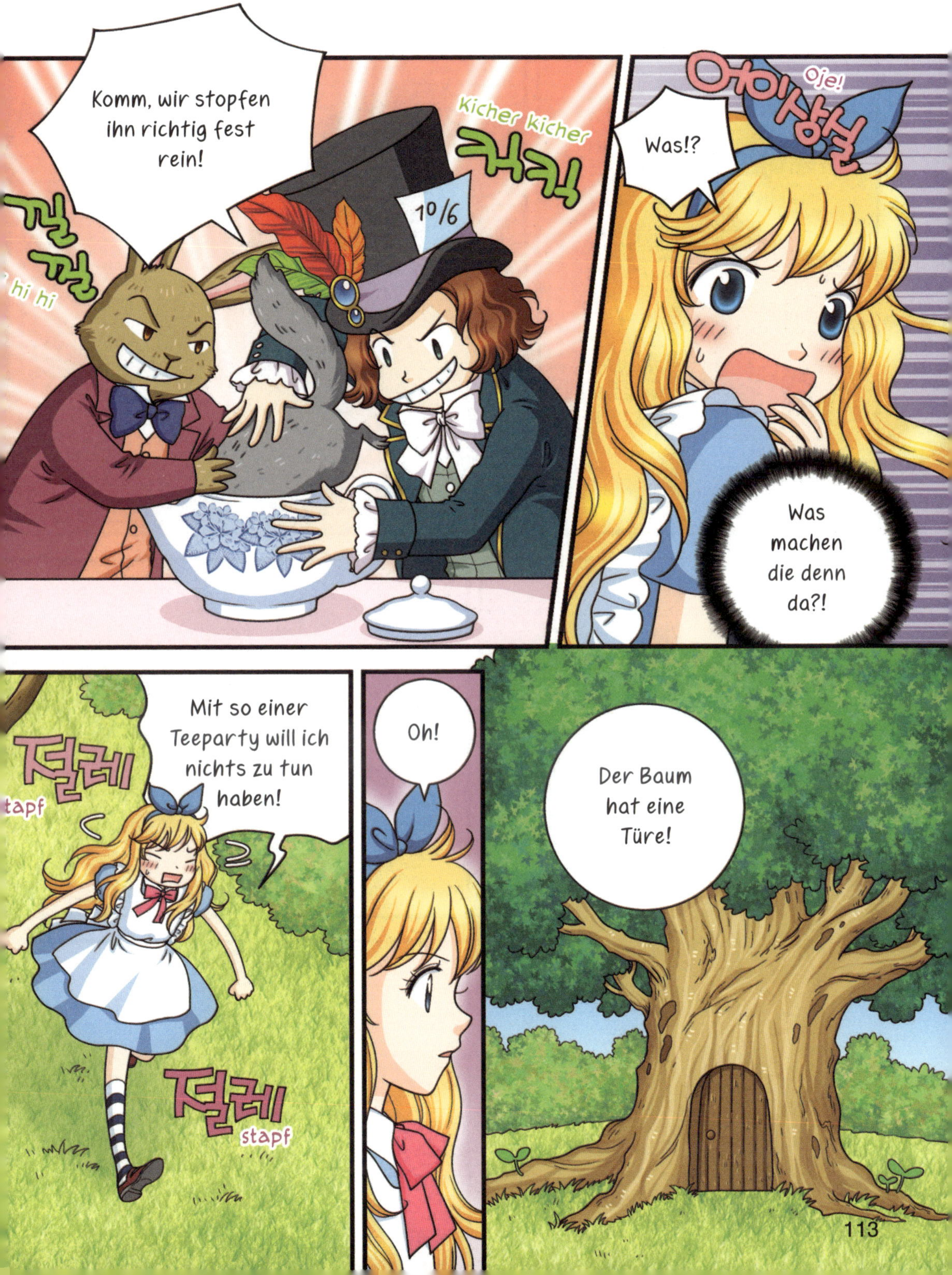
Komm, wir stopfen ihn richtig fest rein!
Kicher kicher
커커
낄낄
hi hi
10/6
어이상실
Oje!
Was!?
Was machen die denn da?!
Mit so einer Teeparty will ich nichts zu tun haben!
절레
stapf
절레
stapf
Oh!
Der Baum hat eine Türe!

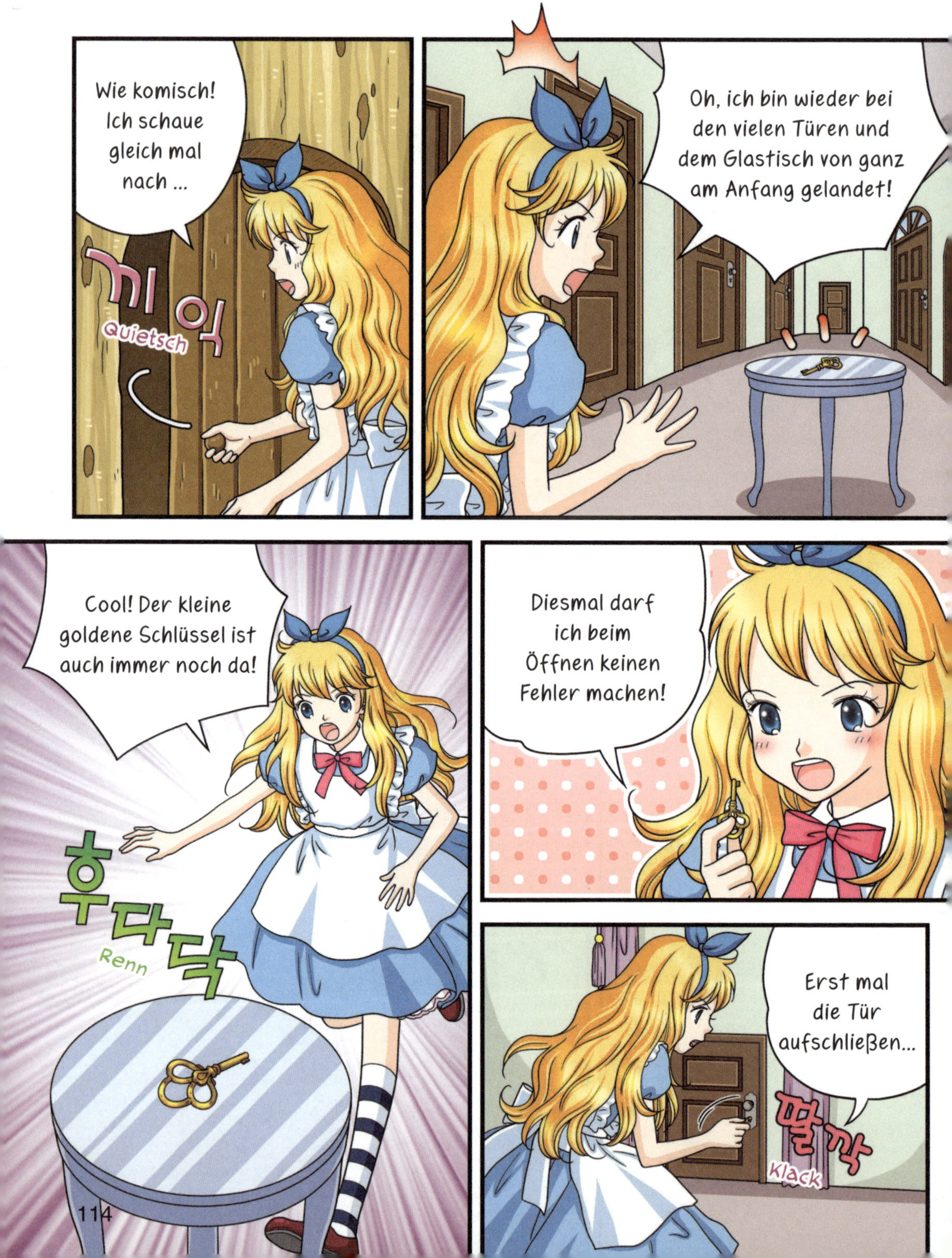
Wie komisch! Ich schaue gleich mal nach ...
끼익
Quietsch
Oh, ich bin wieder bei den vielen Türen und dem Glastisch von ganz am Anfang gelandet!
Cool! Der kleine goldene Schlüssel ist auch immer noch da!
후다닥
Renn
Diesmal darf ich beim Öffnen keinen Fehler machen!
Erst mal die Tür aufschließen...
딸깍
Klack

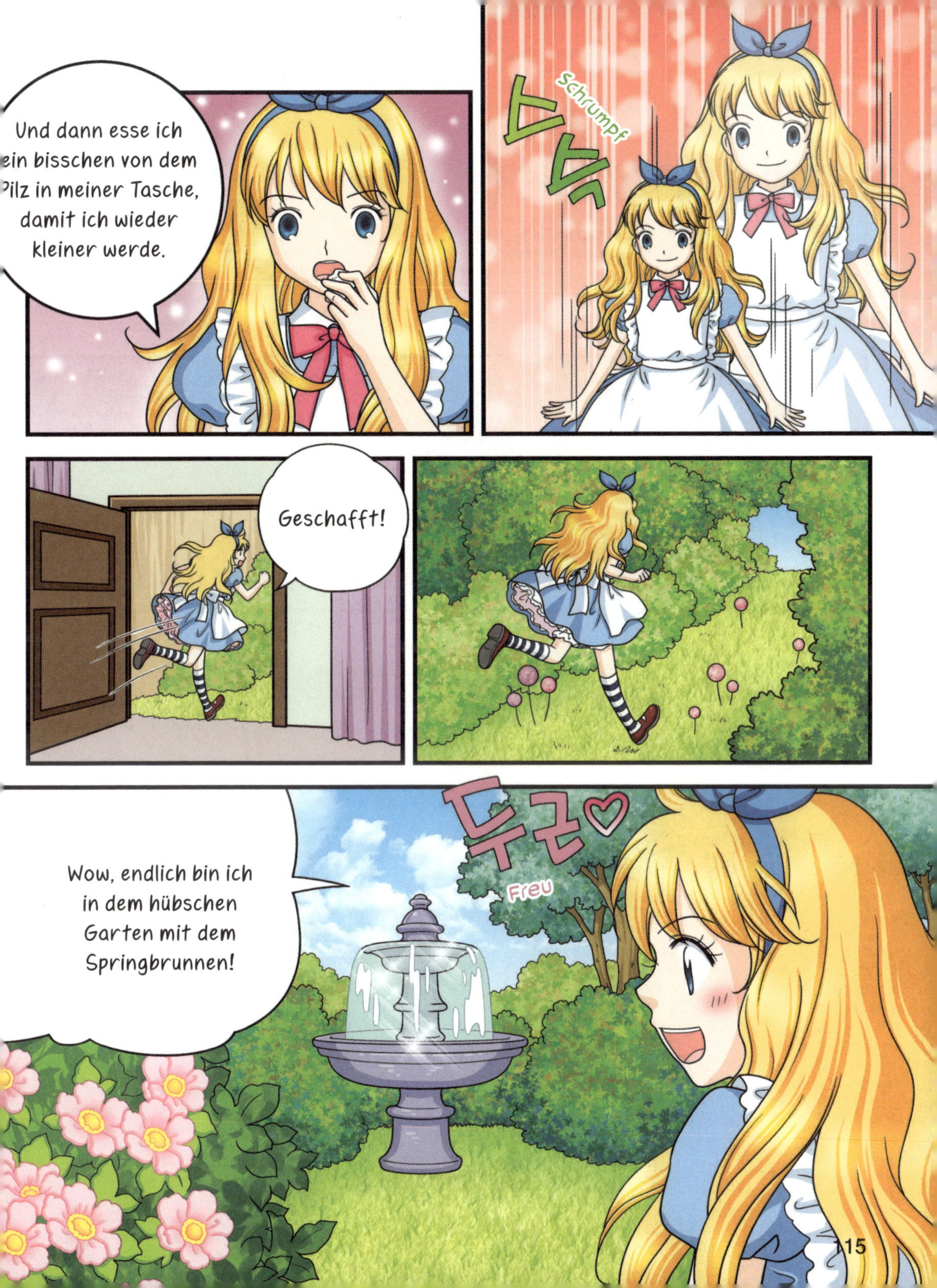
Und dann esse ich ein bisschen von dem Pilz in meiner Tasche, damit ich wieder kleiner werde.
Schrumpf
Geschafft!
Wow, endlich bin ich in dem hübschen Garten mit dem Springbrunnen!
두근♡
Freu

8. Kapitel

Das Krocketfeld der Königin

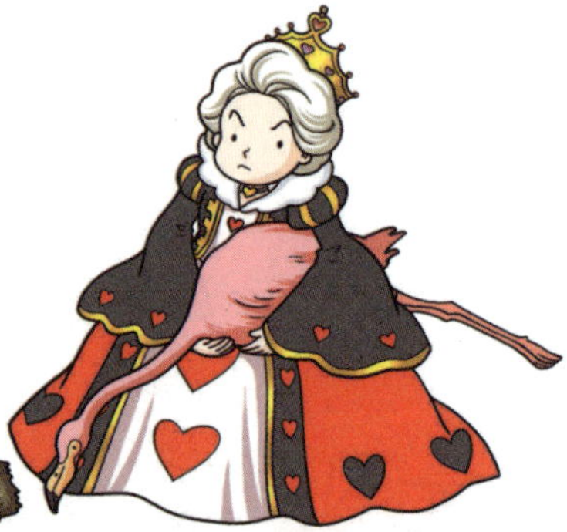

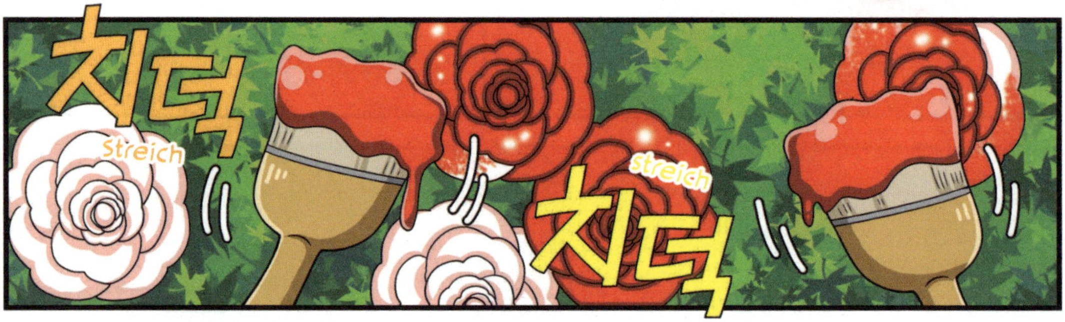

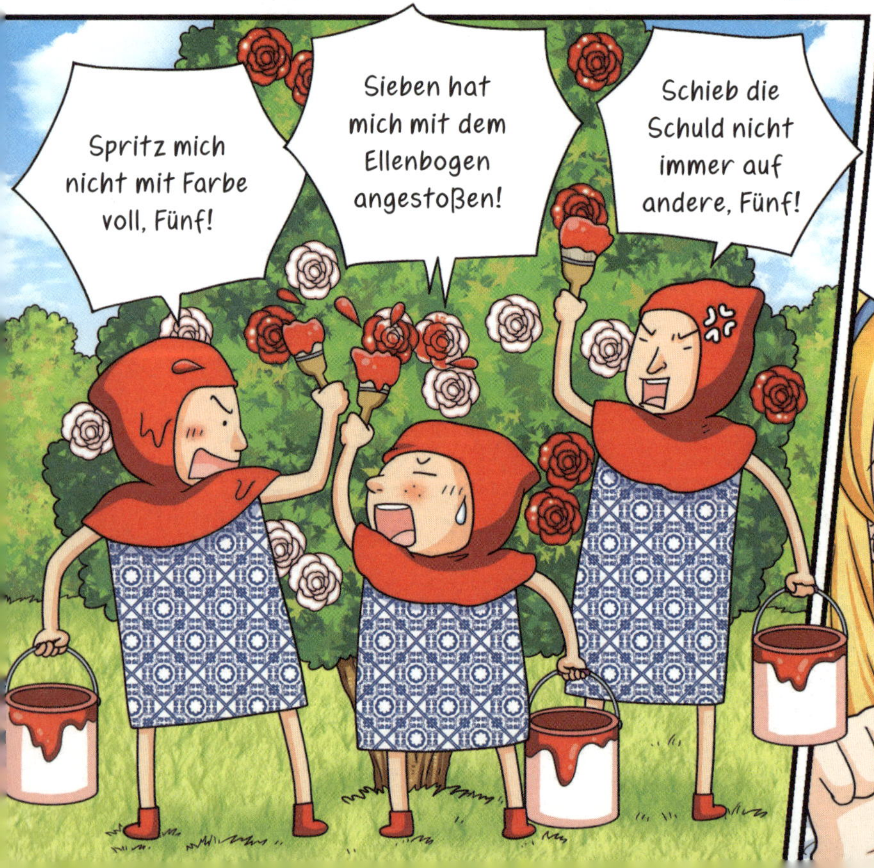

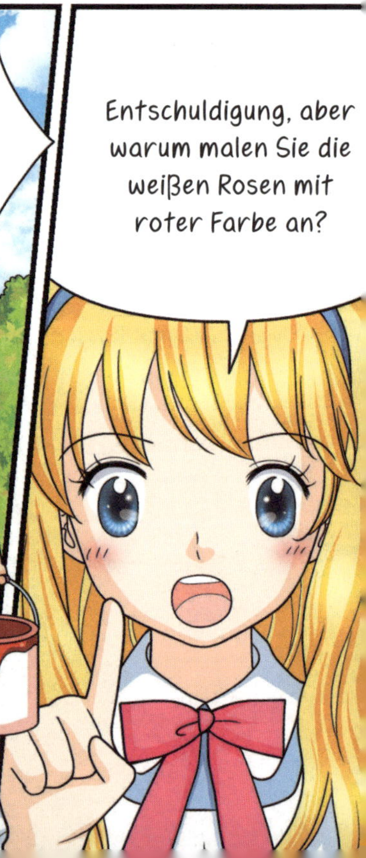

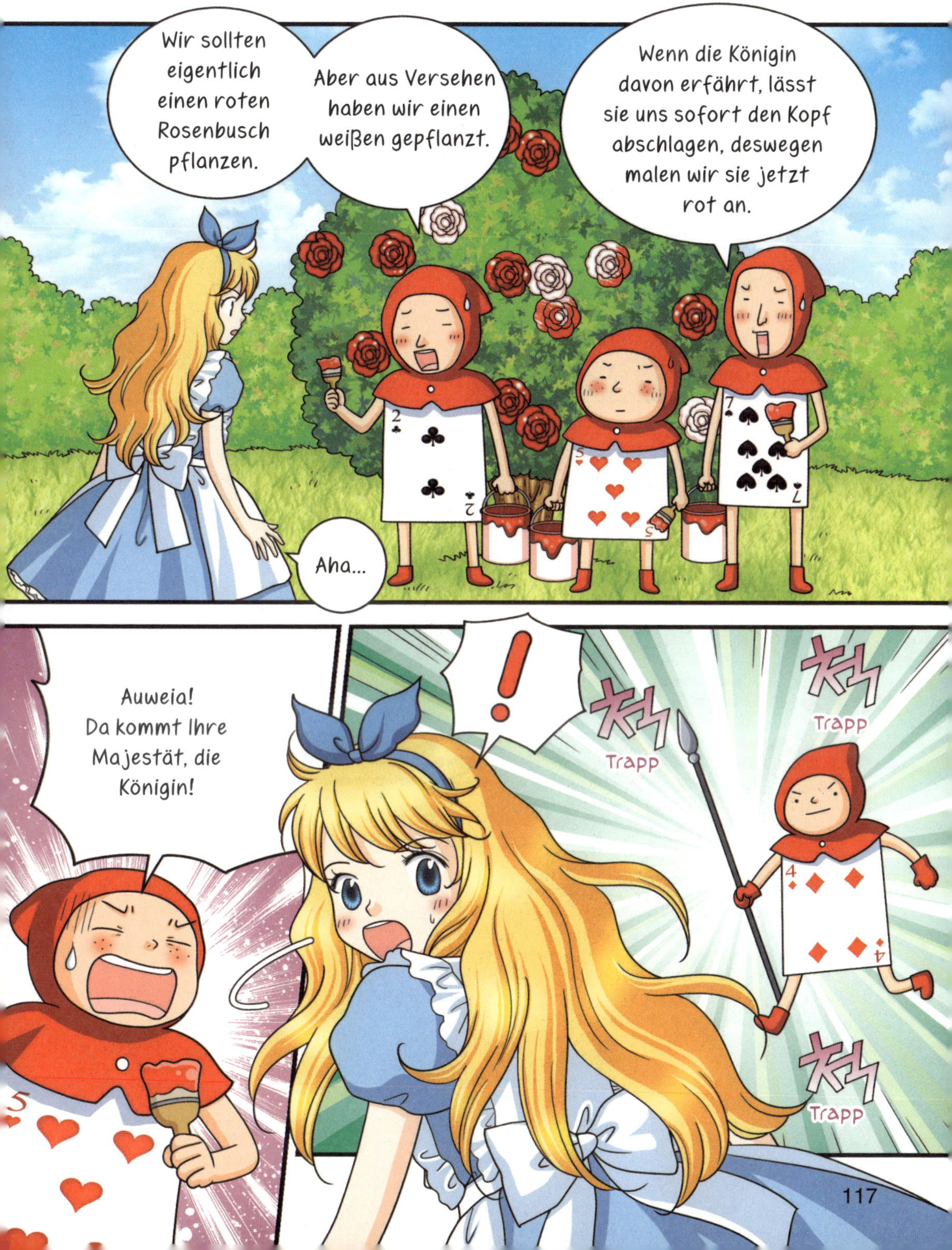
Wir sollten eigentlich einen roten Rosenbusch pflanzen.
Aber aus Versehen haben wir einen weißen gepflanzt.
Wenn die Königin davon erfährt, lässt sie uns sofort den Kopf abschlagen, deswegen malen wir sie jetzt rot an.
Aha...
Auweia! Da kommt Ihre Majestät, die Königin!
!
Trapp
Trapp
Trapp

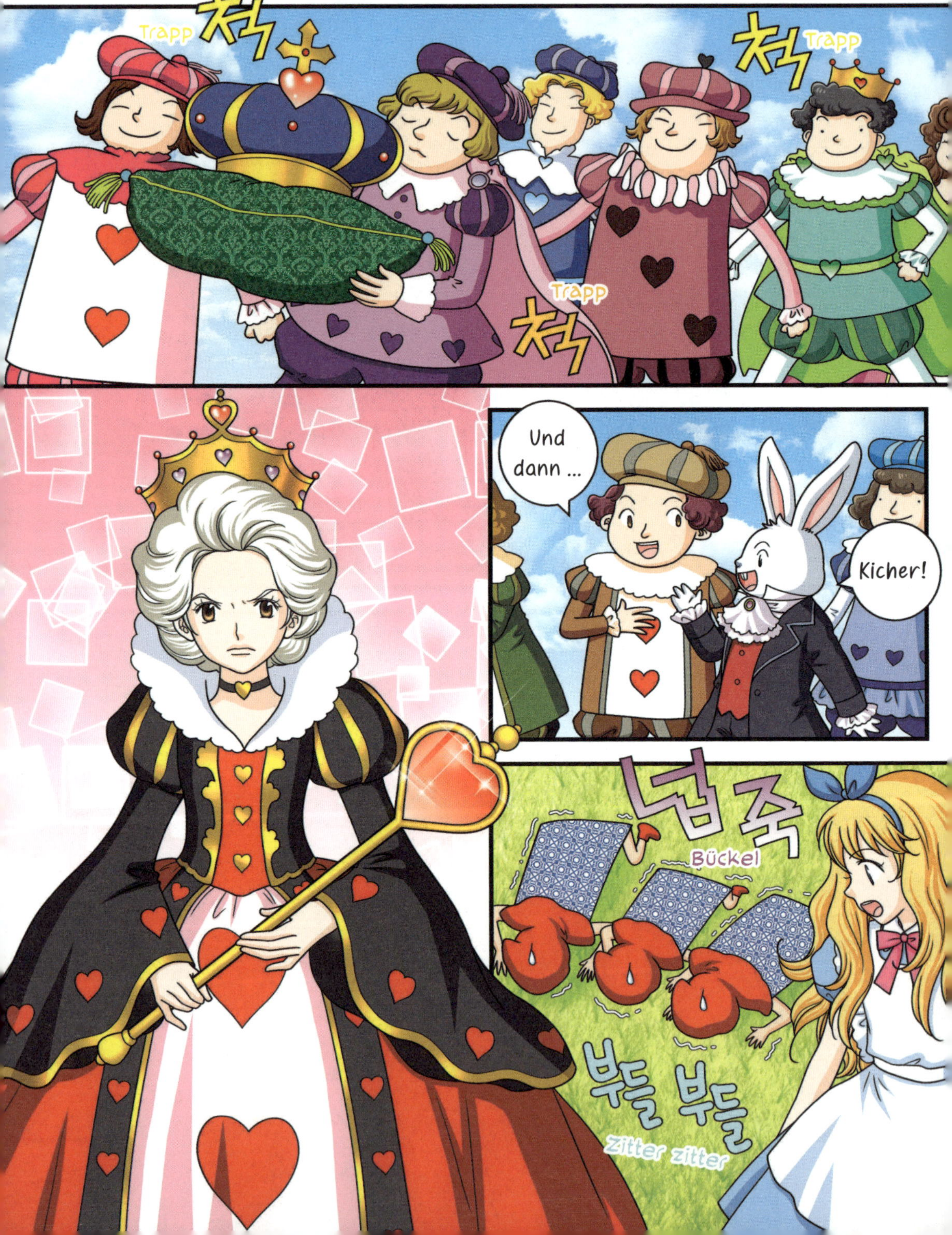

Trapp
척
척
Trapp
Trapp
척
Und dann ...
Kicher!
넙죽
Bückel
부들 부들
Zitter zitter

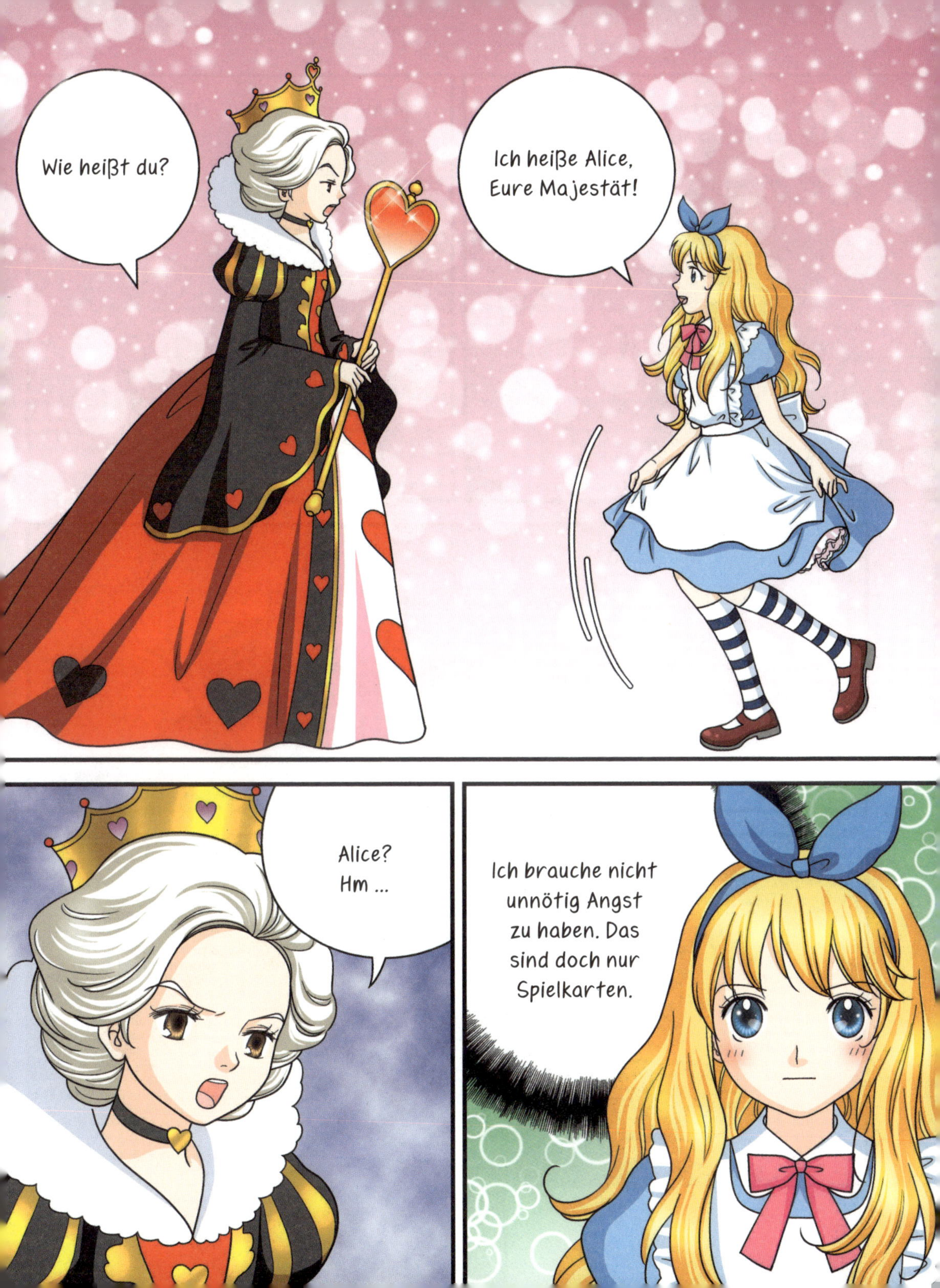
Wie heißt du?
Ich heiße Alice, Eure Majestät!
Alice? Hm ...
Ich brauche nicht unnötig Angst zu haben. Das sind doch nur Spielkarten.

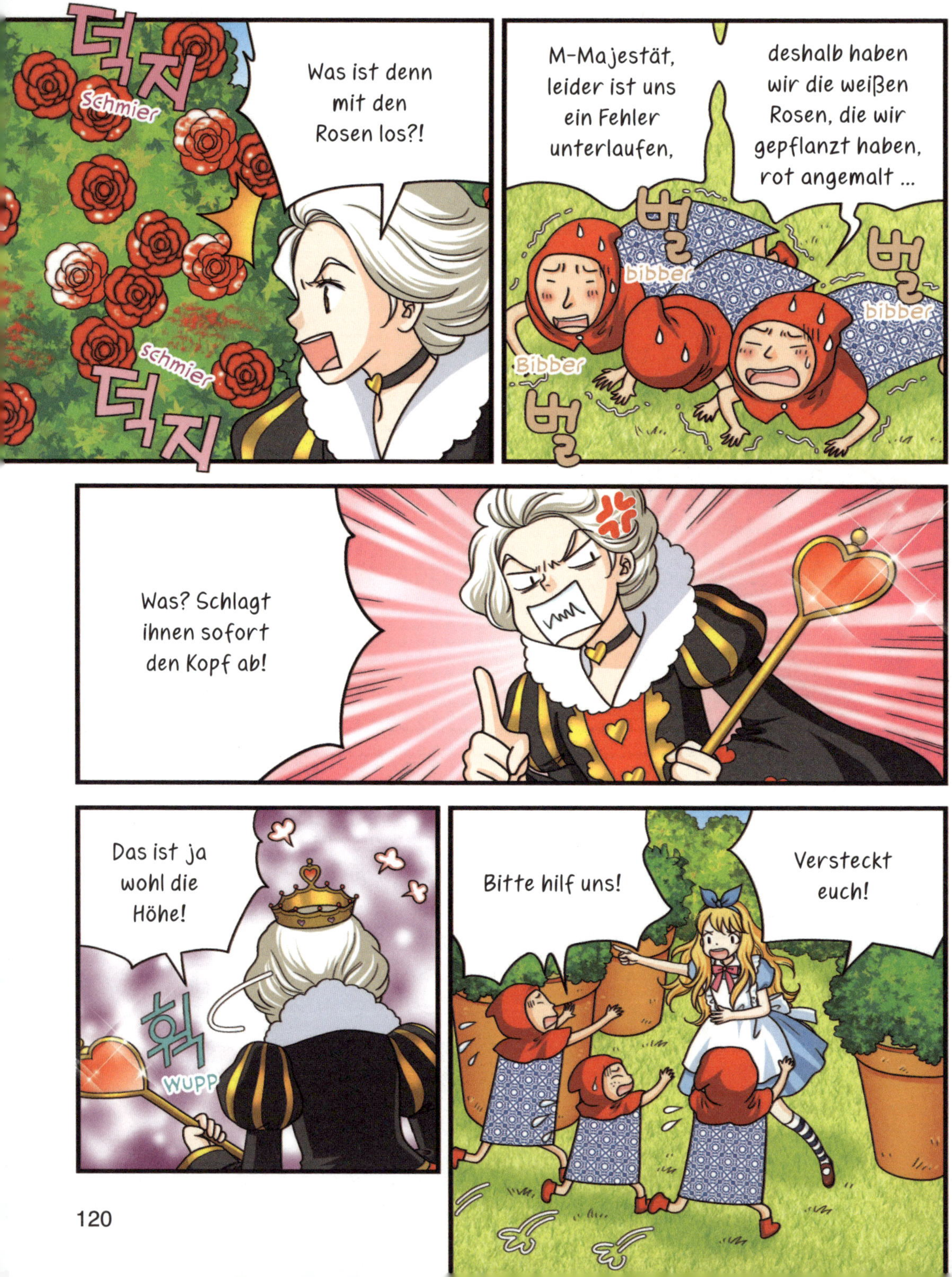
덕지
Schmier
schmier
덕지
Was ist denn mit den Rosen los?!
M-Majestät, leider ist uns ein Fehler unterlaufen,
deshalb haben wir die weißen Rosen, die wir gepflanzt haben, rot angemalt ...
벌
bibber
벌
bibber
Bibber
벌
Was? Schlagt ihnen sofort den Kopf ab!
Das ist ja wohl die Höhe!
휙
WUPP
Versteckt euch!
Bitte hilf uns!

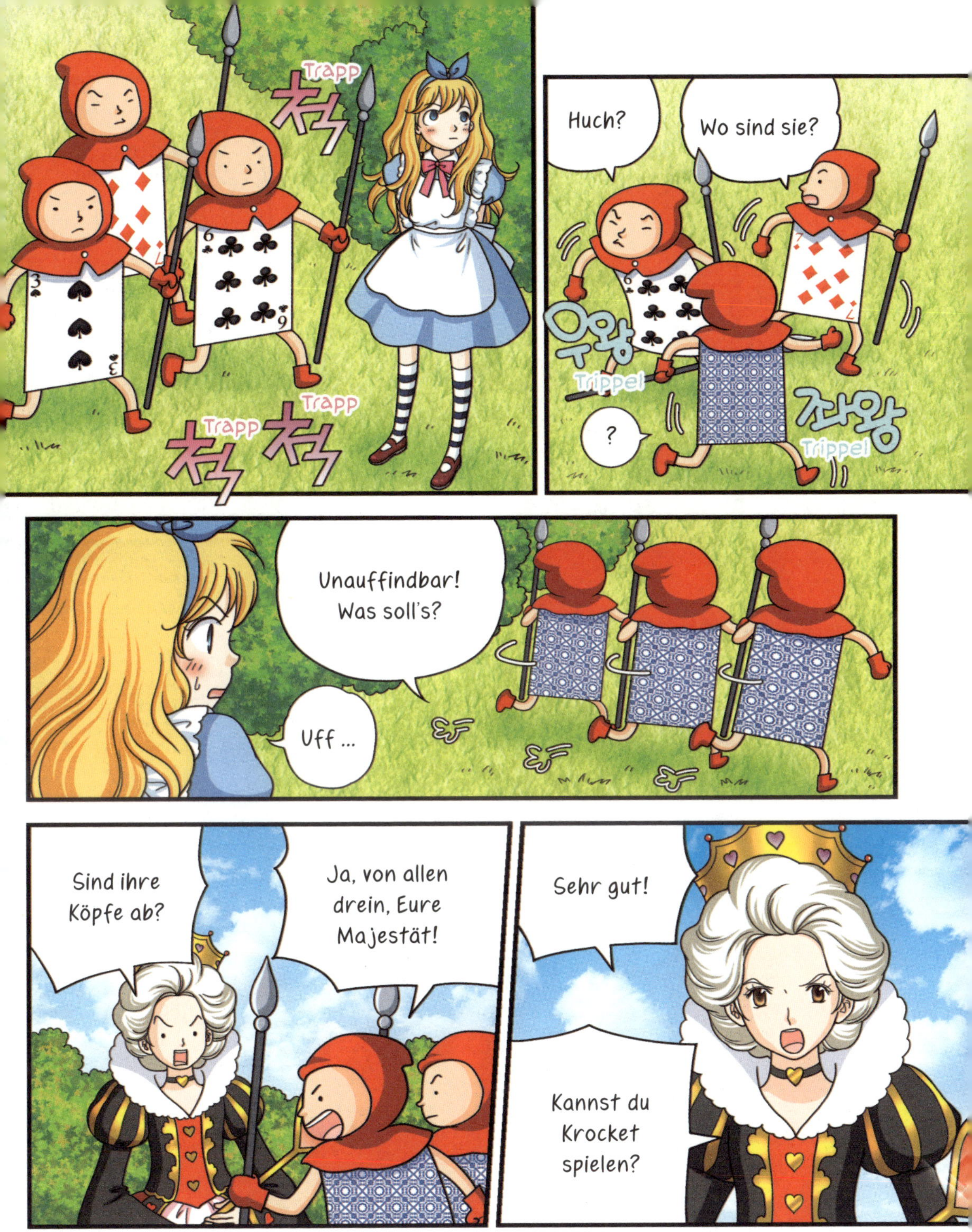

Trapp
척
Trapp
척
Trapp
척
Huch?
Wo sind sie?
우왕
Trippel
좌왕
Trippel
?
Unauffindbar!
Was soll's?
Uff ...
Sind ihre Köpfe ab?
Ja, von allen drein, Eure Majestät!
Sehr gut!
Kannst du Krocket spielen?

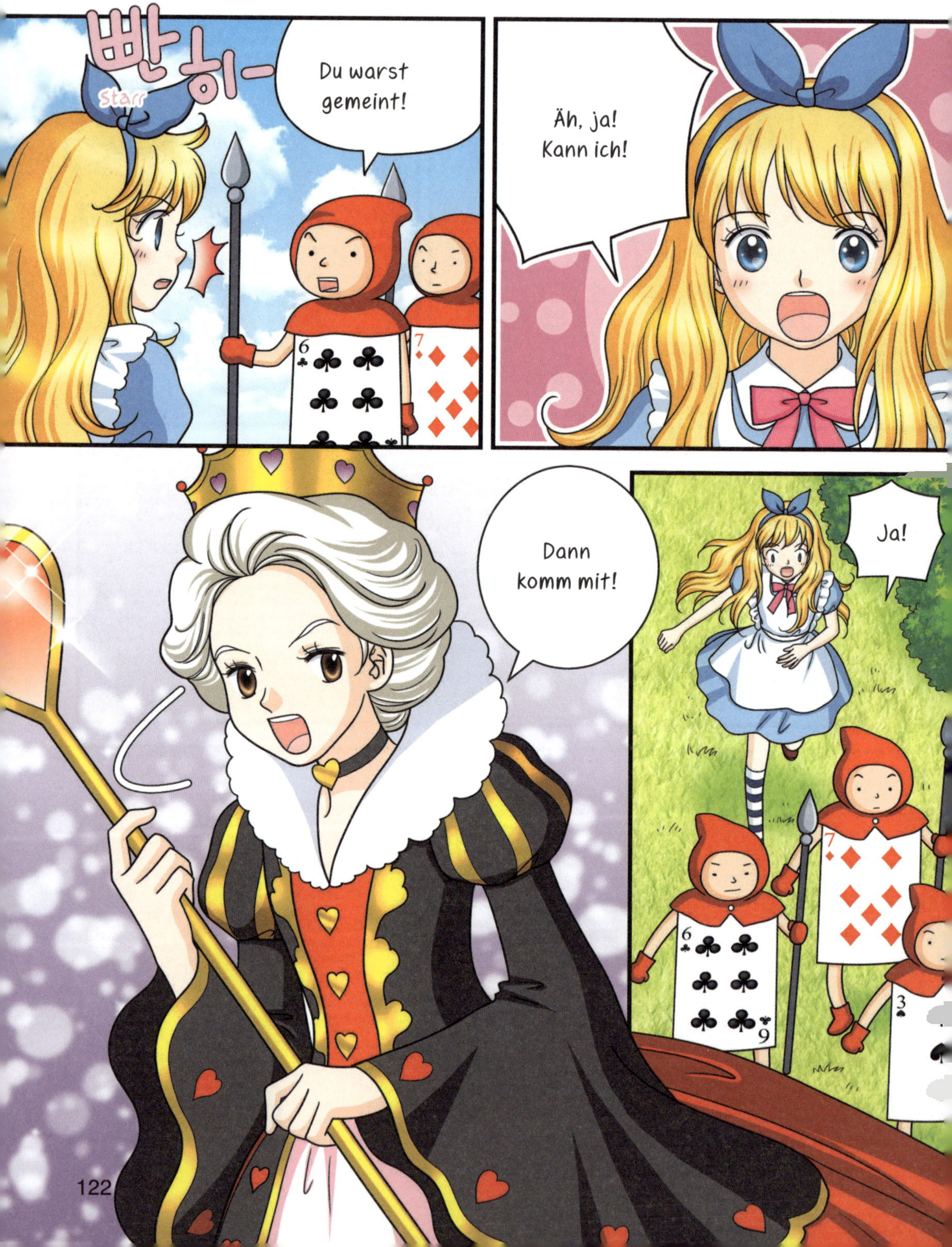
빤히-
Starr
Du warst gemeint!
Äh, ja! Kann ich!
Dann komm mit!
Ja!

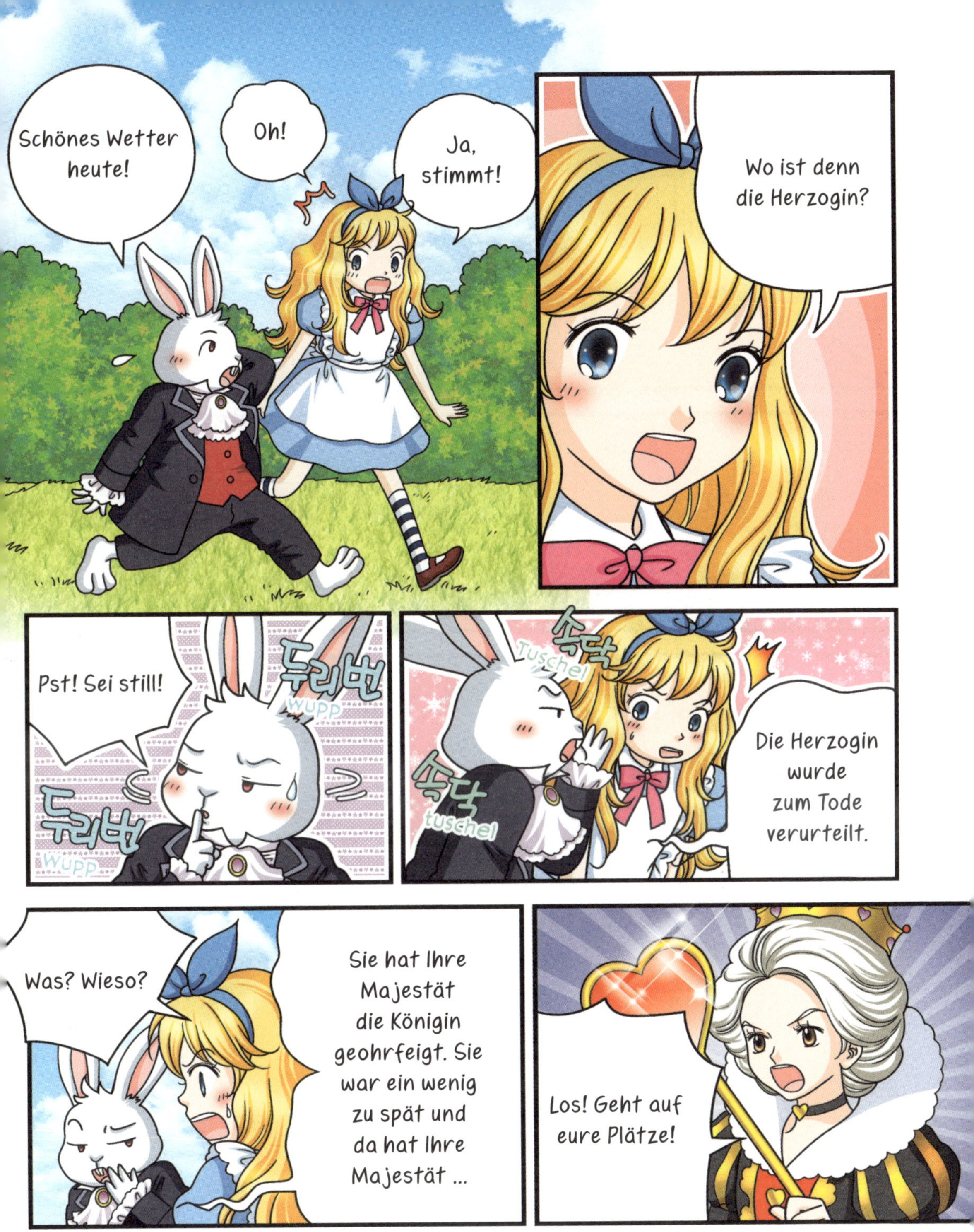
Schönes Wetter heute!
Oh!
Ja, stimmt!
Wo ist denn die Herzogin?
Pst! Sei still!
WUPP
WUPP
Tuschel
tuschel
Die Herzogin wurde zum Tode verurteilt.
Was? Wieso?
Sie hat Ihre Majestät die Königin geohrfeigt. Sie war ein wenig zu spät und da hat Ihre Majestät ...
Los! Geht auf eure Plätze!

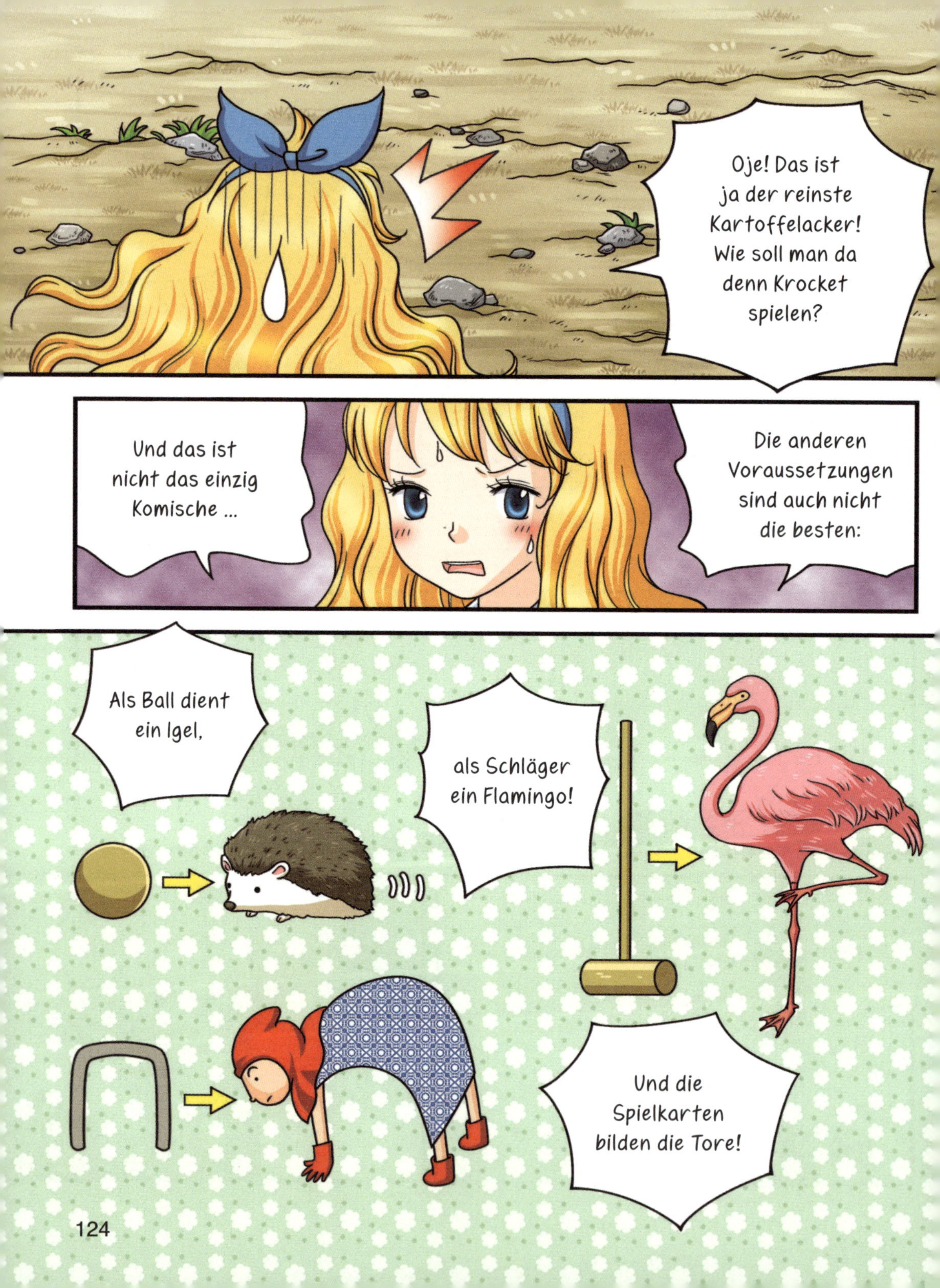
Oje! Das ist ja der reinste Kartoffelacker! Wie soll man da denn Krocket spielen?
Und das ist nicht das einzig Komische ...
Die anderen Voraussetzungen sind auch nicht die besten:
Als Ball dient ein Igel,
als Schläger ein Flamingo!
Und die Spielkarten bilden die Tore!

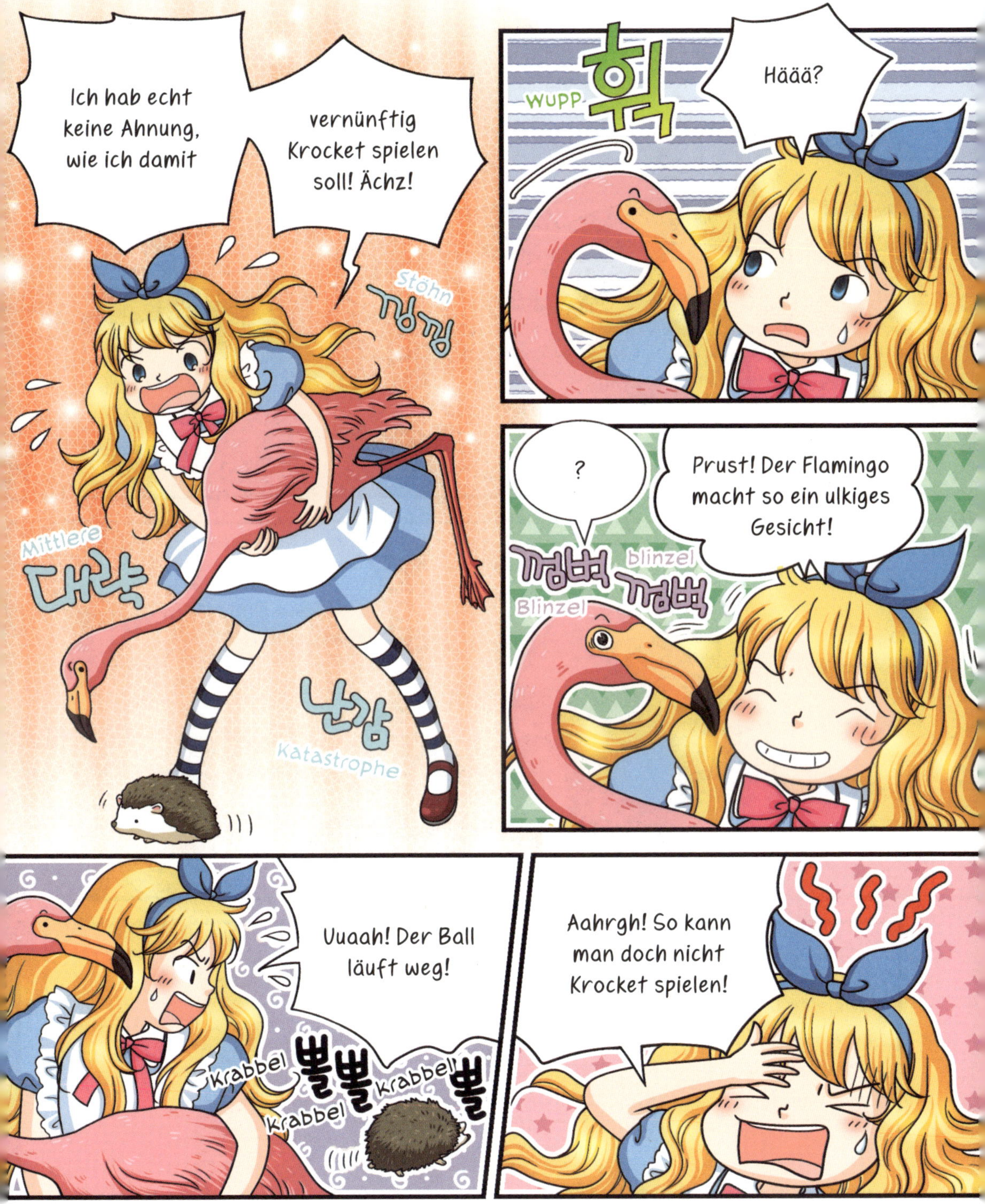
Ich hab echt keine Ahnung, wie ich damit
vernünftig Krocket spielen soll! Ächz!
Stöhn
낑낑
Mittlere
대략
난감
Katastrophe
Häää?
WUPP
휙
?
Prust! Der Flamingo macht so ein ulkiges Gesicht!
blinzel
Blinzel
끔벅 끔벅
Uuaah! Der Ball läuft weg!
Krabbel
krabbel
krabbel
뽈뽈뽈
Aahrgh! So kann man doch nicht Krocket spielen!

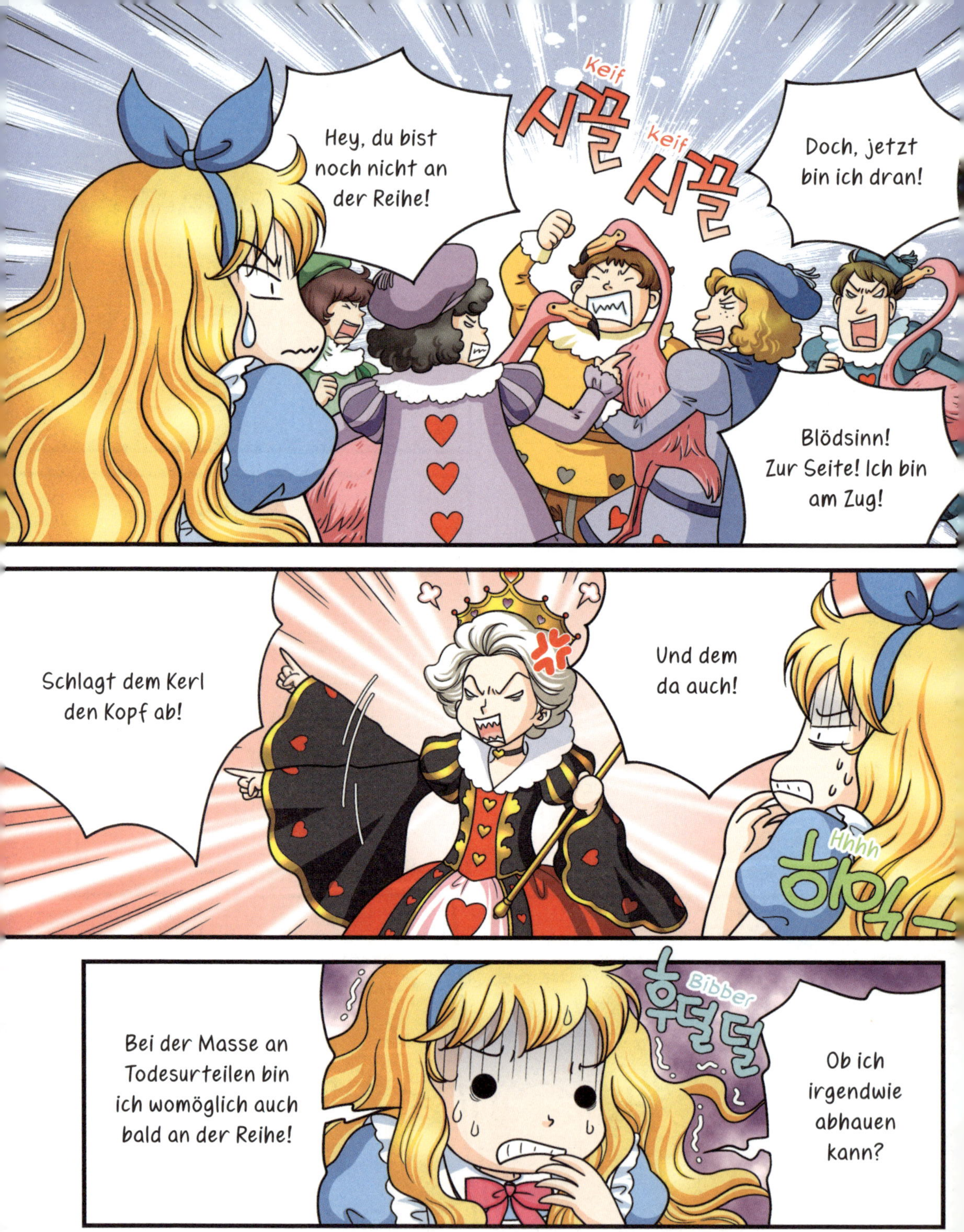

Hey, du bist noch nicht an der Reihe!
시끌 Keif
시끌 keif
Doch, jetzt bin ich dran!
Blödsinn! Zur Seite! Ich bin am Zug!
Schlagt dem Kerl den Kopf ab!
Und dem da auch!
하악— Hhhh
Bei der Masse an Todesurteilen bin ich womöglich auch bald an der Reihe!
후덜덜 Bibber
Ob ich irgendwie abhauen kann?

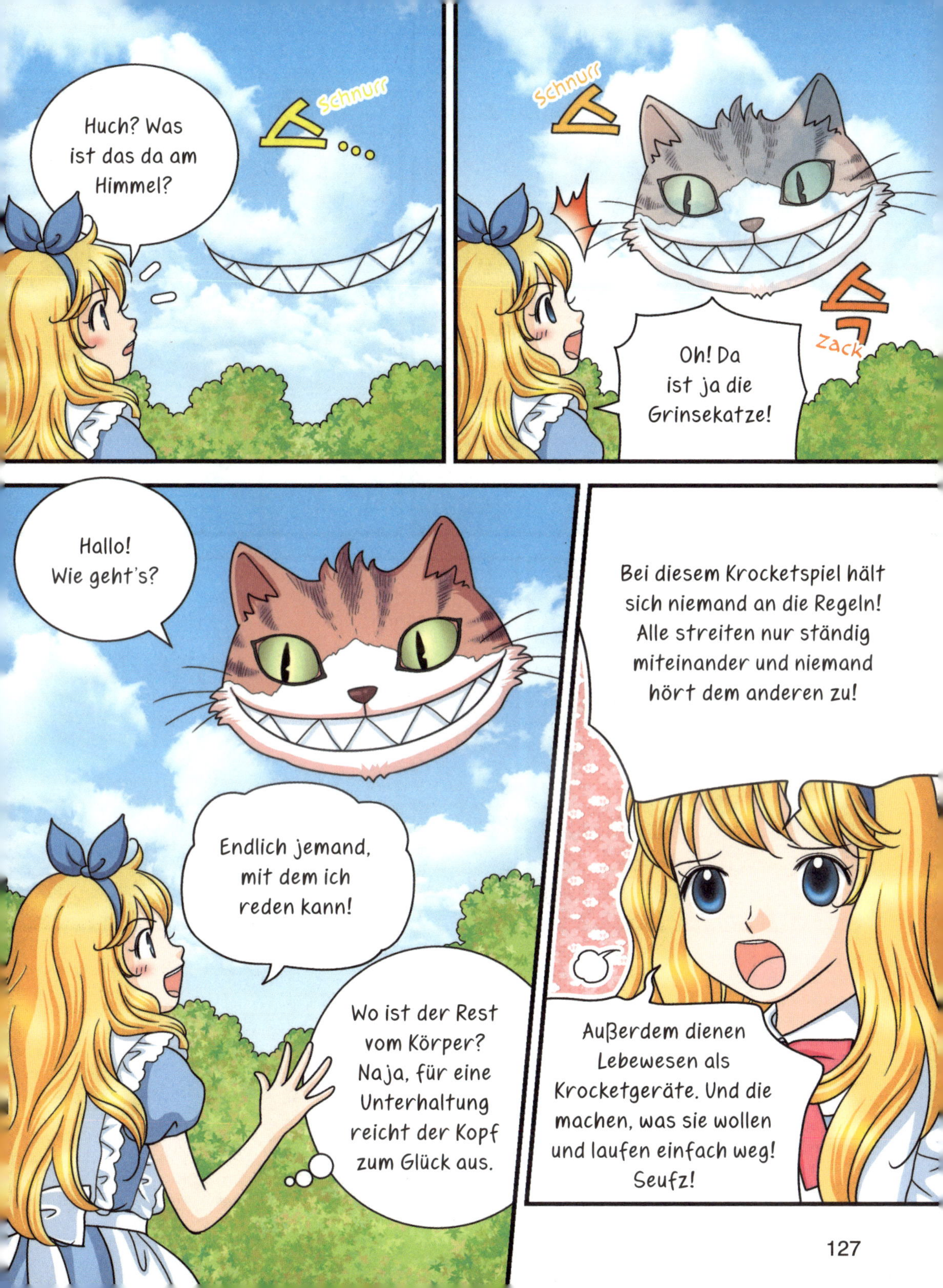
Huch? Was ist das da am Himmel?
Schnurr
Schnurr
Oh! Da ist ja die Grinsekatze!
Zack
Hallo! Wie geht's?
Endlich jemand, mit dem ich reden kann!
Wo ist der Rest vom Körper? Naja, für eine Unterhaltung reicht der Kopf zum Glück aus.
Bei diesem Krocketspiel hält sich niemand an die Regeln! Alle streiten nur ständig miteinander und niemand hört dem anderen zu!
Außerdem dienen Lebewesen als Krocketgeräte. Und die machen, was sie wollen und laufen einfach weg! Seufz!

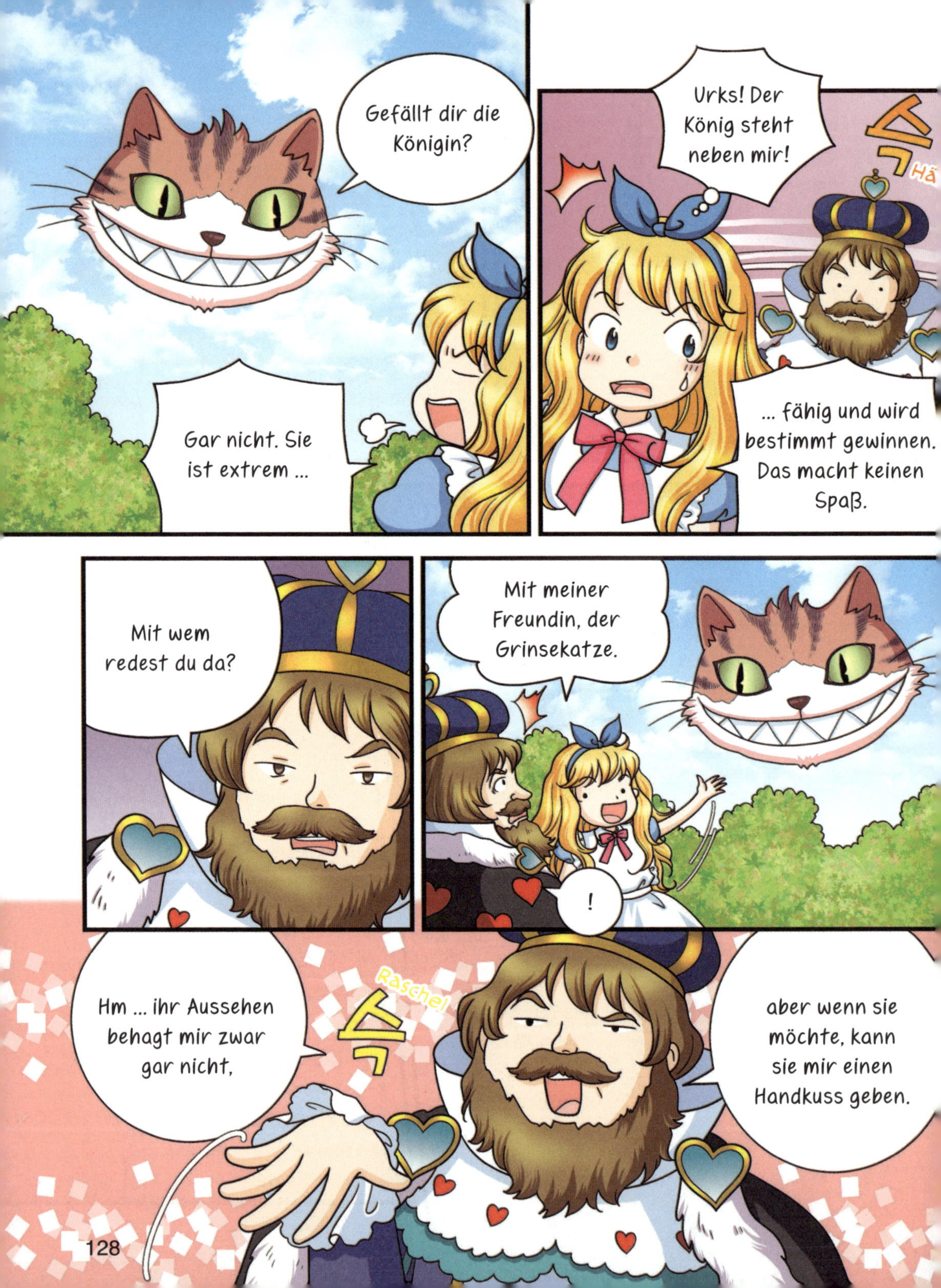
Gefällt dir die Königin?
Gar nicht. Sie ist extrem ...
Urks! Der König steht neben mir!
Hä
... fähig und wird bestimmt gewinnen. Das macht keinen Spaß.
Mit wem redest du da?
Mit meiner Freundin, der Grinsekatze.
!
Hm ... ihr Aussehen behagt mir zwar gar nicht,
Raschel
aber wenn sie möchte, kann sie mir einen Handkuss geben.

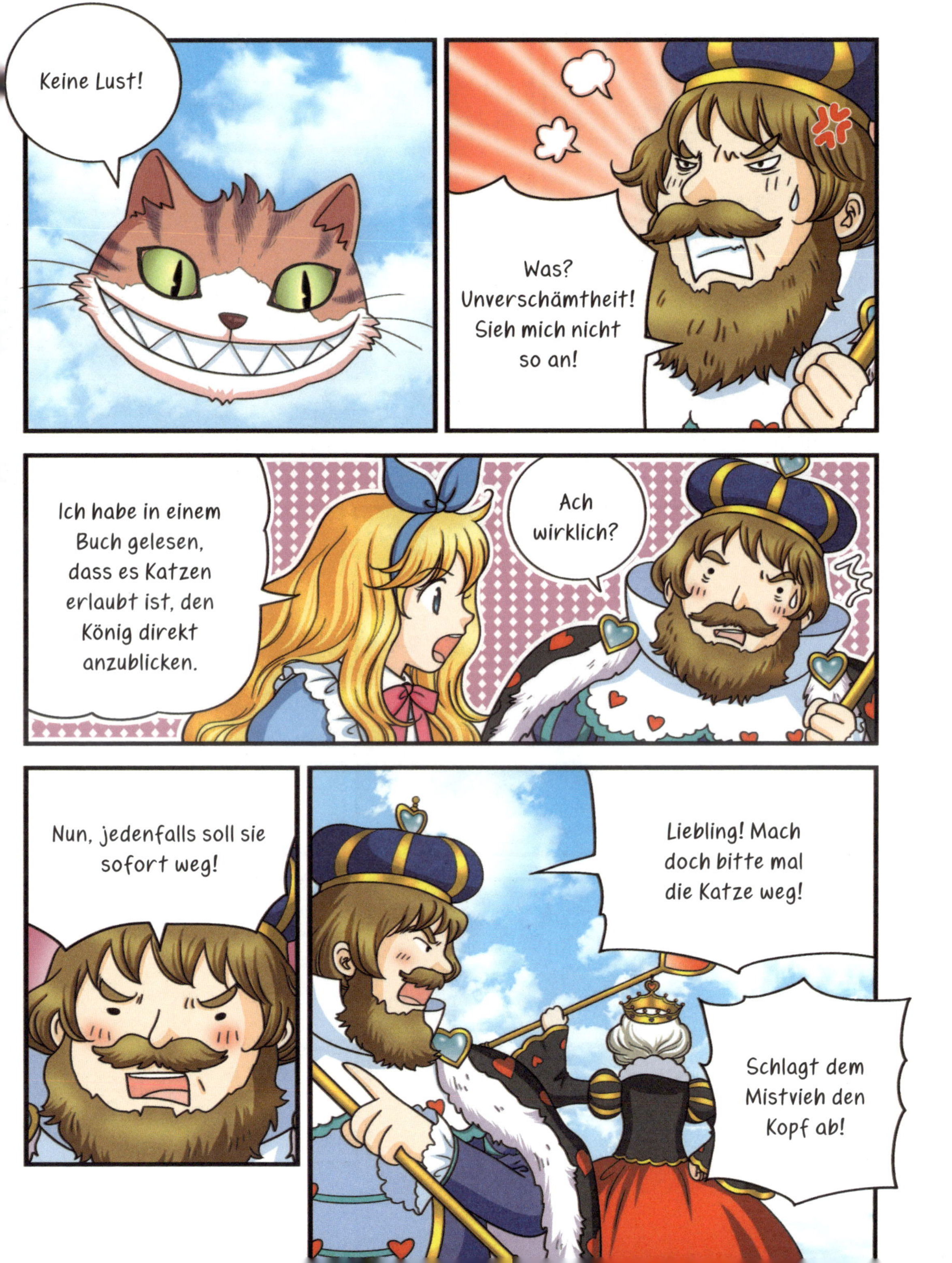
Keine Lust!
Was? Unverschämtheit! Sieh mich nicht so an!
Ich habe in einem Buch gelesen, dass es Katzen erlaubt ist, den König direkt anzublicken.
Ach wirklich?
Nun, jedenfalls soll sie sofort weg!
Liebling! Mach doch bitte mal die Katze weg!
Schlagt dem Mistvieh den Kopf ab!

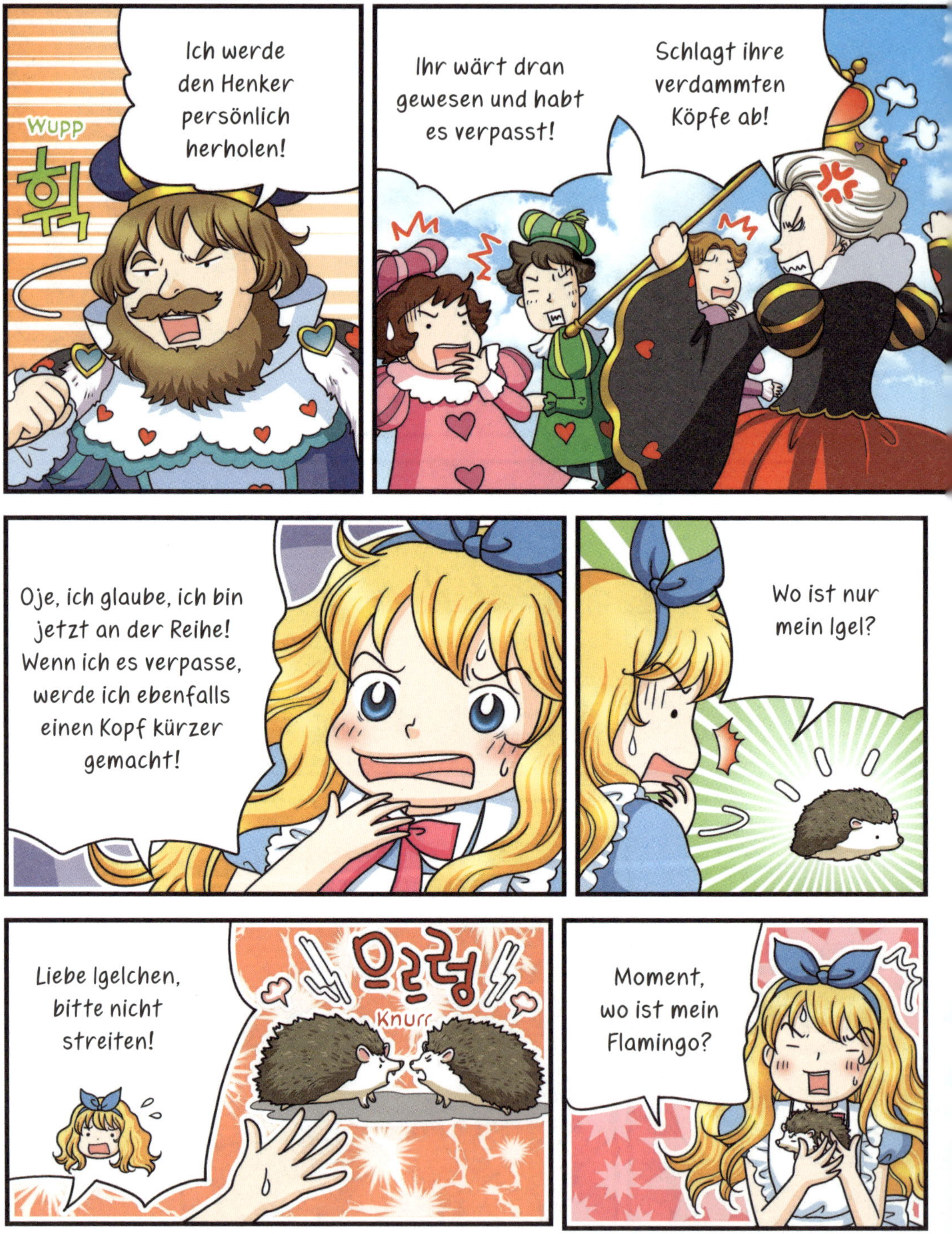
Ich werde den Henker persönlich herholen!
Wupp
휙
Schlagt ihre verdammten Köpfe ab!
Ihr wärt dran gewesen und habt es verpasst!
Oje, ich glaube, ich bin jetzt an der Reihe! Wenn ich es verpasse, werde ich ebenfalls einen Kopf kürzer gemacht!
Wo ist nur mein Igel?
Liebe Igelchen, bitte nicht streiten!
으르렁
Knurr
Moment, wo ist mein Flamingo?

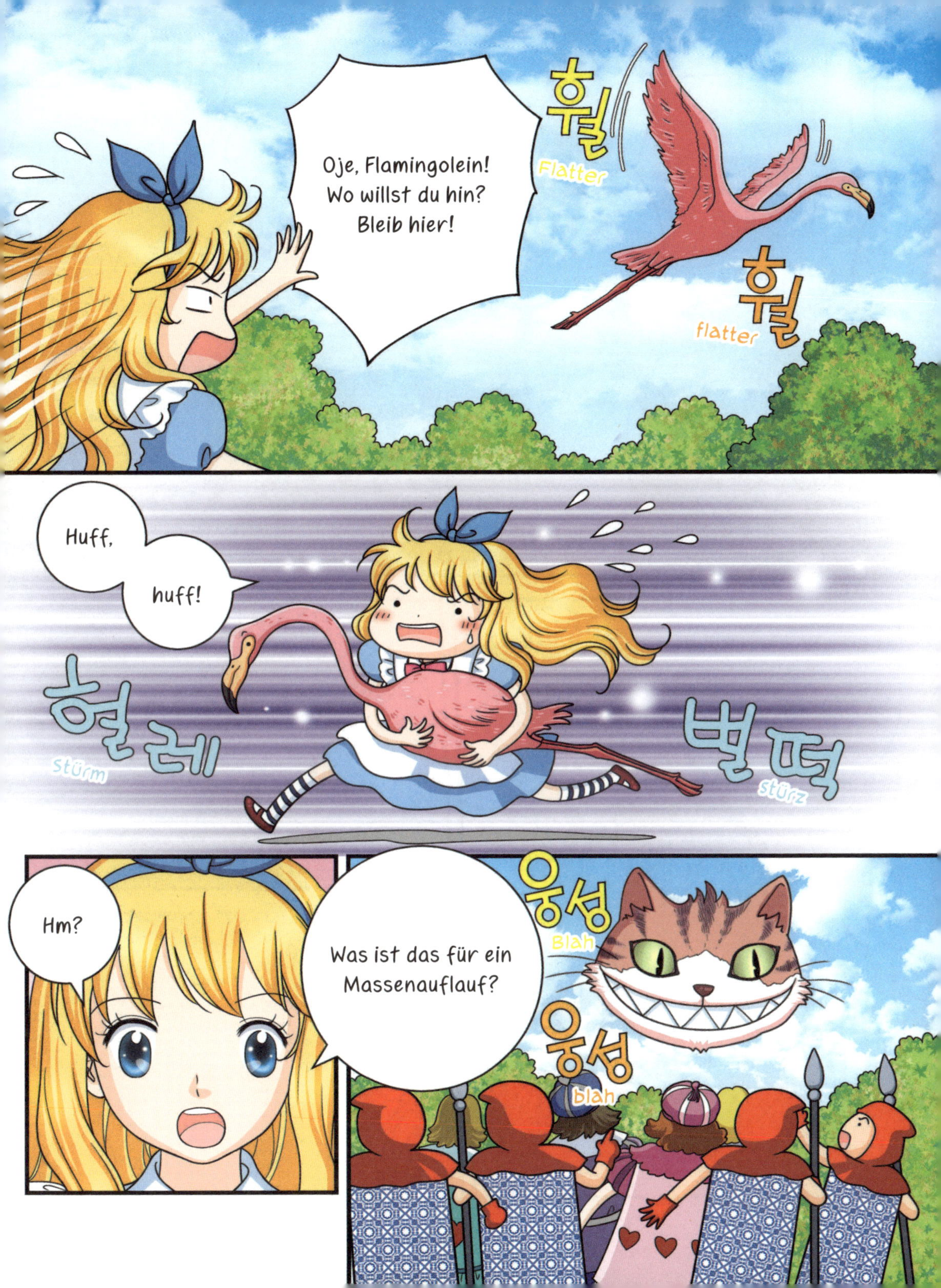

Oje, Flamingolein!
Wo willst du hin?
Bleib hier!
훠얼
Flatter
훠얼
flatter
Huff,
huff!
허레
stürm
벌떡
stürz
Hm?
Was ist das für ein Massenauflauf?
웅성
Blah
웅성
blah

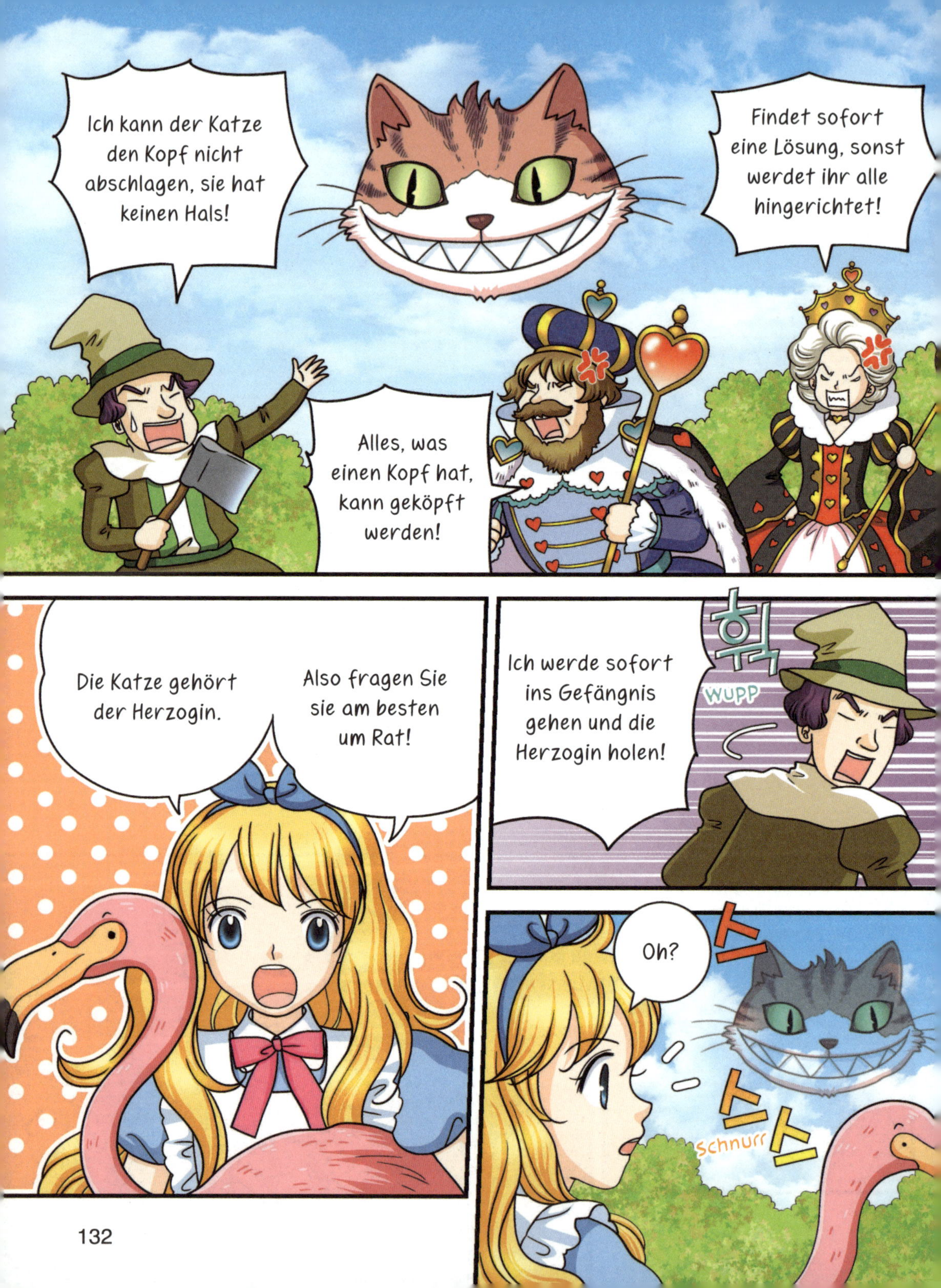
Ich kann der Katze den Kopf nicht abschlagen, sie hat keinen Hals!
Findet sofort eine Lösung, sonst werdet ihr alle hingerichtet!
Alles, was einen Kopf hat, kann geköpft werden!
Die Katze gehört der Herzogin.
Also fragen Sie sie am besten um Rat!
Ich werde sofort ins Gefängnis gehen und die Herzogin holen!
휙
WUPP
Oh?
Schnurr

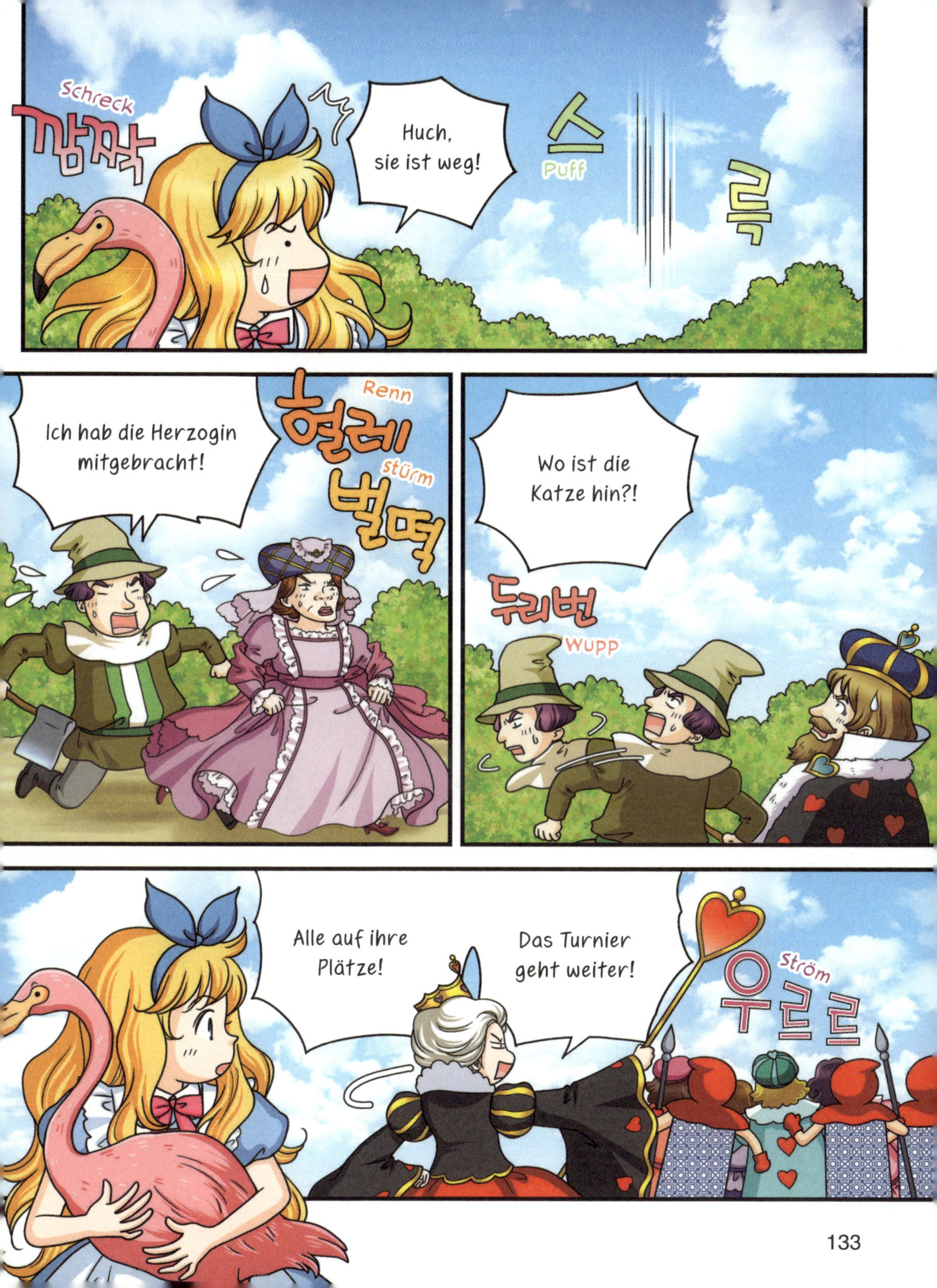

깜짝
Schreck
Huch, sie ist weg!
스륵
Puff
Ich hab die Herzogin mitgebracht!
헐레
Renn
벌떡
stürm
Wo ist die Katze hin?!
두리번
Wupp
Alle auf ihre Plätze!
Das Turnier geht weiter!
우르르
Ström

9. Kapitel
Das Lied der falschen Schildkröte

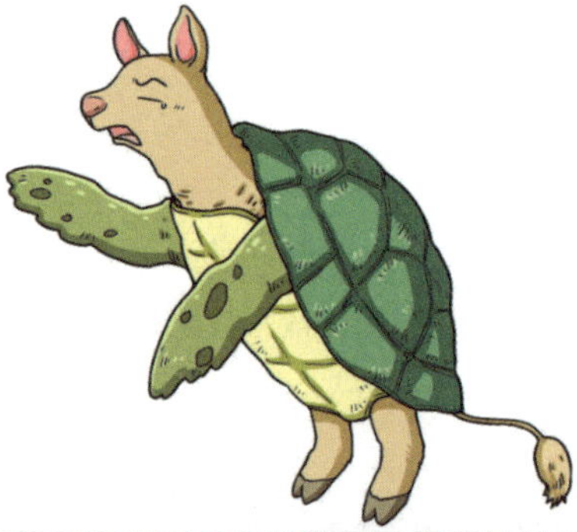

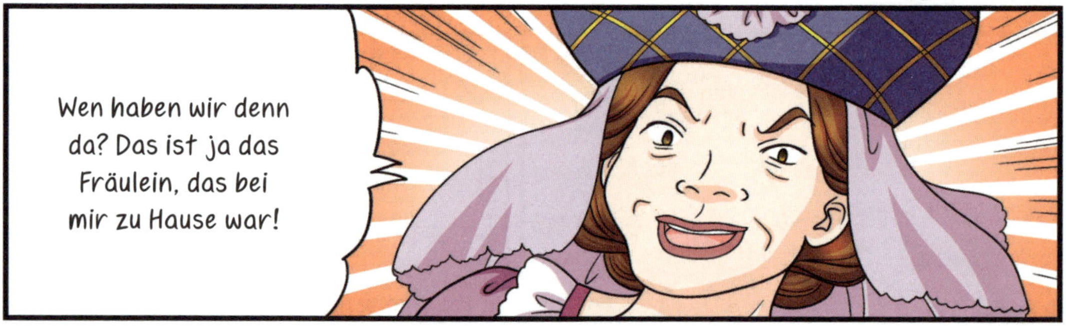

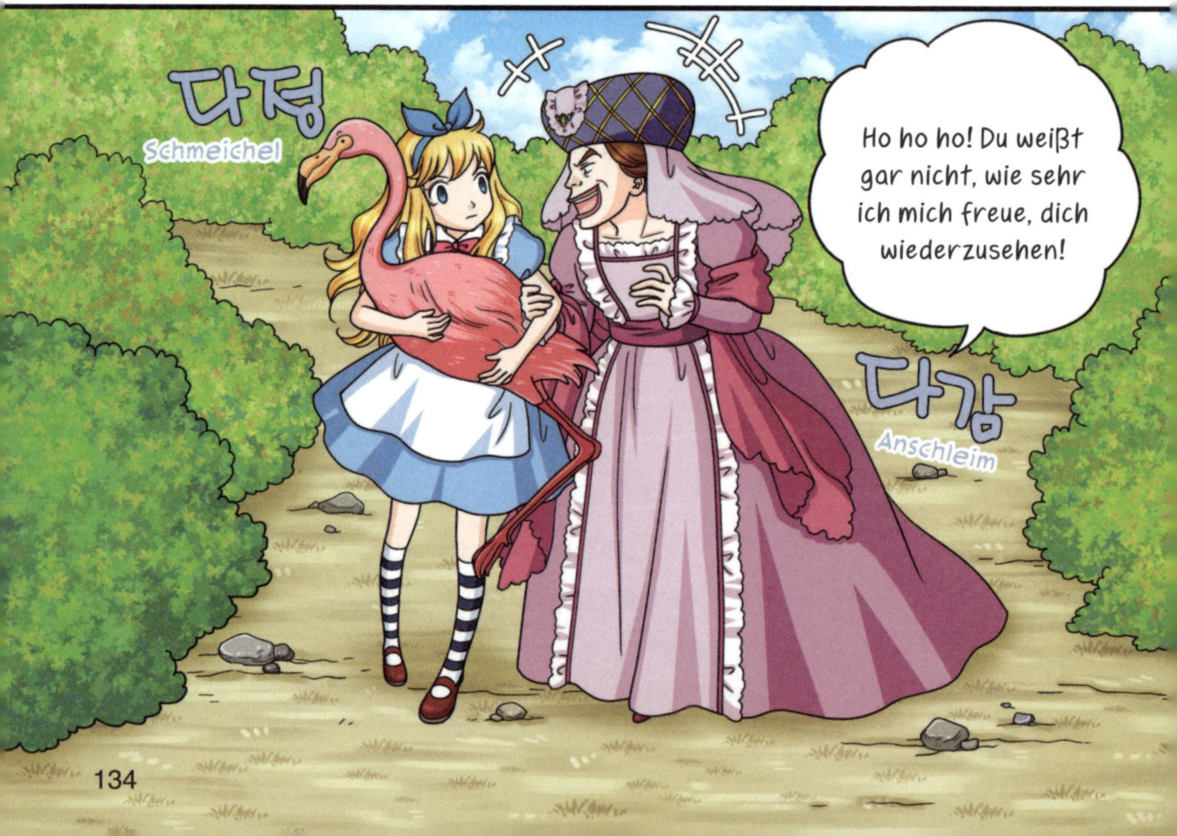

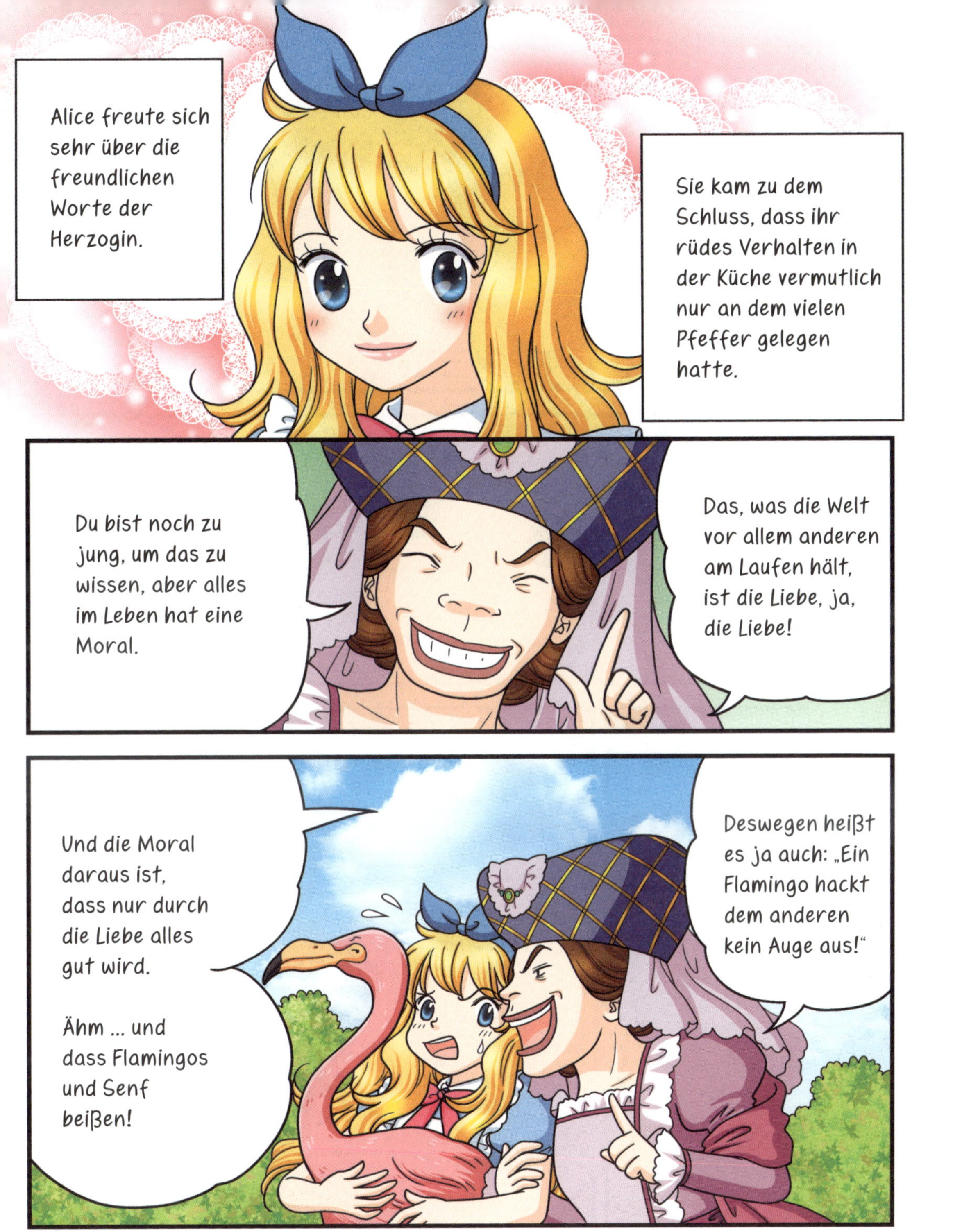

Alice freute sich sehr über die freundlichen Worte der Herzogin.
Sie kam zu dem Schluss, dass ihr rüdes Verhalten in der Küche vermutlich nur an dem vielen Pfeffer gelegen hatte.
Du bist noch zu jung, um das zu wissen, aber alles im Leben hat eine Moral.
Das, was die Welt vor allem anderen am Laufen hält, ist die Liebe, ja, die Liebe!
Und die Moral daraus ist, dass nur durch die Liebe alles gut wird.
Ähm ... und dass Flamingos und Senf beißen!
Deswegen heißt es ja auch: „Ein Flamingo hackt dem anderen kein Auge aus!“

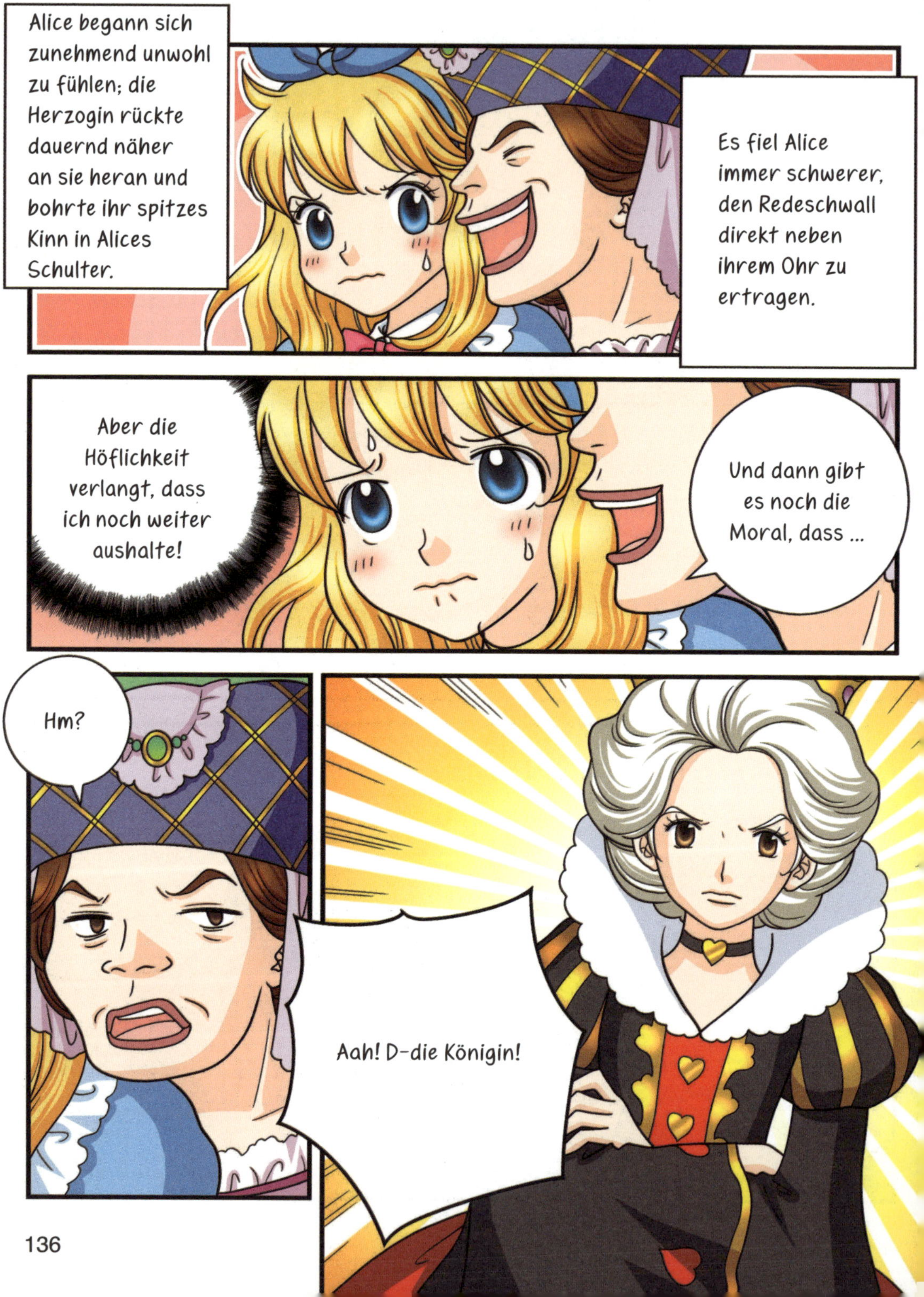

Alice begann sich zunehmend unwohl zu fühlen; die Herzogin rückte dauernd näher an sie heran und bohrte ihr spitzes Kinn in Alices Schulter.
Es fiel Alice immer schwerer, den Redeschwall direkt neben ihrem Ohr zu ertragen.
Aber die Höflichkeit verlangt, dass ich noch weiter aushalte!
Und dann gibt es noch die Moral, dass ...
Hm?
Aah! D-die Königin!

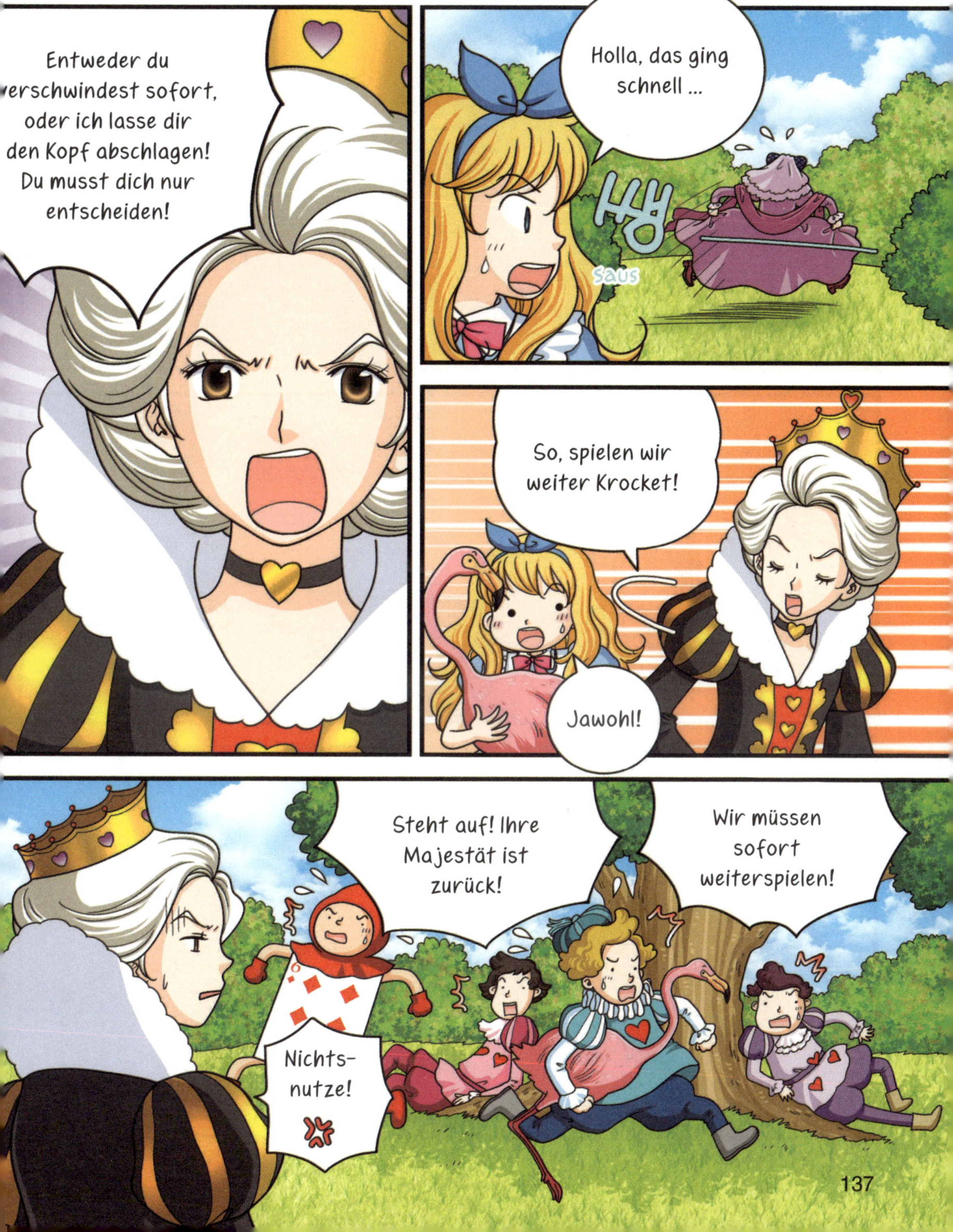
Entweder du verschwindest sofort, oder ich lasse dir den Kopf abschlagen! Du musst dich nur entscheiden!
Holla, das ging schnell ...
Saus
So, spielen wir weiter Krocket!
Jawohl!
Steht auf! Ihre Majestät ist zurück!
Wir müssen sofort weiterspielen!
Nichts-nutze!

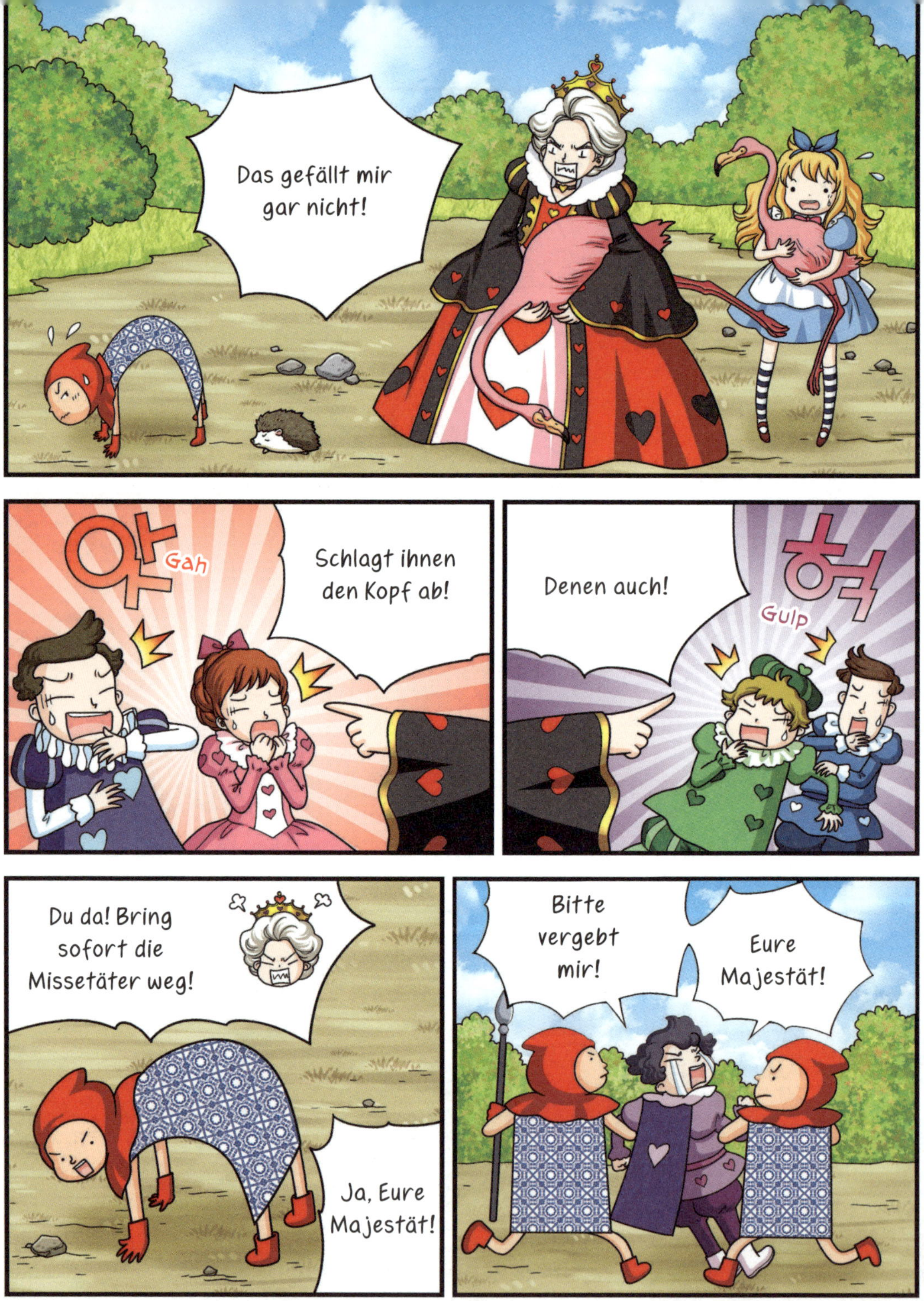
Das gefällt mir gar nicht!
앗
Gah
Schlagt ihnen den Kopf ab!
Denen auch!
헉
Gulp
Du da! Bring sofort die Missetäter weg!
Ja, Eure Majestät!
Bitte vergebt mir!
Eure Majestät!

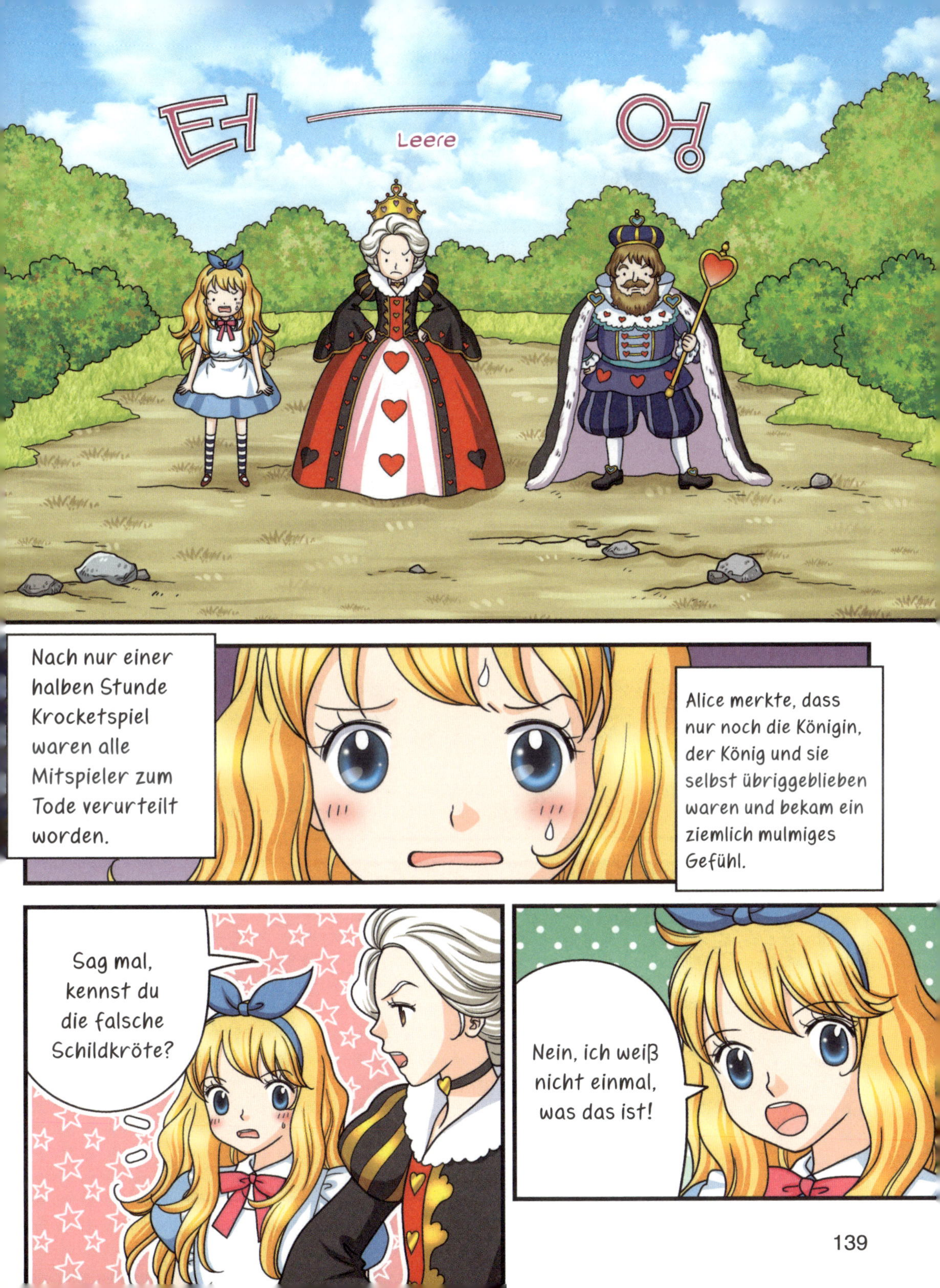

터
Leere
엉
Nach nur einer halben Stunde Krocketspiel waren alle Mitspieler zum Tode verurteilt worden.
Alice merkte, dass nur noch die Königin, der König und sie selbst übriggeblieben waren und bekam ein ziemlich mulmiges Gefühl.
Sag mal, kennst du die falsche Schildkröte?
Nein, ich weiß nicht einmal, was das ist!

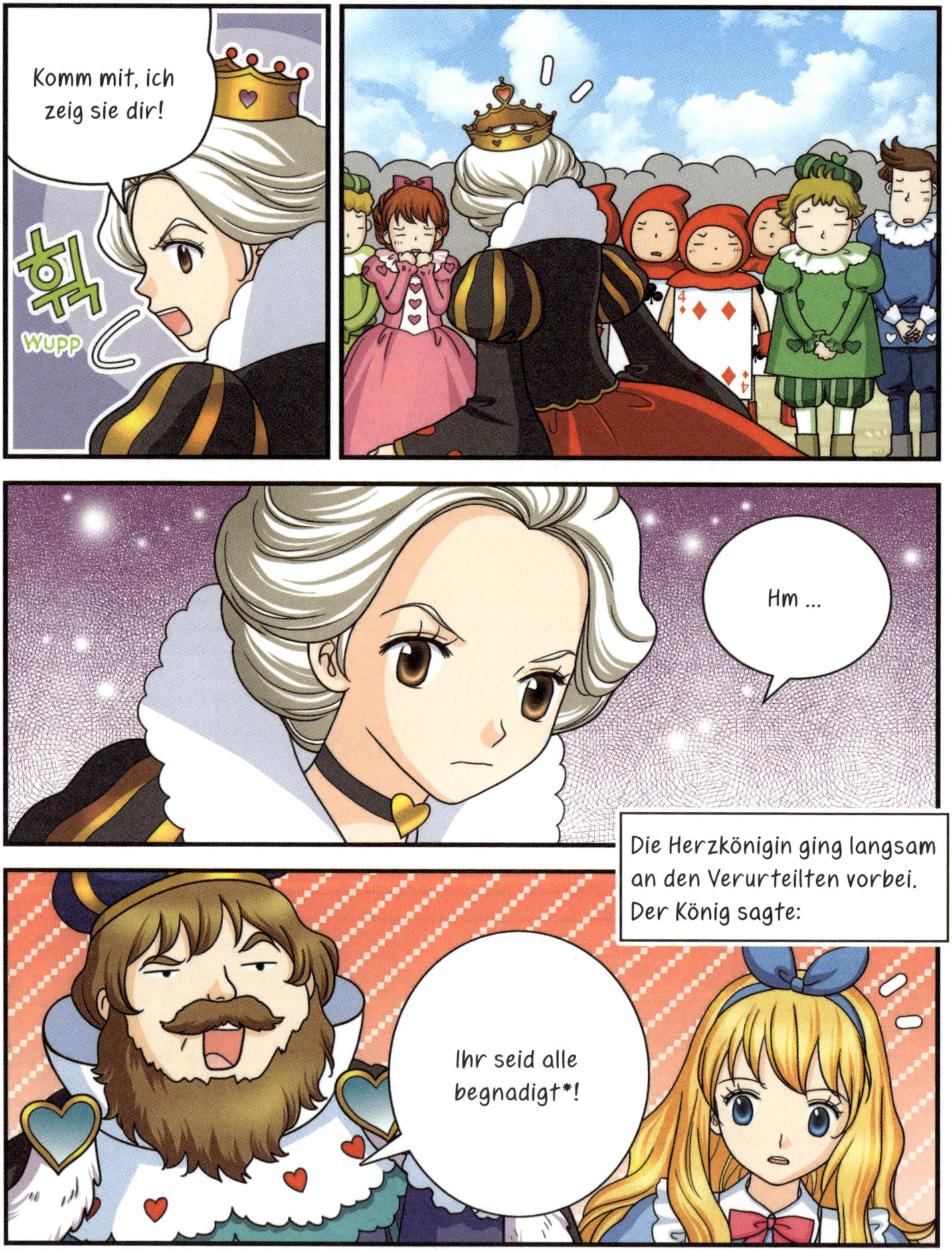

* Begnadigen: Eine Untat vergeben und die Strafe dafür aufheben.

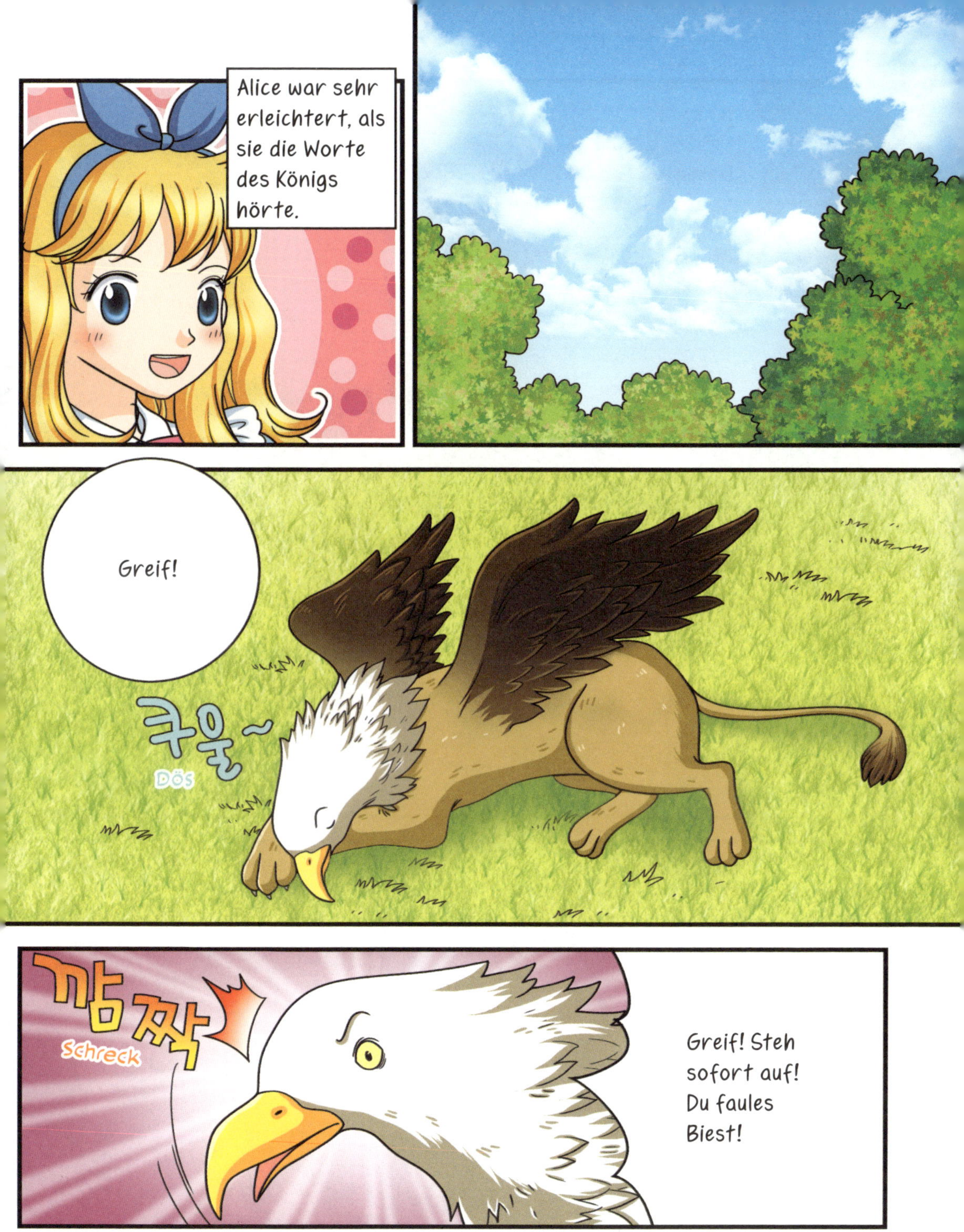

Alice war sehr erleichtert, als sie die Worte des Königs hörte.
Greif!
쿠울~
Dös
깜짝
Schreck
Greif! Steh sofort auf! Du faules Biest!

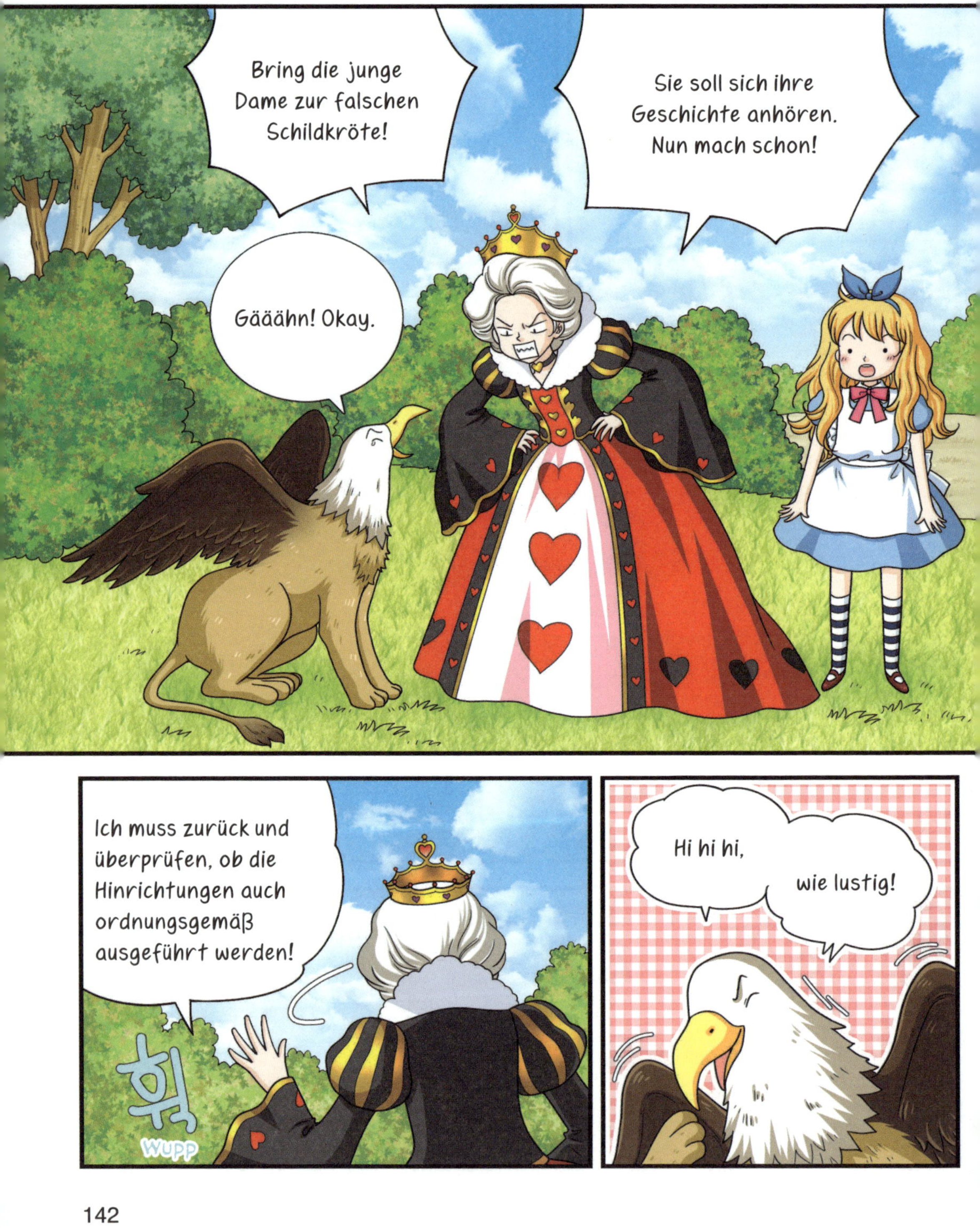
Bring die junge Dame zur falschen Schildkröte!
Sie soll sich ihre Geschichte anhören. Nun mach schon!
Gäääähn! Okay.
Ich muss zurück und überprüfen, ob die Hinrichtungen auch ordnungsgemäß ausgeführt werden!
휙
WUPP
Hi hi hi,
wie lustig!

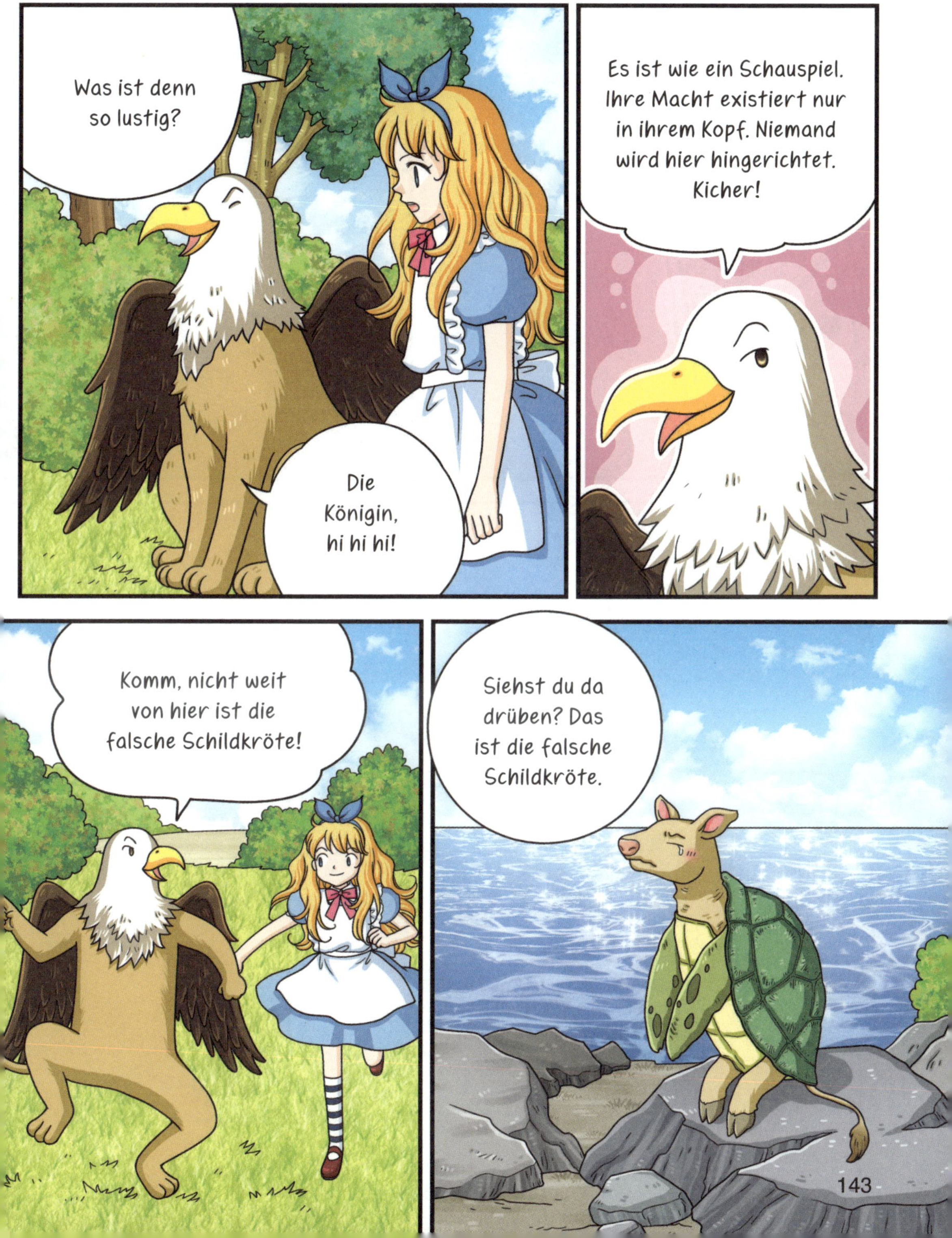
Was ist denn so lustig?
Die Königin, hi hi hi!
Es ist wie ein Schauspiel. Ihre Macht existiert nur in ihrem Kopf. Niemand wird hier hingerichtet. Kicher!
Komm, nicht weit von hier ist die falsche Schildkröte!
Siehst du da drüben? Das ist die falsche Schildkröte.

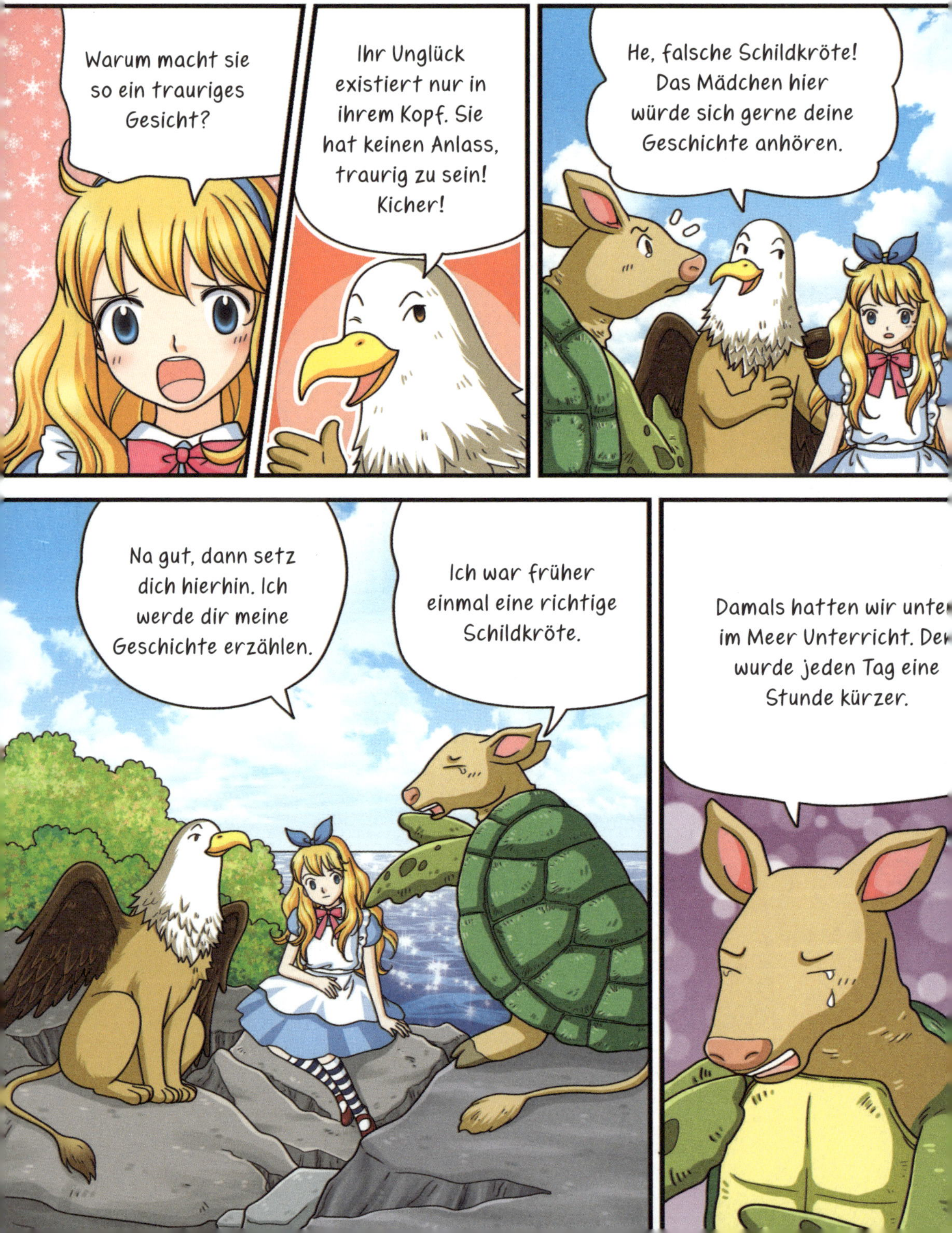
Warum macht sie so ein trauriges Gesicht?
Ihr Unglück existiert nur in ihrem Kopf. Sie hat keinen Anlass, traurig zu sein! Kicher!
He, falsche Schildkröte! Das Mädchen hier würde sich gerne deine Geschichte anhören.
Na gut, dann setz dich hierhin. Ich werde dir meine Geschichte erzählen.
Ich war früher einmal eine richtige Schildkröte.
Damals hatten wir unte
im Meer Unterricht. De
wurde jeden Tag eine Stunde kürzer.

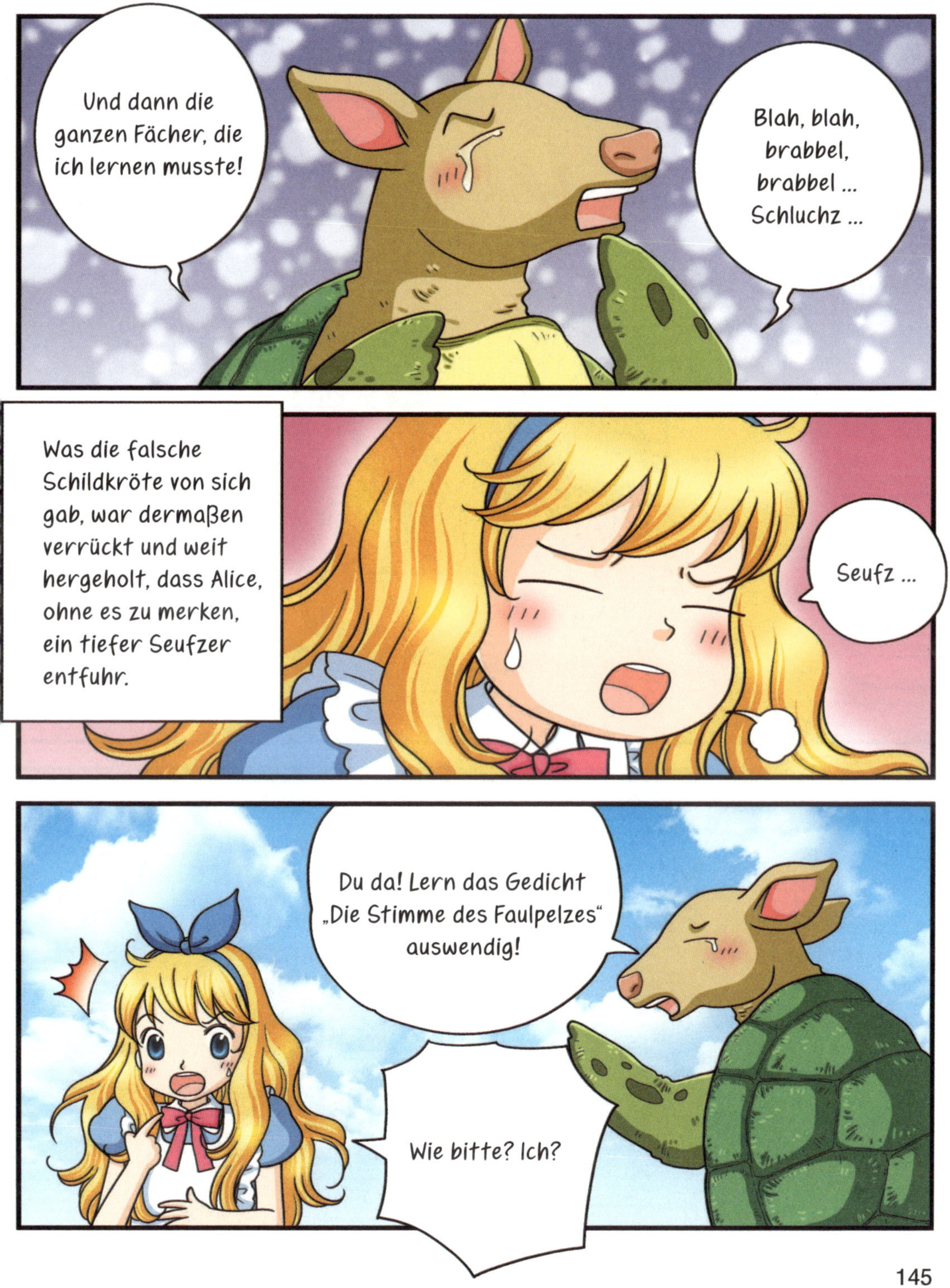
Und dann die ganzen Fächer, die ich lernen musste!
Blah, blah, brabbel, brabbel ... Schluchz ...
Was die falsche Schildkröte von sich gab, war dermaßen verrückt und weit hergeholt, dass Alice, ohne es zu merken, ein tiefer Seufzer entfuhr.
Seufz ...
Du da! Lern das Gedicht „Die Stimme des Faulpelzes“ auswendig!
Wie bitte? Ich?

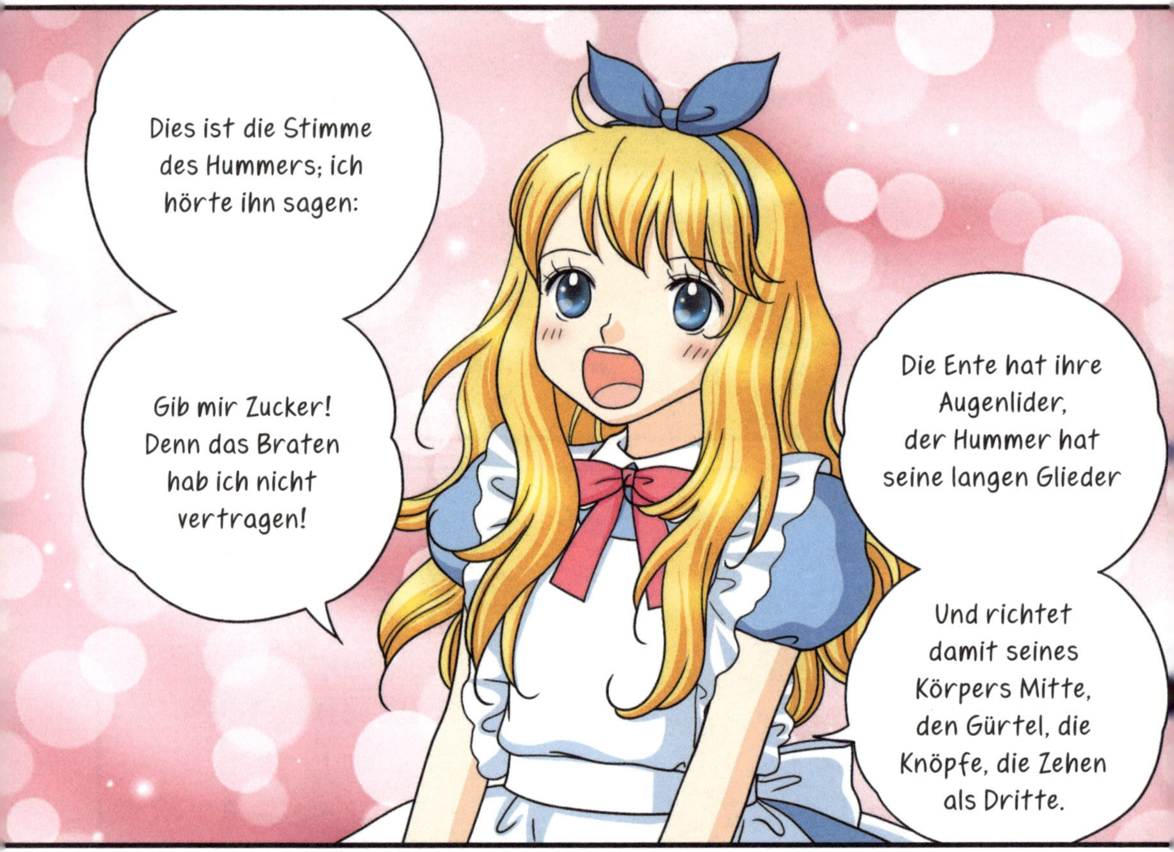
Dies ist die Stimme des Hummers; ich hörte ihn sagen:
Gib mir Zucker! Denn das Braten hab ich nicht vertragen!
Die Ente hat ihre Augenlider, der Hummer hat seine langen Glieder
Und richtet damit seines Körpers Mitte, den Gürtel, die Knöpfe, die Zehen als Dritte.

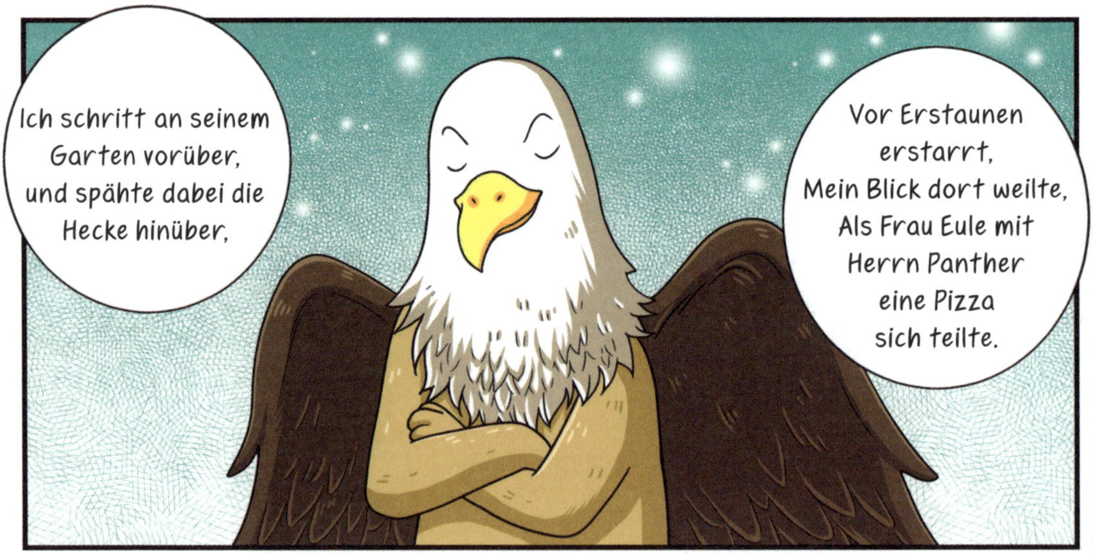
Ich schritt an seinem Garten vorüber, und spähte dabei die Hecke hinüber,
Vor Erstaunen erstarrt, Mein Blick dort weilte, Als Frau Eule mit Herrn Panther eine Pizza sich teilte.

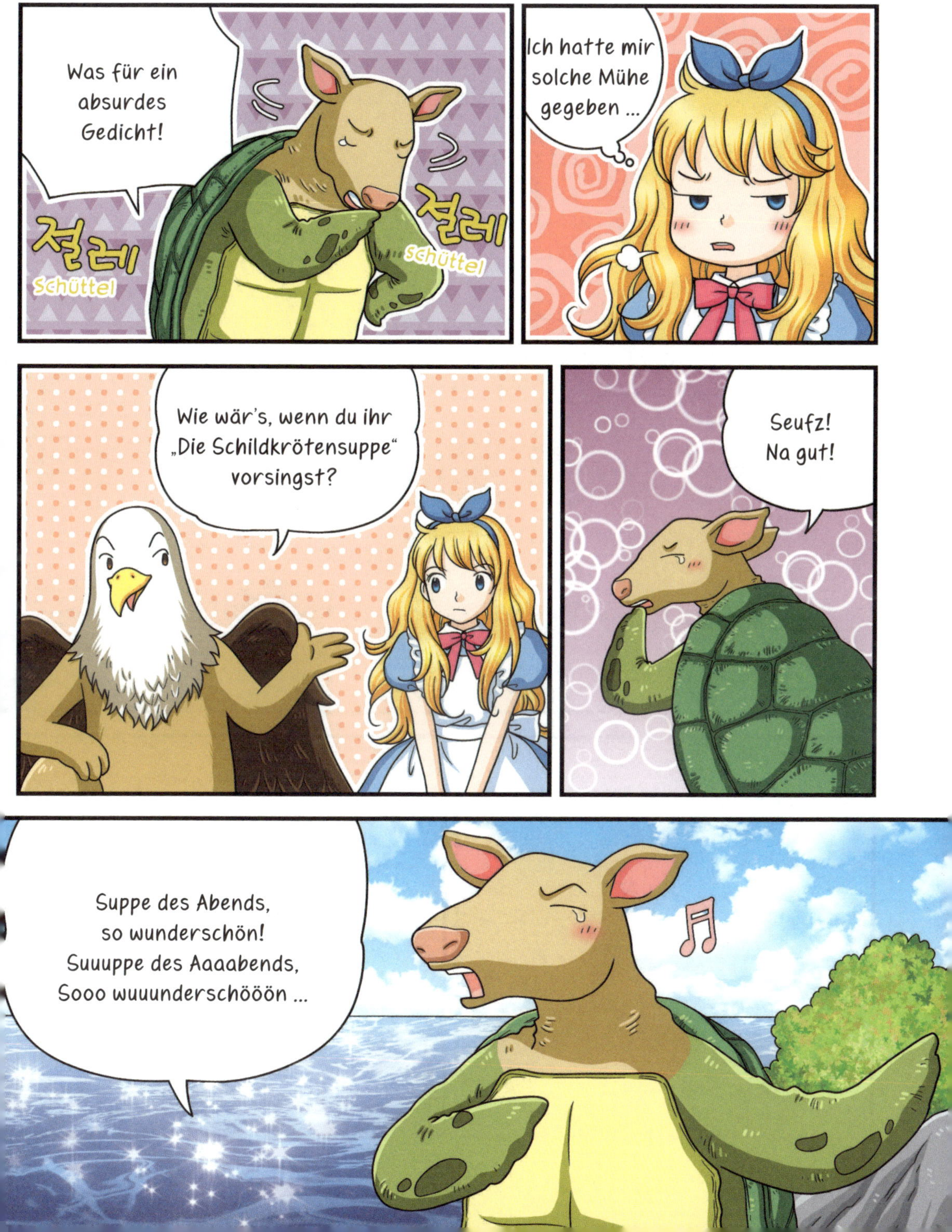
Was für ein absurdes Gedicht!
절레
Schüttel
절레
Schüttel
Ich hatte mir solche Mühe gegeben ...
Wie wär's, wenn du ihr „Die Schildkrötensuppe" vorsingst?
Seufz! Na gut!
Suppe des Abends, so wunderschön! Suuuppe des Aaaabends, Sooo wuuunderschööön ...

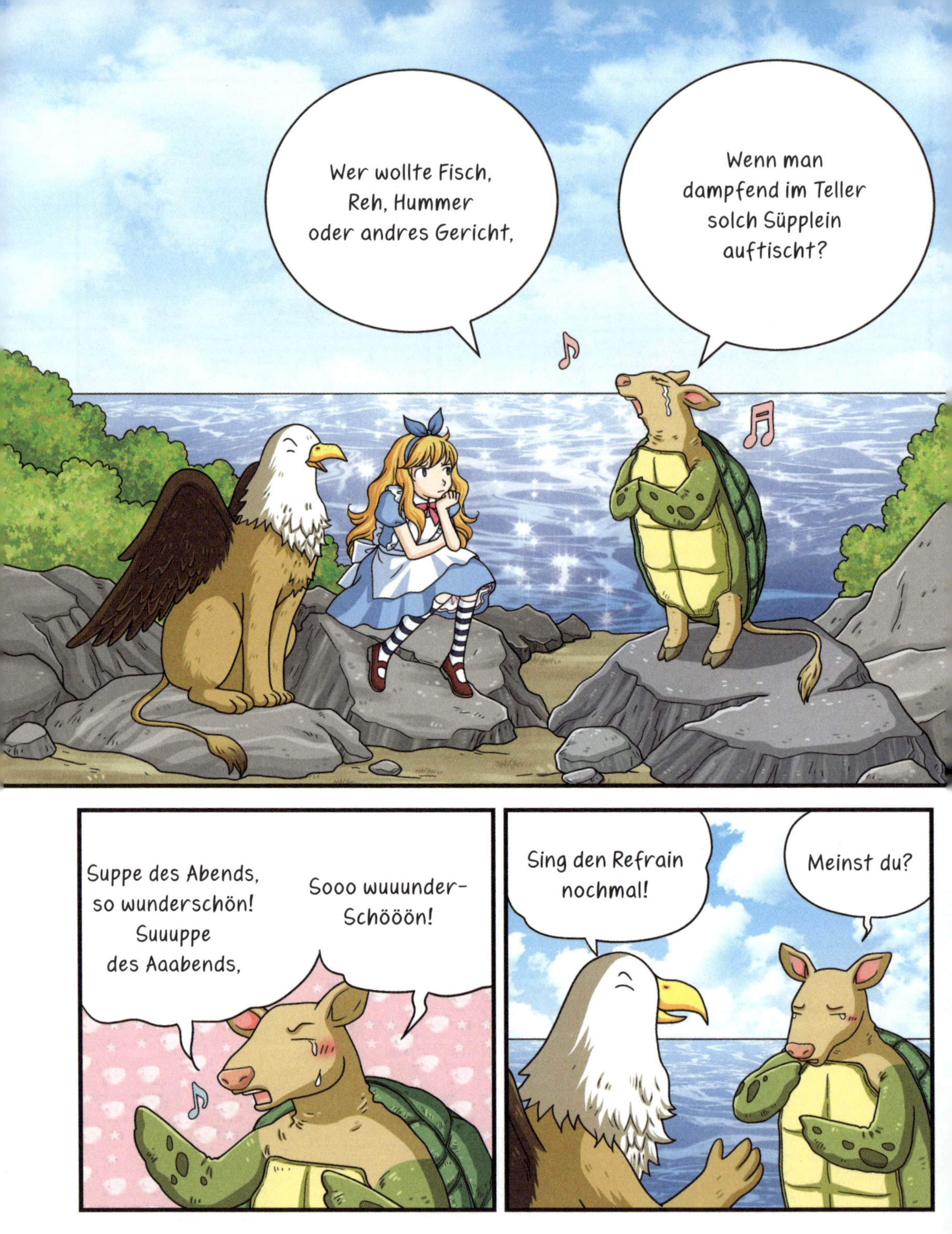
Wer wollte Fisch,
Reh, Hummer
oder andres Gericht,
Wenn man
dampfend im Teller
solch Süpplein
auftischt?
Suppe des Abends,
so wunderschön!
Suuuppe
des Aaabends,
Sooo wuuunder-
Schöööön!
Sing den Refrain
nochmal!
Meinst du?

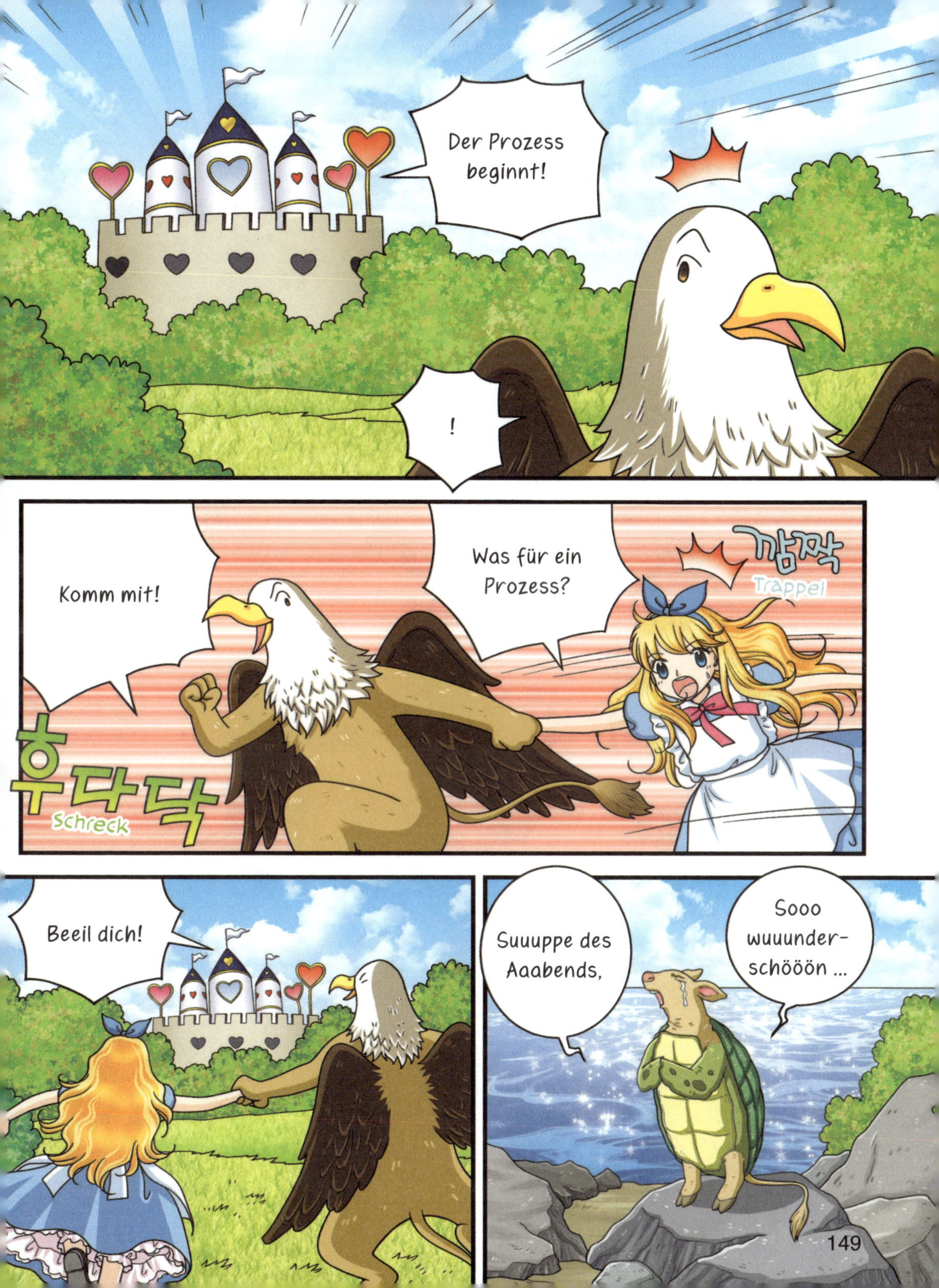

Der Prozess beginnt!
!
Komm mit!
Was für ein Prozess?
깜짝
Trappel
후다닥
Schreck
Beeil dich!
Suuuppe des Aaabends,
Sooo wuuunder-schöööön ...

10. Kapitel

Der Gerichtsprozess im Wunderland

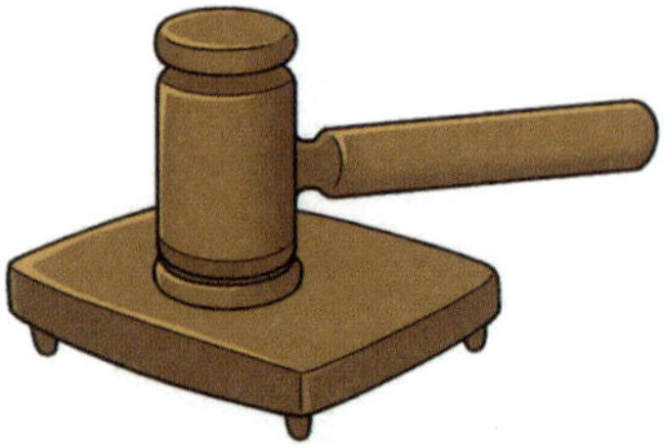

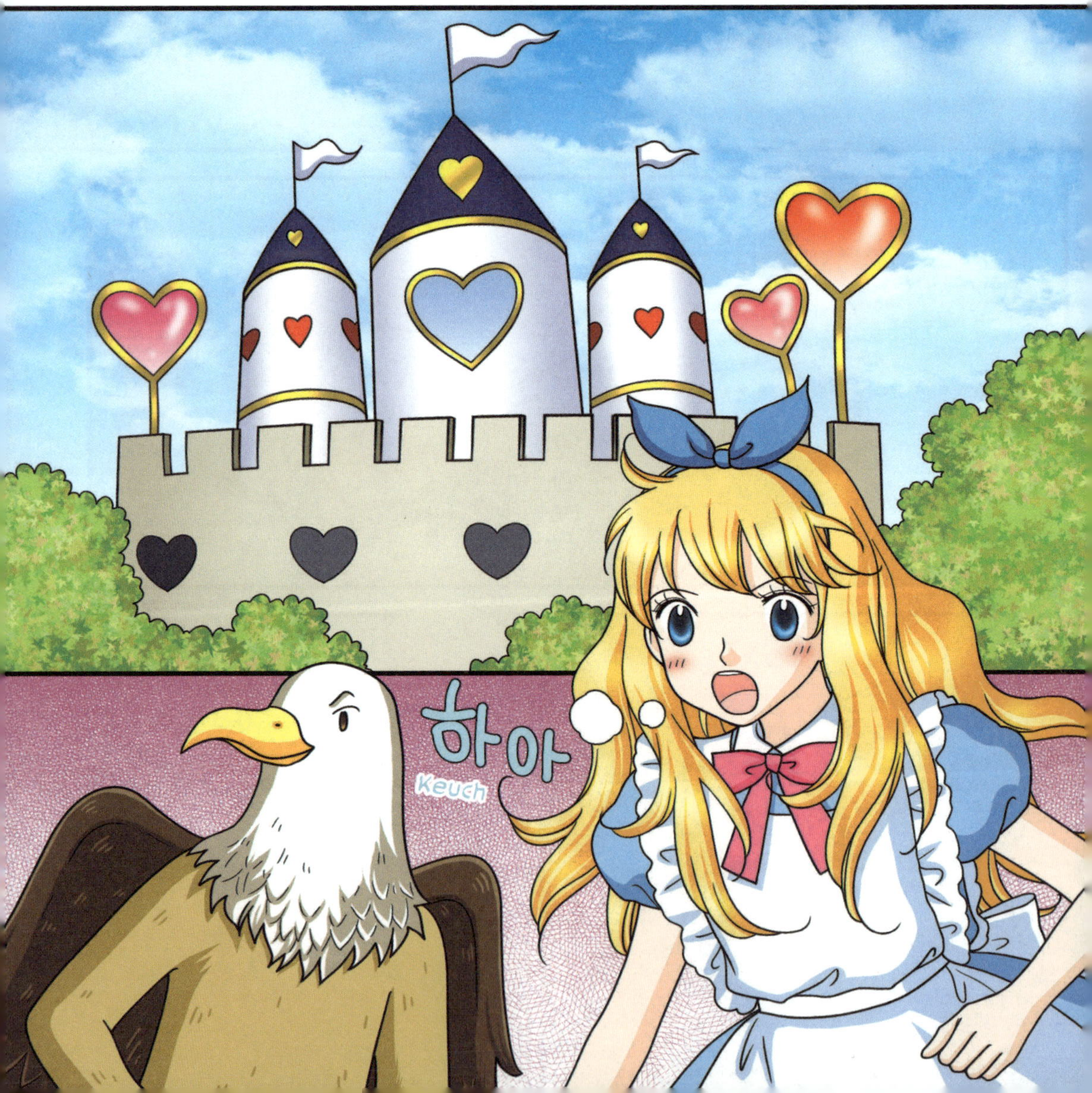

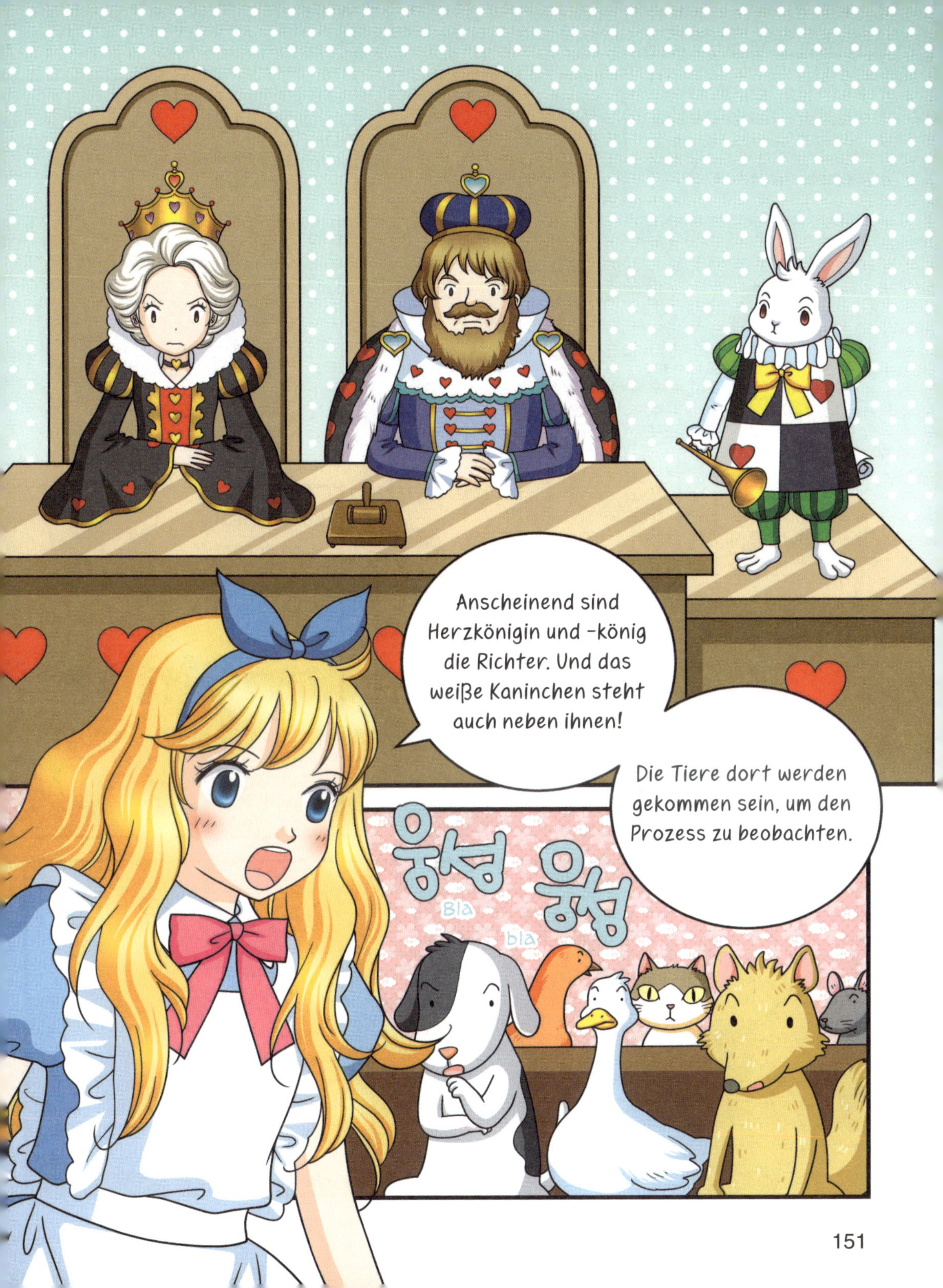
Anscheinend sind Herzkönigin und -könig die Richter. Und das weiße Kaninchen steht auch neben ihnen!
Die Tiere dort werden gekommen sein, um den Prozess zu beobachten.
Bla
bla

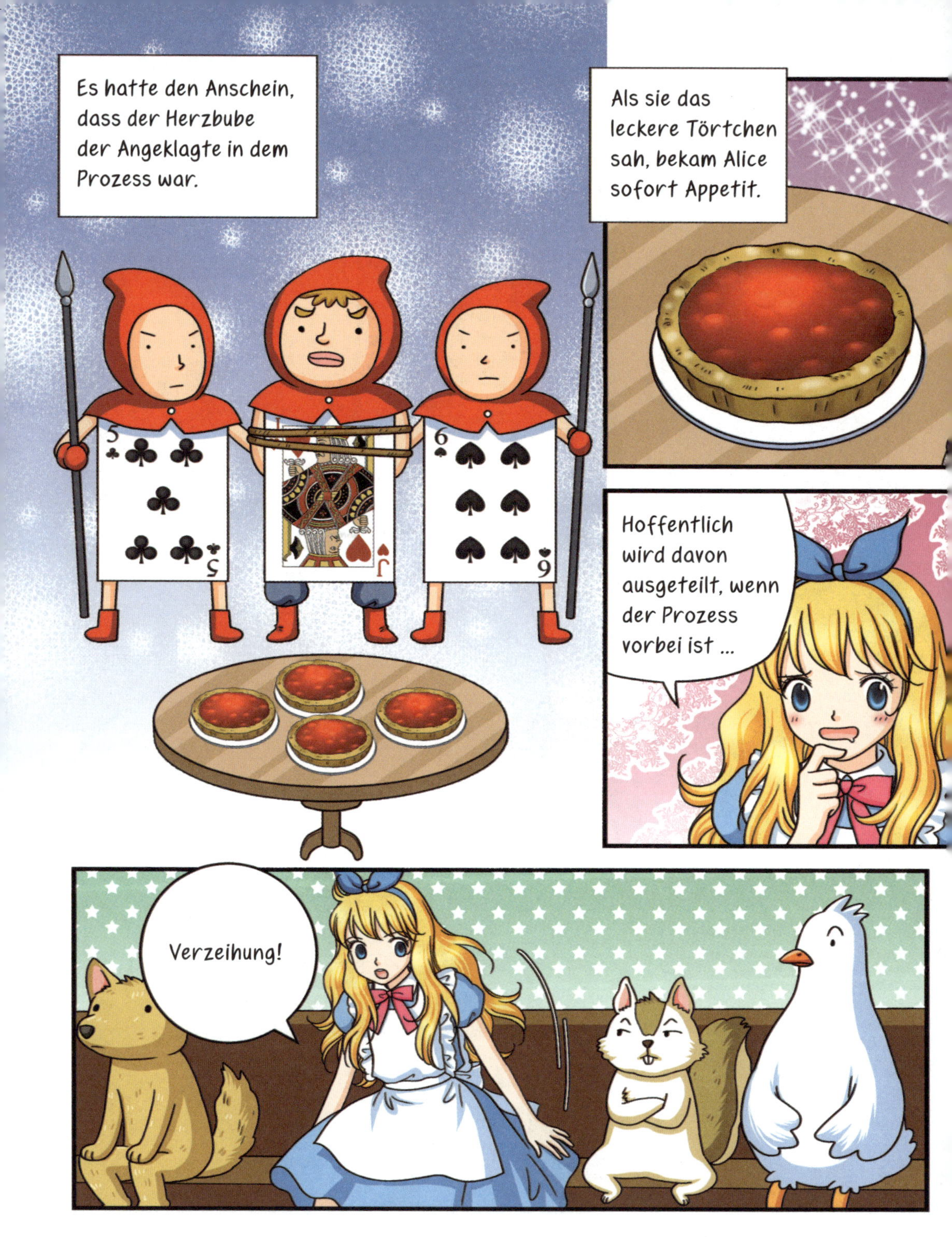
Es hatte den Anschein, dass der Herzbube der Angeklagte in dem Prozess war.
Als sie das leckere Törtchen sah, bekam Alice sofort Appetit.
Hoffentlich wird davon ausgeteilt, wenn der Prozess vorbei ist ...
Verzeihung!

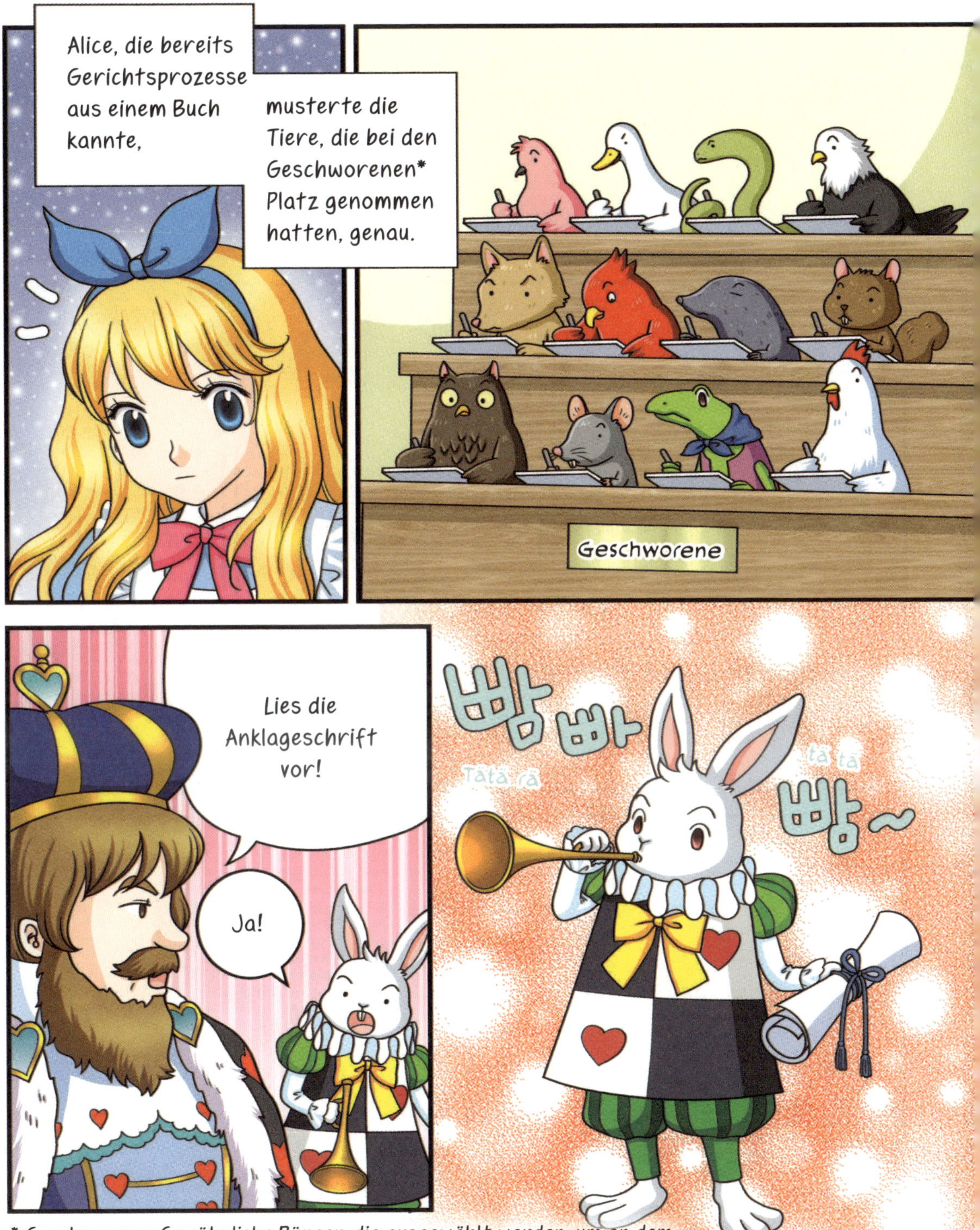

* Geschworene: Gewöhnliche Bürger, die ausgewählt werden, um an dem Prozess teilzunehmen und über den Angeklagten ein Urteil auszusprechen.

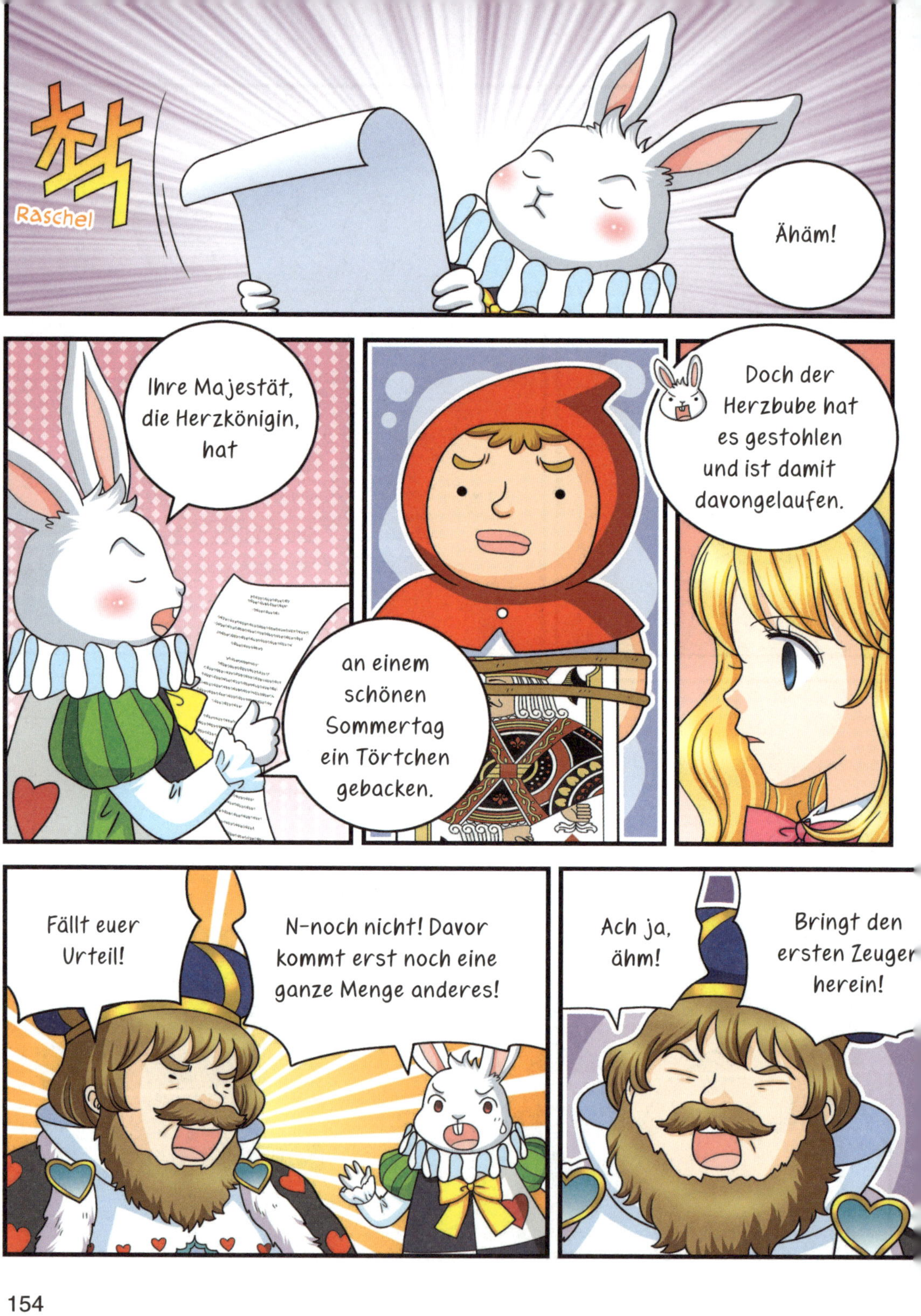
착
Raschel
Ähäm!
Ihre Majestät, die Herzkönigin, hat
an einem schönen Sommertag ein Törtchen gebacken.
Doch der Herzbube hat es gestohlen und ist damit davongelaufen.
Fällt euer Urteil!
N-noch nicht! Davor kommt erst noch eine ganze Menge anderes!
Ach ja, ähm!
Bringt den ersten Zeugen herein!

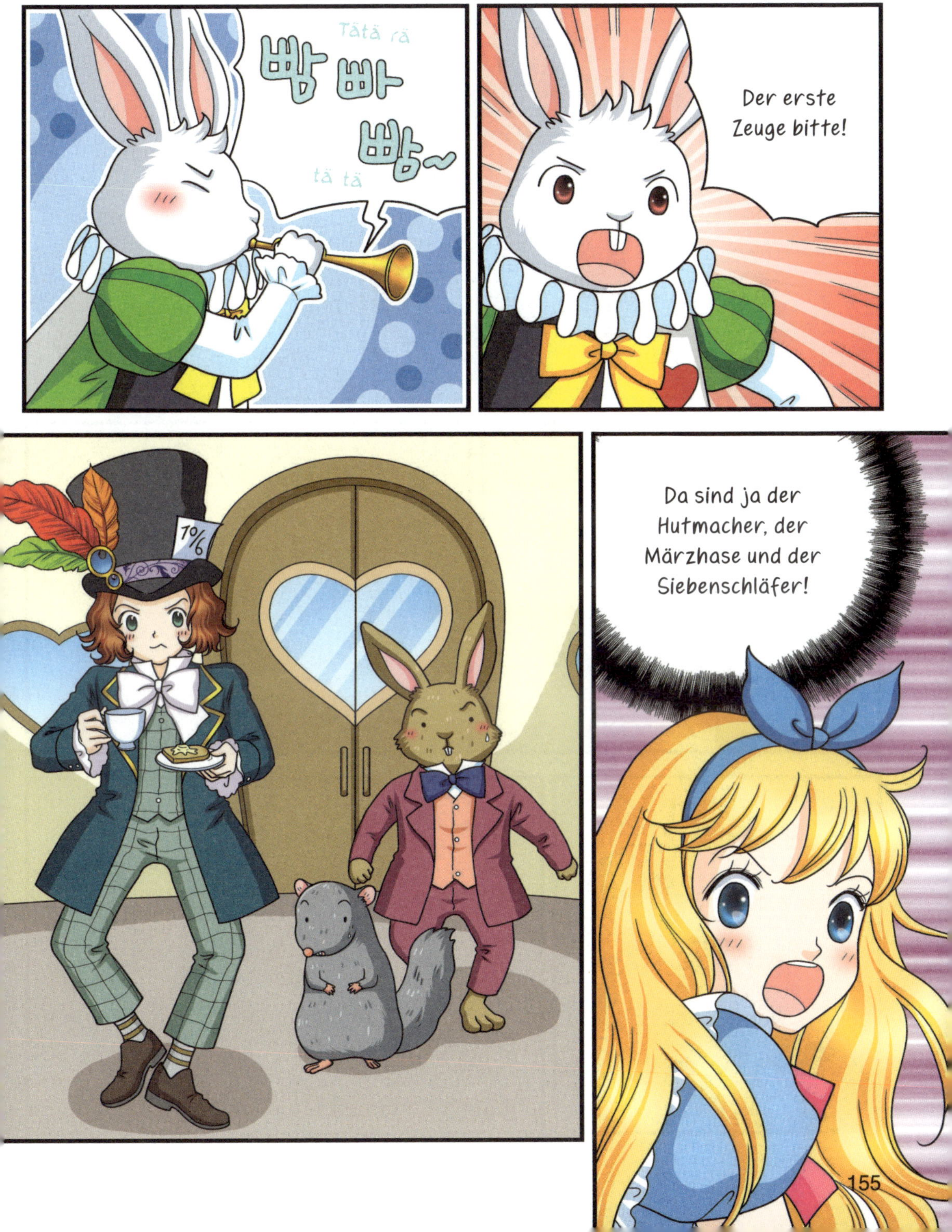
빵 빠 빵~
Tätä rä
tä tä
Der erste Zeuge bitte!
Da sind ja der Hutmacher, der Märzhase und der Siebenschläfer!

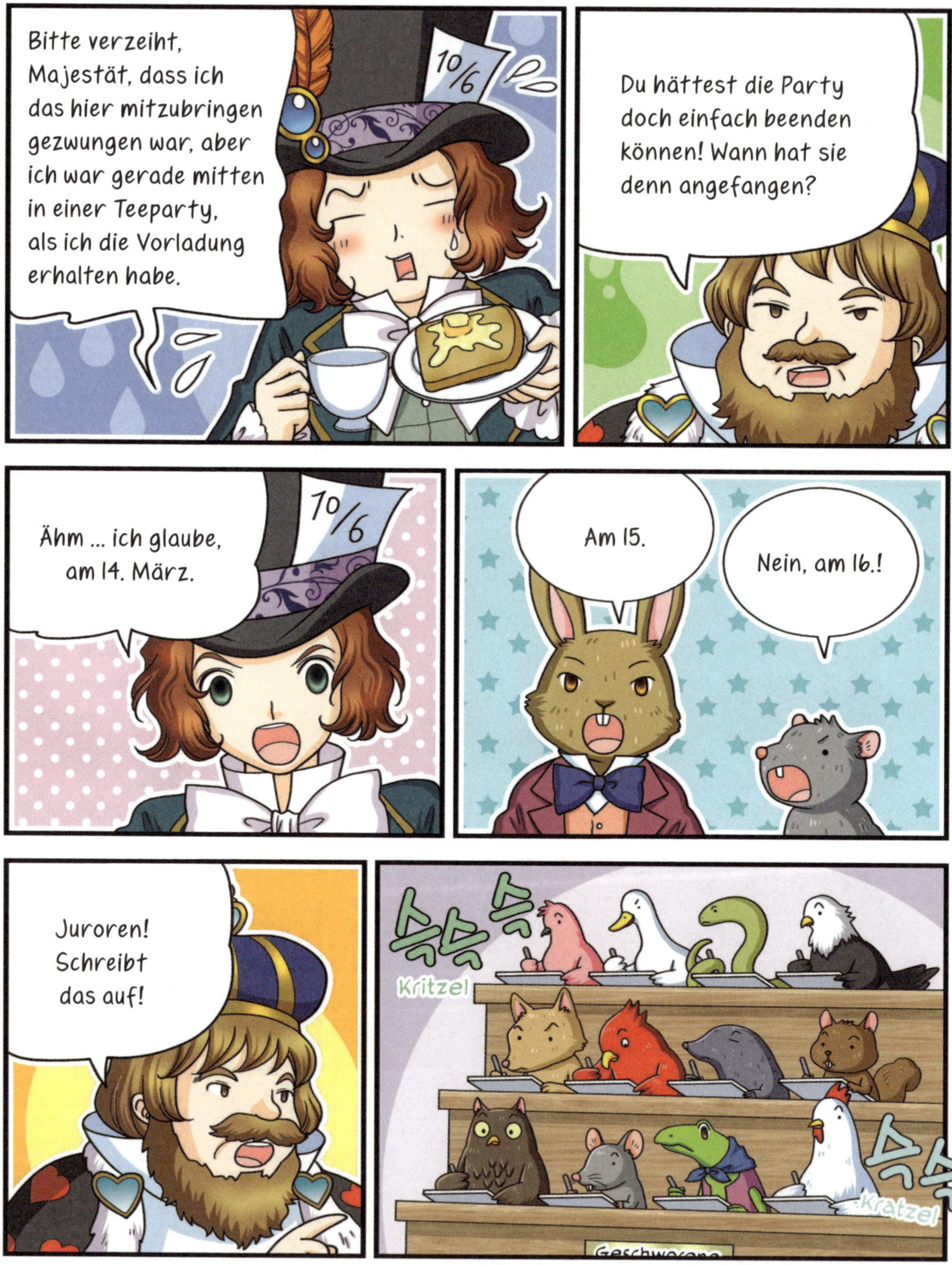
Bitte verzeiht, Majestät, dass ich das hier mitzubringen gezwungen war, aber ich war gerade mitten in einer Teeparty, als ich die Vorladung erhalten habe.
10/6
Du hättest die Party doch einfach beenden können! Wann hat sie denn angefangen?
10/6
Ähm ... ich glaube, am 14. März.
Am 15.
Nein, am 16.!
Juroren! Schreibt das auf!
슥슥 슥
Kritzel
슥슥
Kratzel

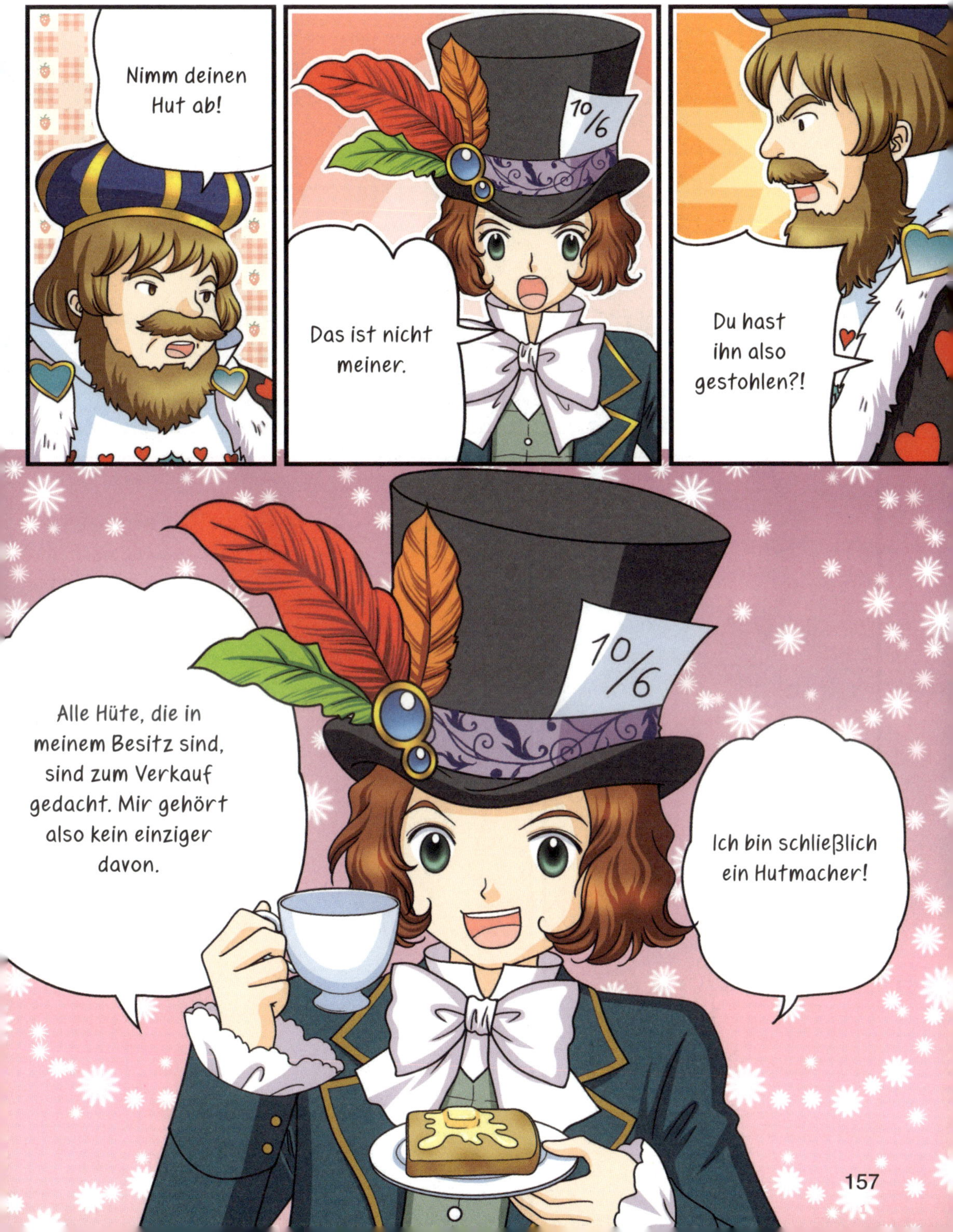
Nimm deinen Hut ab!
Das ist nicht meiner.
Du hast ihn also gestohlen?!
Alle Hüte, die in meinem Besitz sind, sind zum Verkauf gedacht. Mir gehört also kein einziger davon.
Ich bin schließlich ein Hutmacher!

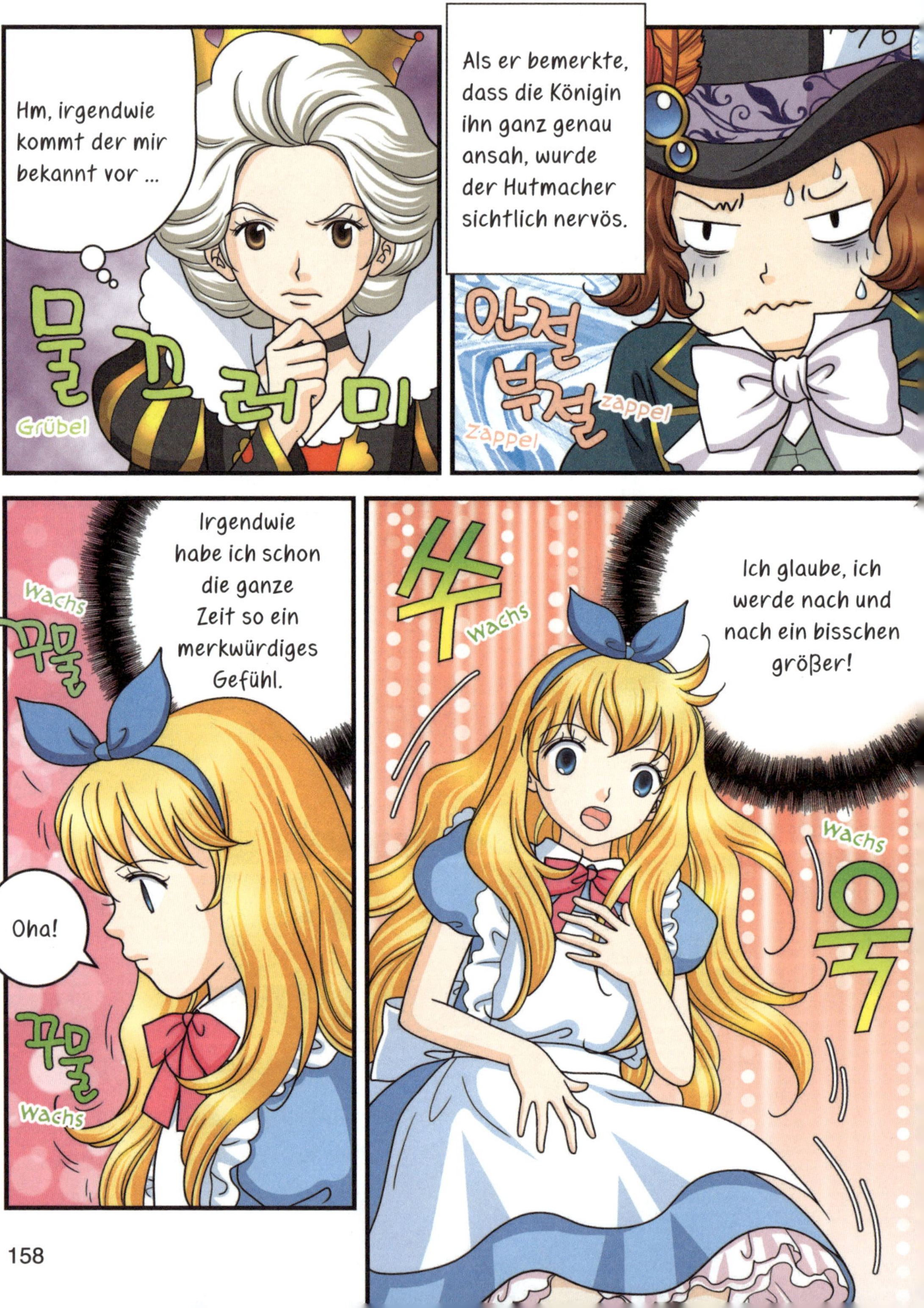

Hm, irgendwie kommt der mir bekannt vor ...
물끄러미
Grübel
Als er bemerkte, dass die Königin ihn ganz genau ansah, wurde der Hutmacher sichtlich nervös.
안절부절
Zappel
Zappel
Irgendwie habe ich schon die ganze Zeit so ein merkwürdiges Gefühl.
Wachs
꾸물
Oha!
꾸물
Wachs
쑥
Wachs
Ich glaube, ich werde nach und nach ein bisschen größer!
Wachs
욱

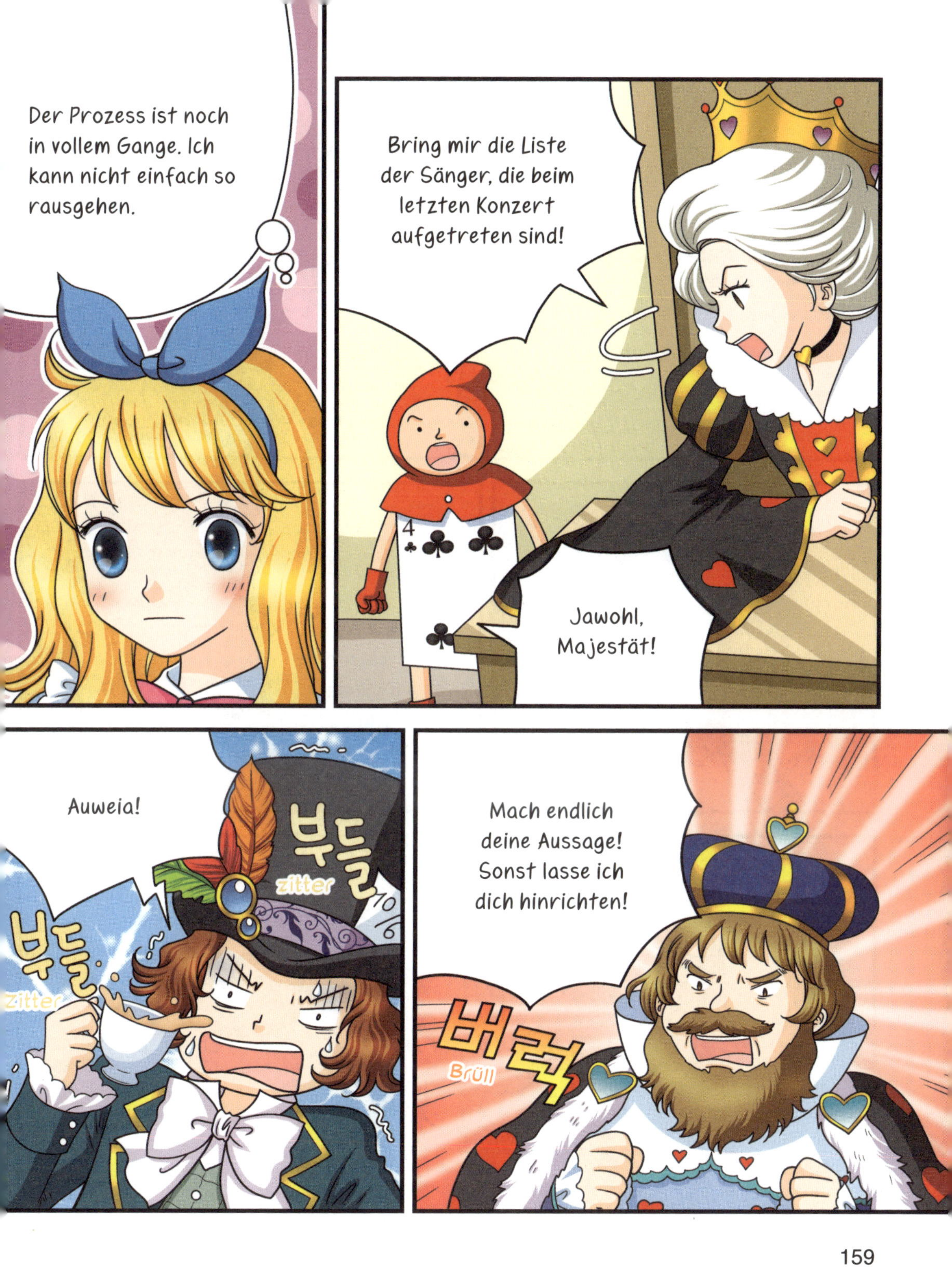
Der Prozess ist noch in vollem Gange. Ich kann nicht einfach so rausgehen.
Bring mir die Liste der Sänger, die beim letzten Konzert aufgetreten sind!
Jawohl, Majestät!
Auweia!
부들
zitter
부들
zitter
Mach endlich deine Aussage! Sonst lasse ich dich hinrichten!
버럭
Brüll

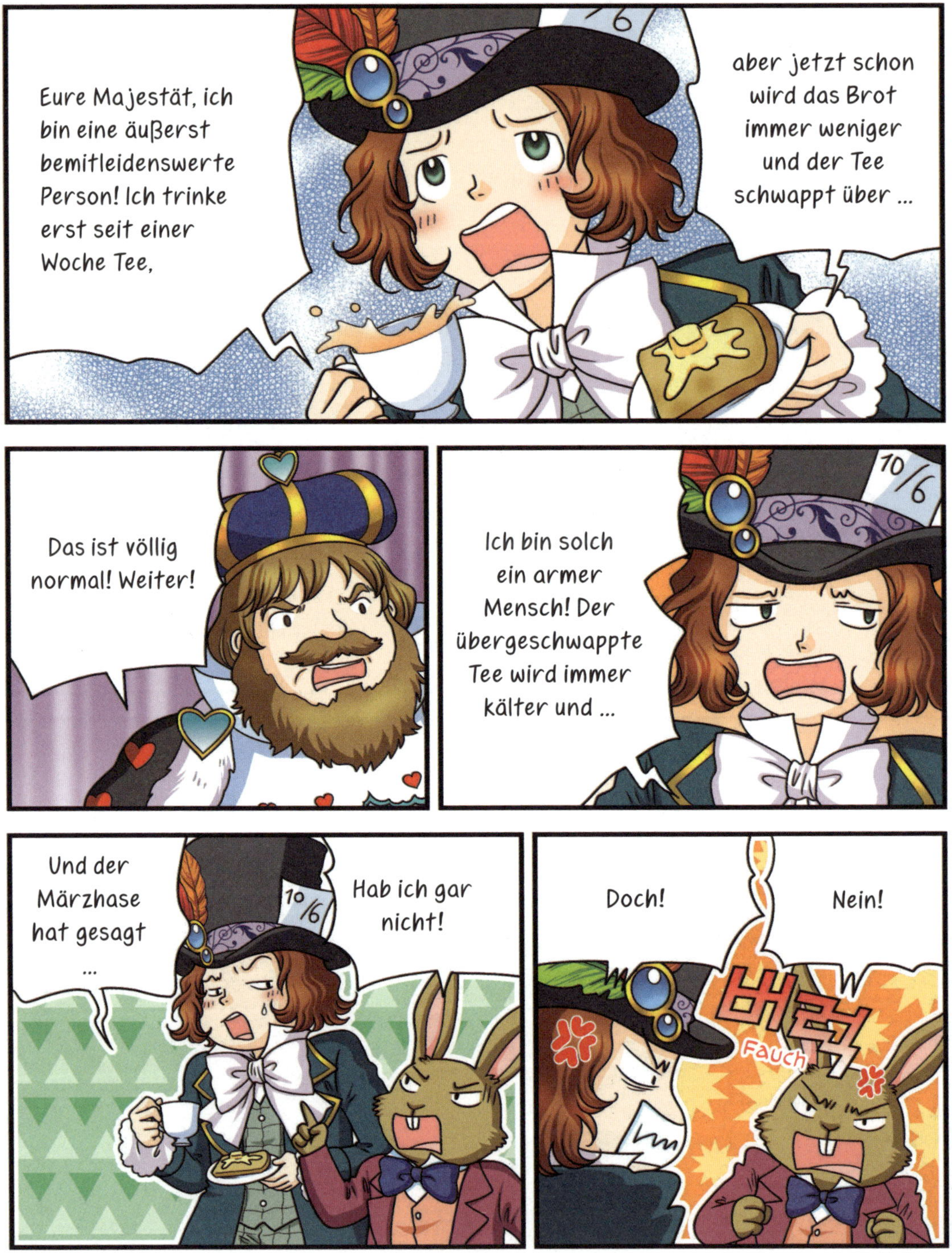

Eure Majestät, ich bin eine äußerst bemitleidenswerte Person! Ich trinke erst seit einer Woche Tee,
aber jetzt schon wird das Brot immer weniger und der Tee schwappt über ...
Das ist völlig normal! Weiter!
Ich bin solch ein armer Mensch! Der übergeschwappte Tee wird immer kälter und ...
Und der Märzhase hat gesagt ...
Hab ich gar nicht!
Doch!
Nein!
버럭
Fauch

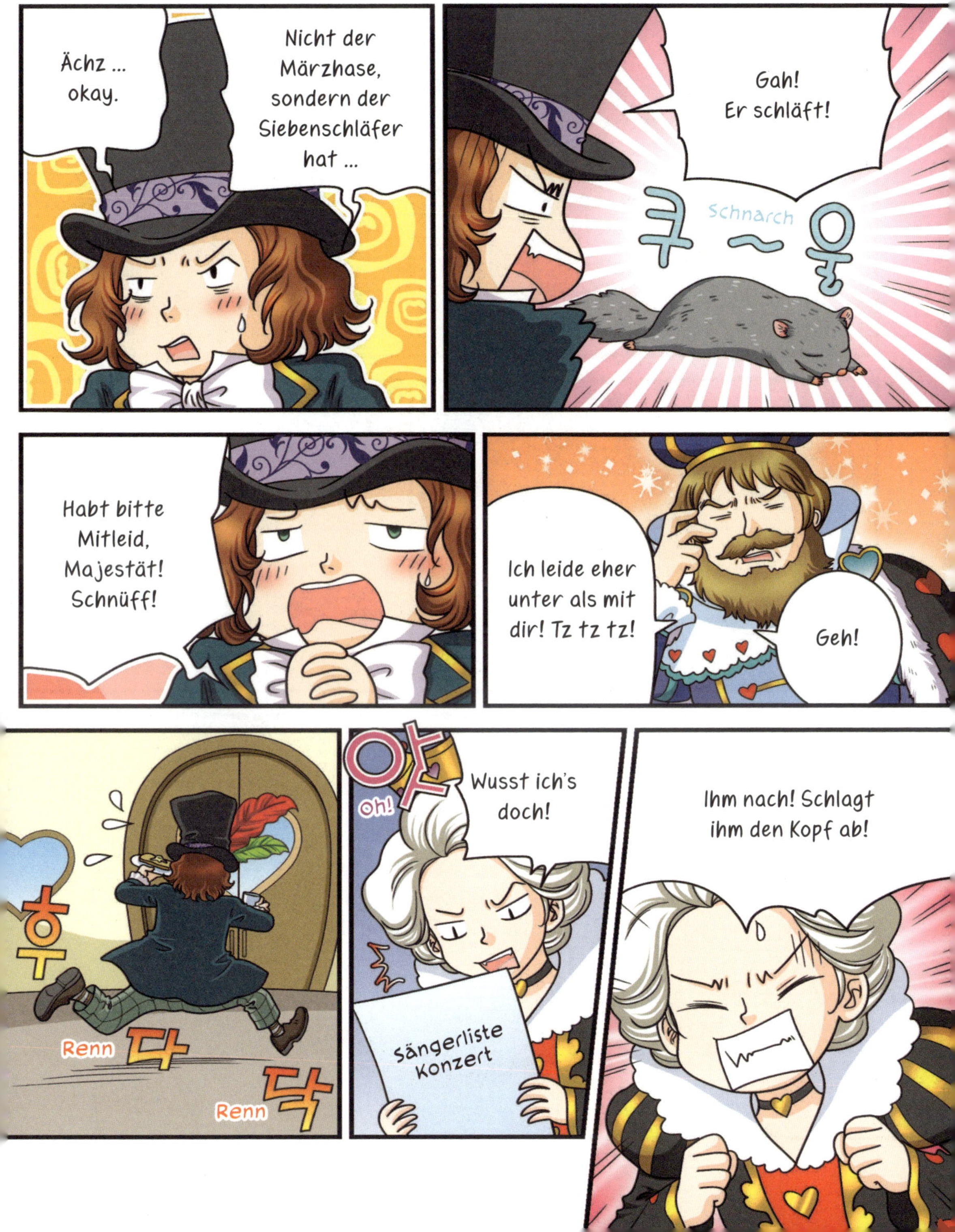
Nicht der Märzhase, sondern der Siebenschläfer hat ...
Ächz ... okay.
Gah! Er schläft!
Schnarch
Habt bitte Mitleid, Majestät! Schnüff!
Ich leide eher unter als mit dir! Tz tz tz!
Geh!
Renn
Renn
Oh!
Wusst ich's doch!
Sängerliste Konzert
Ihm nach! Schlagt ihm den Kopf ab!

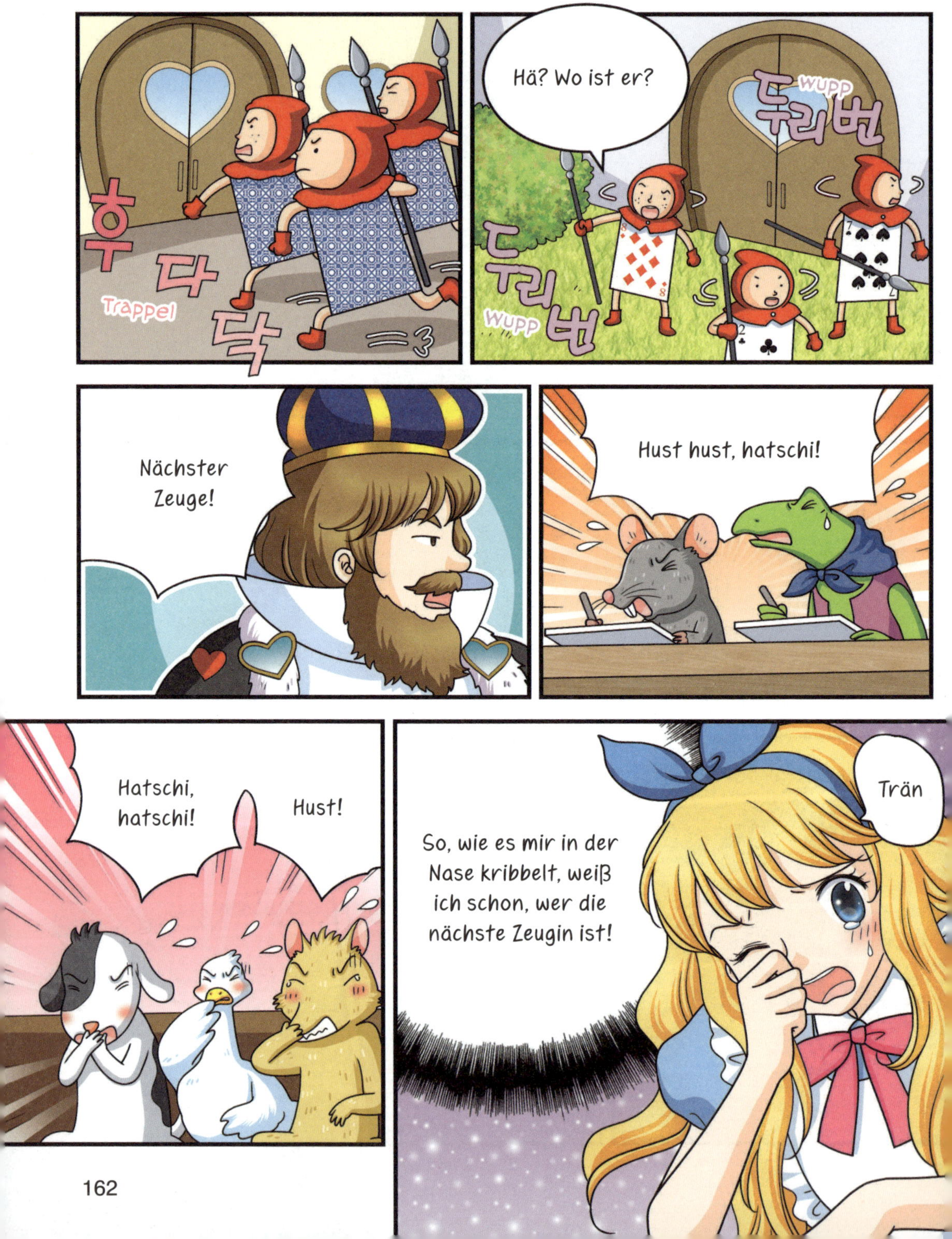
후다닥
Trappel
Hä? Wo ist er?
두리번
wupp
두리번
wupp
Nächster Zeuge!
Hust hust, hatschi!
Hatschi, hatschi!
Hust!
So, wie es mir in der Nase kribbelt, weiß ich schon, wer die nächste Zeugin ist!
Trän

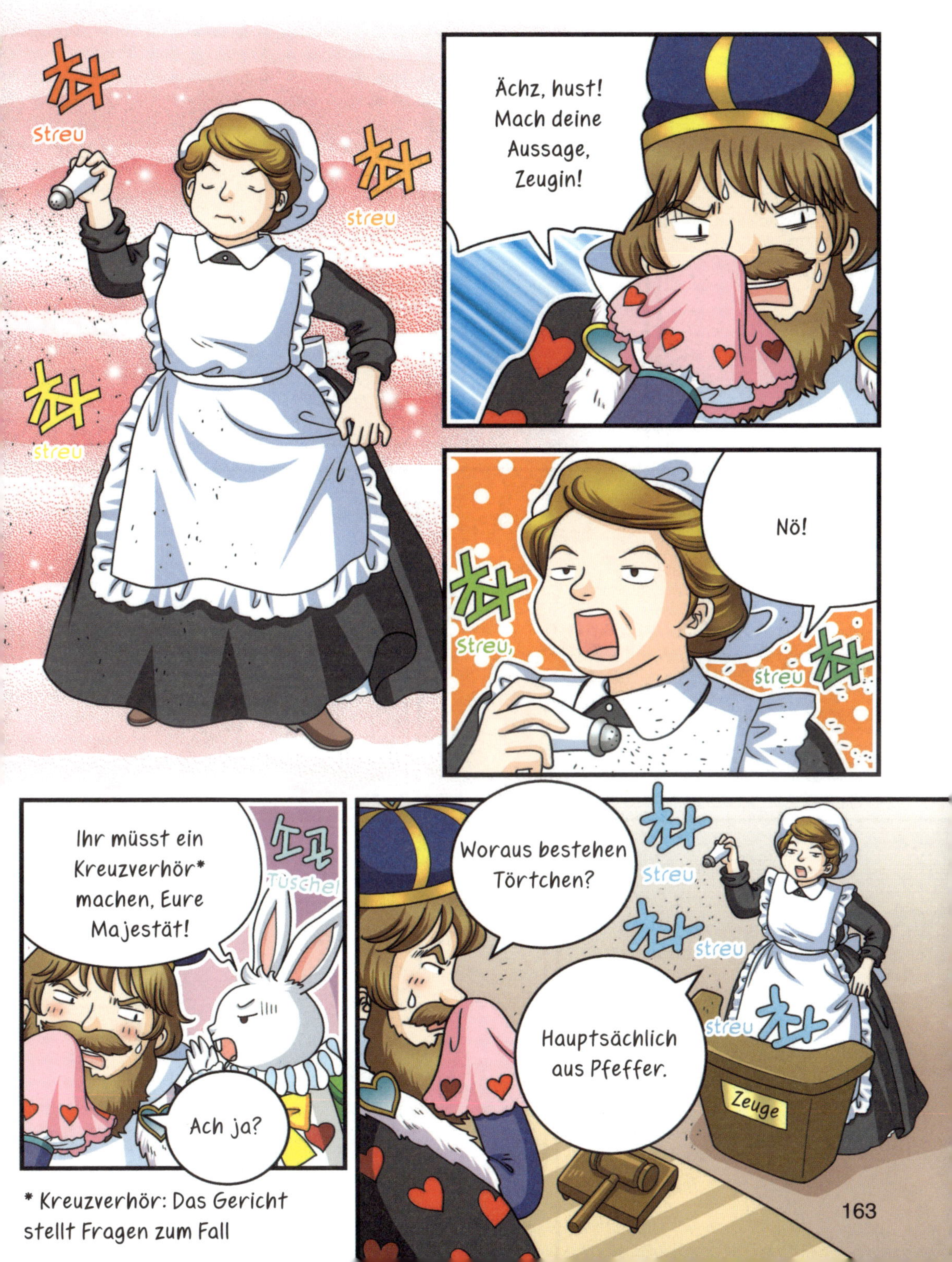

* Kreuzverhör: Das Gericht stellt Fragen zum Fall

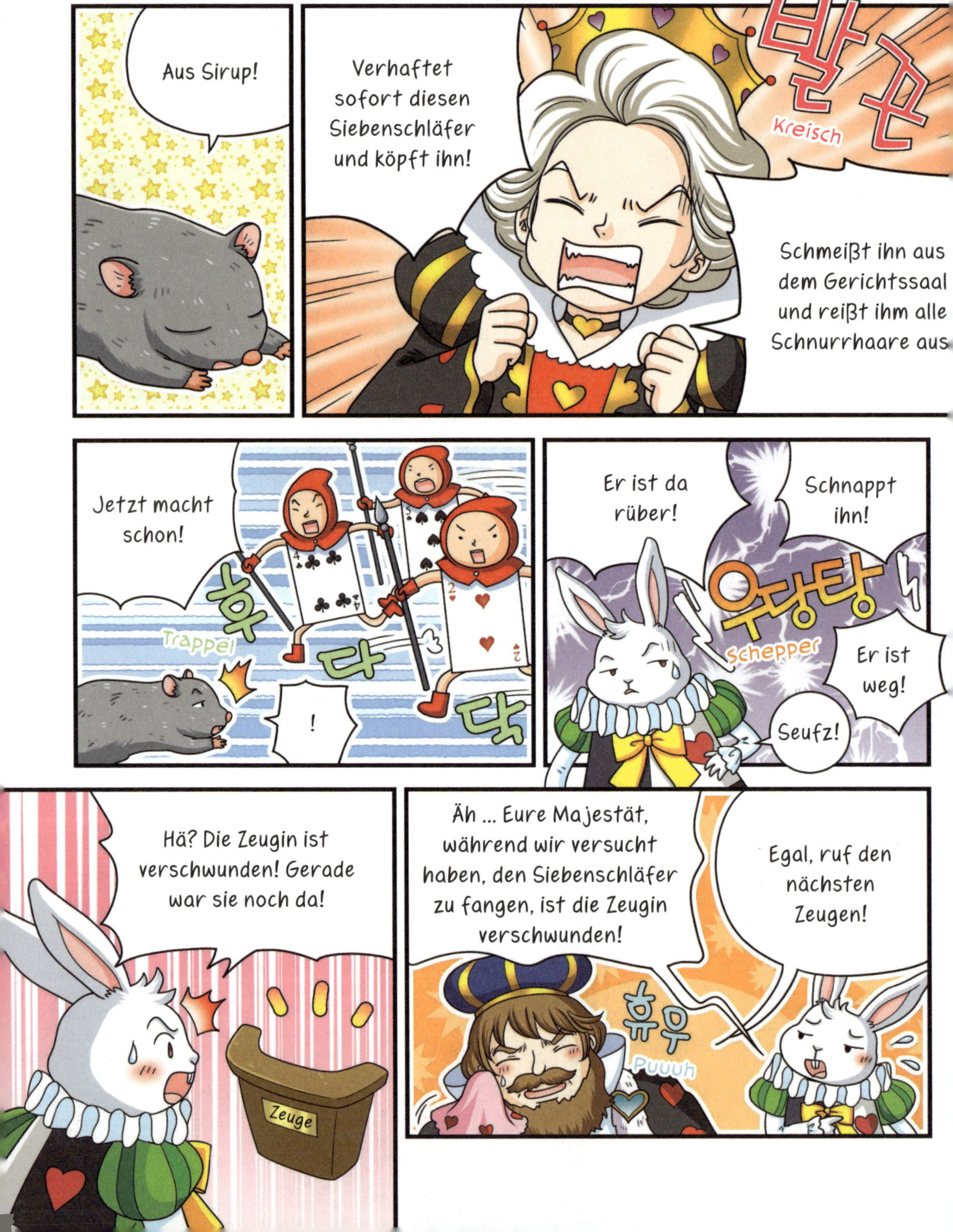
Aus Sirup!
Verhaftet sofort diesen Siebenschläfer und köpft ihn!
빨 끈
Kreisch
Schmeißt ihn aus dem Gerichtssaal und reißt ihm alle Schnurrhaare aus
Jetzt macht schon!
후 다 닥
Trappel
!
Er ist da rüber!
Schnappt ihn!
우당탕
Schepper
Er ist weg!
Seufz!
Hä? Die Zeugin ist verschwunden! Gerade war sie noch da!
Zeuge
Äh ... Eure Majestät, während wir versucht haben, den Siebenschläfer zu fangen, ist die Zeugin verschwunden!
Egal, ruf den nächsten Zeugen!
휴우
Puuuh

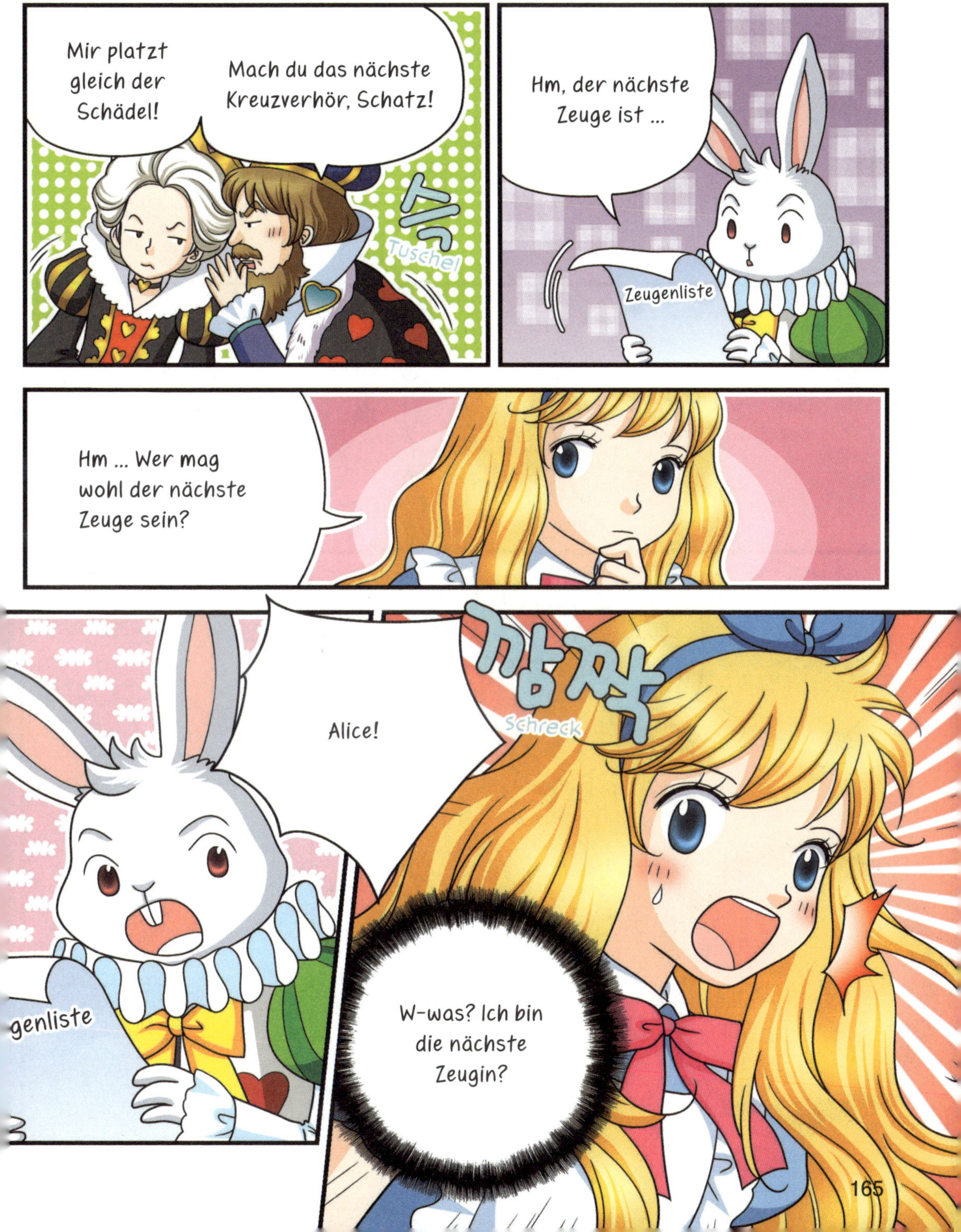
Mir platzt gleich der Schädel!
Mach du das nächste Kreuzverhör, Schatz!
Tuschel
Hm, der nächste Zeuge ist ...
Zeugenliste
Hm ... Wer mag wohl der nächste Zeuge sein?
Alice!
Schreck
genliste
W-was? Ich bin die nächste Zeugin?

11. Kapitel
Alice im Zeugenstand

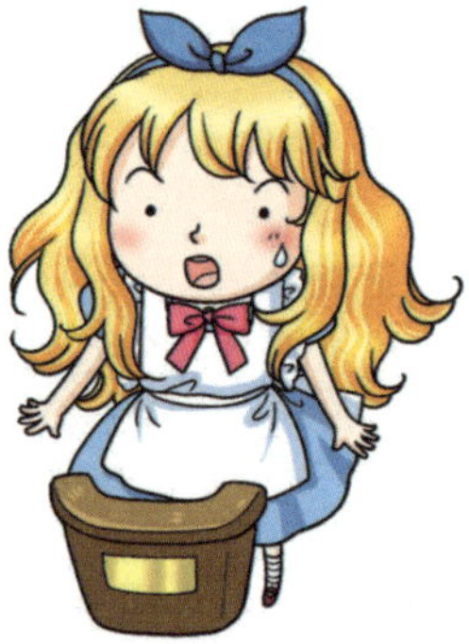

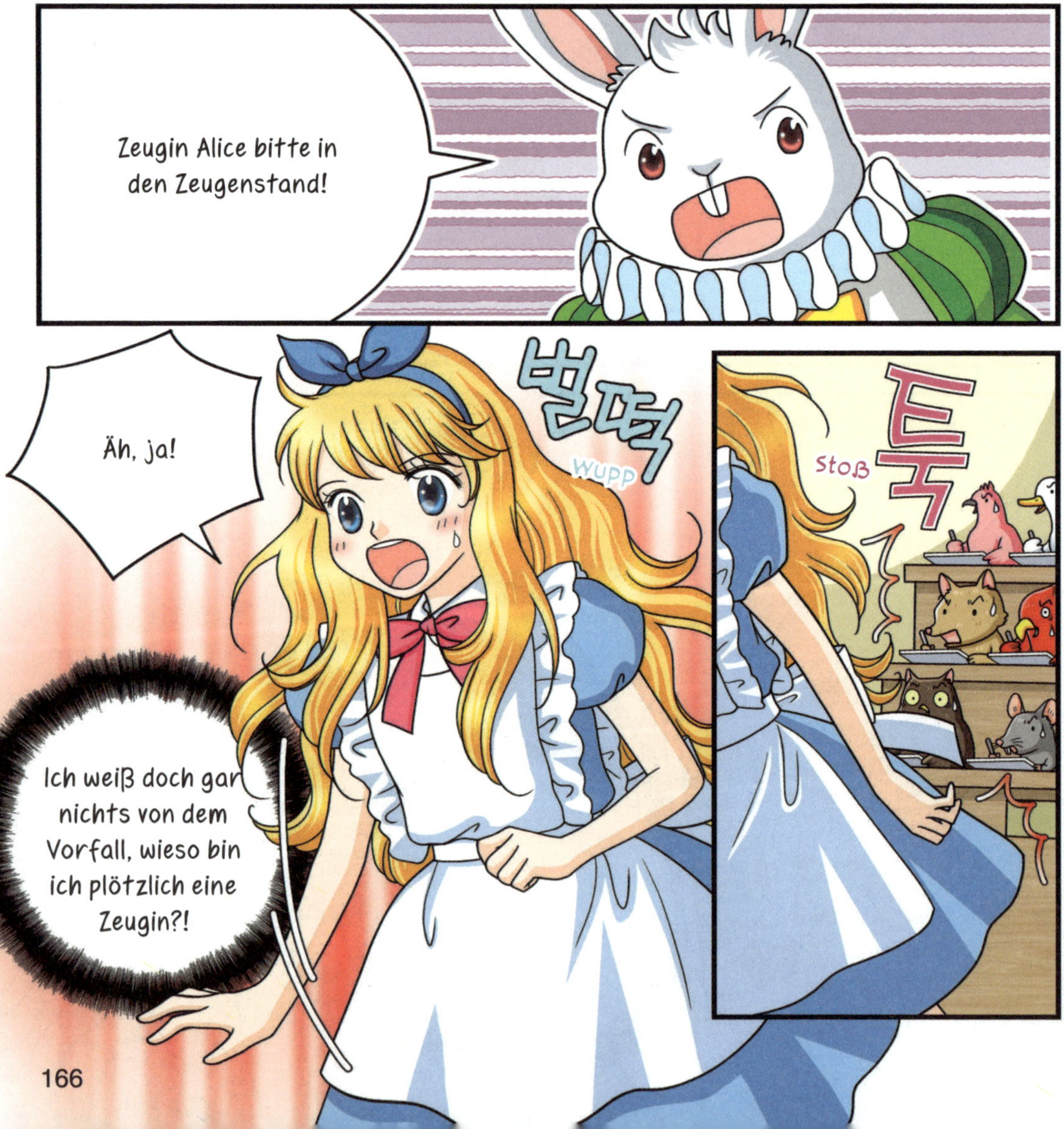

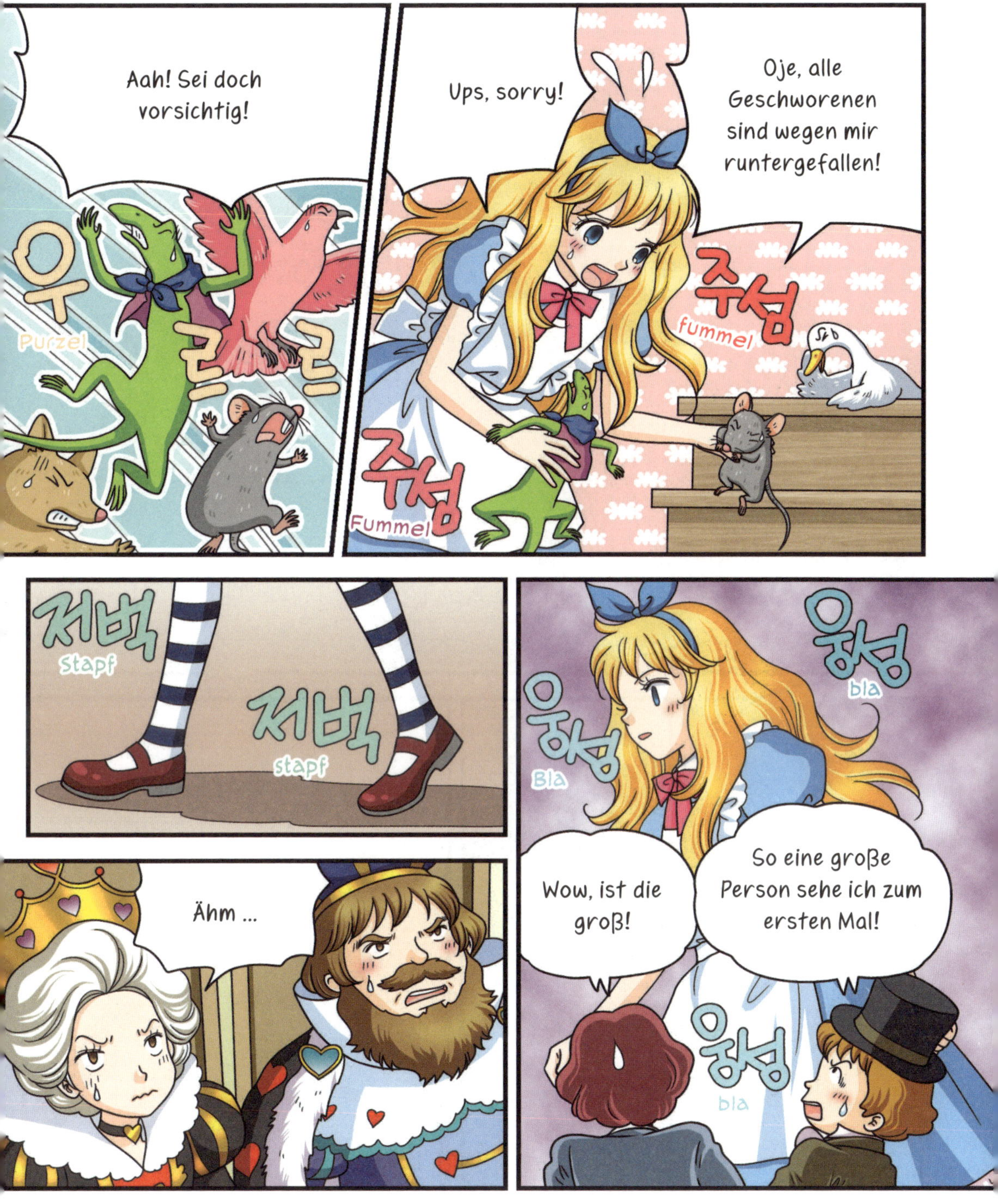
Aah! Sei doch vorsichtig!
우르르
Purzel
Ups, sorry!
Oje, alle Geschworenen sind wegen mir runtergefallen!
주섬
Fummel
주섬
fummel
저벅
Stapf
저벅
stapf
웅성
bla
웅성
Bla
Wow, ist die groß!
So eine große Person sehe ich zum ersten Mal!
웅성
bla
Ähm ...

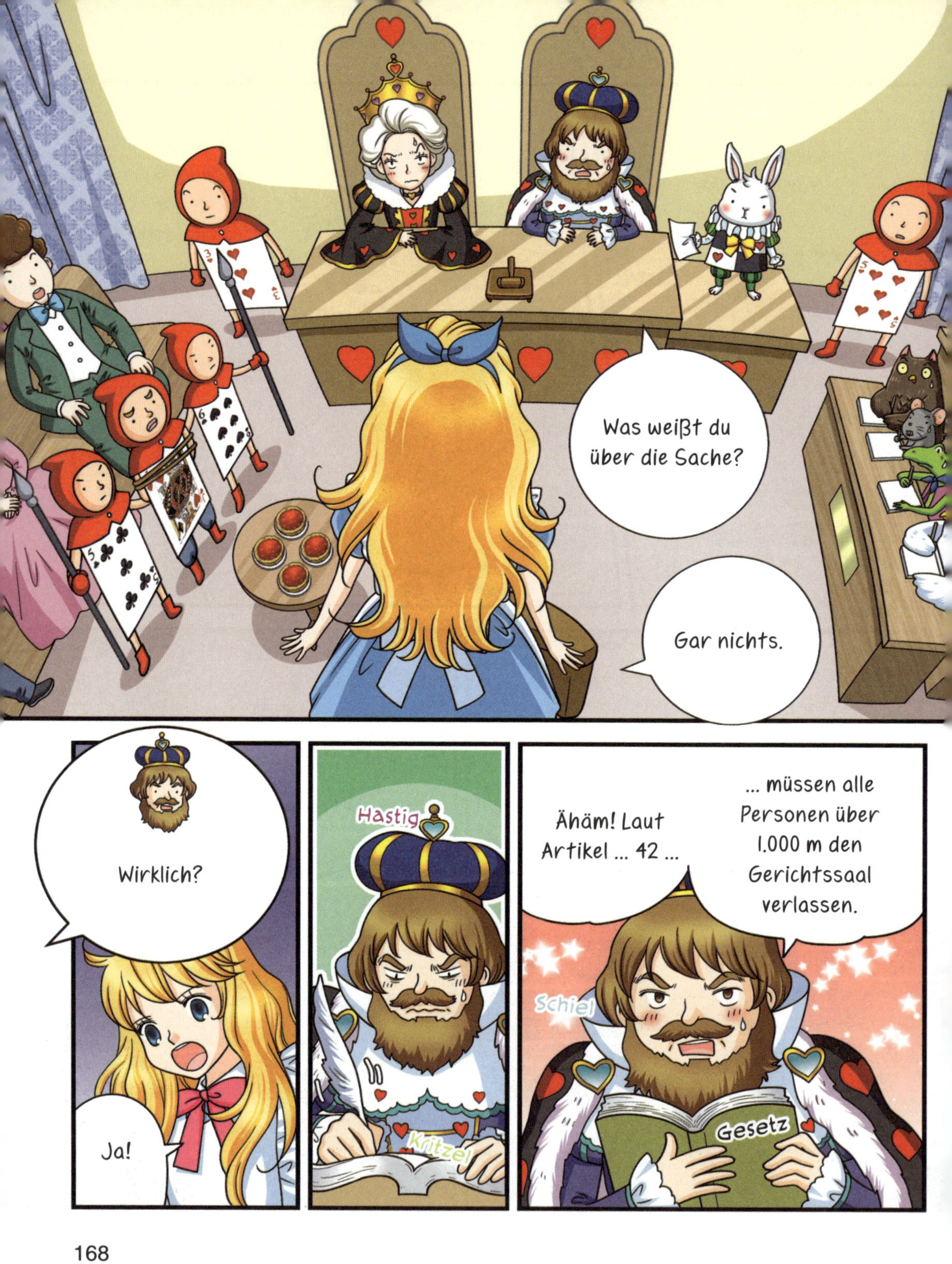
Was weißt du über die Sache?
Gar nichts.
Wirklich?
Ja!
Hastig
Kritzel
Ähäm! Laut Artikel ... 42 ...
... müssen alle Personen über 1.000 m den Gerichtssaal verlassen.
Schiel
Gesetz

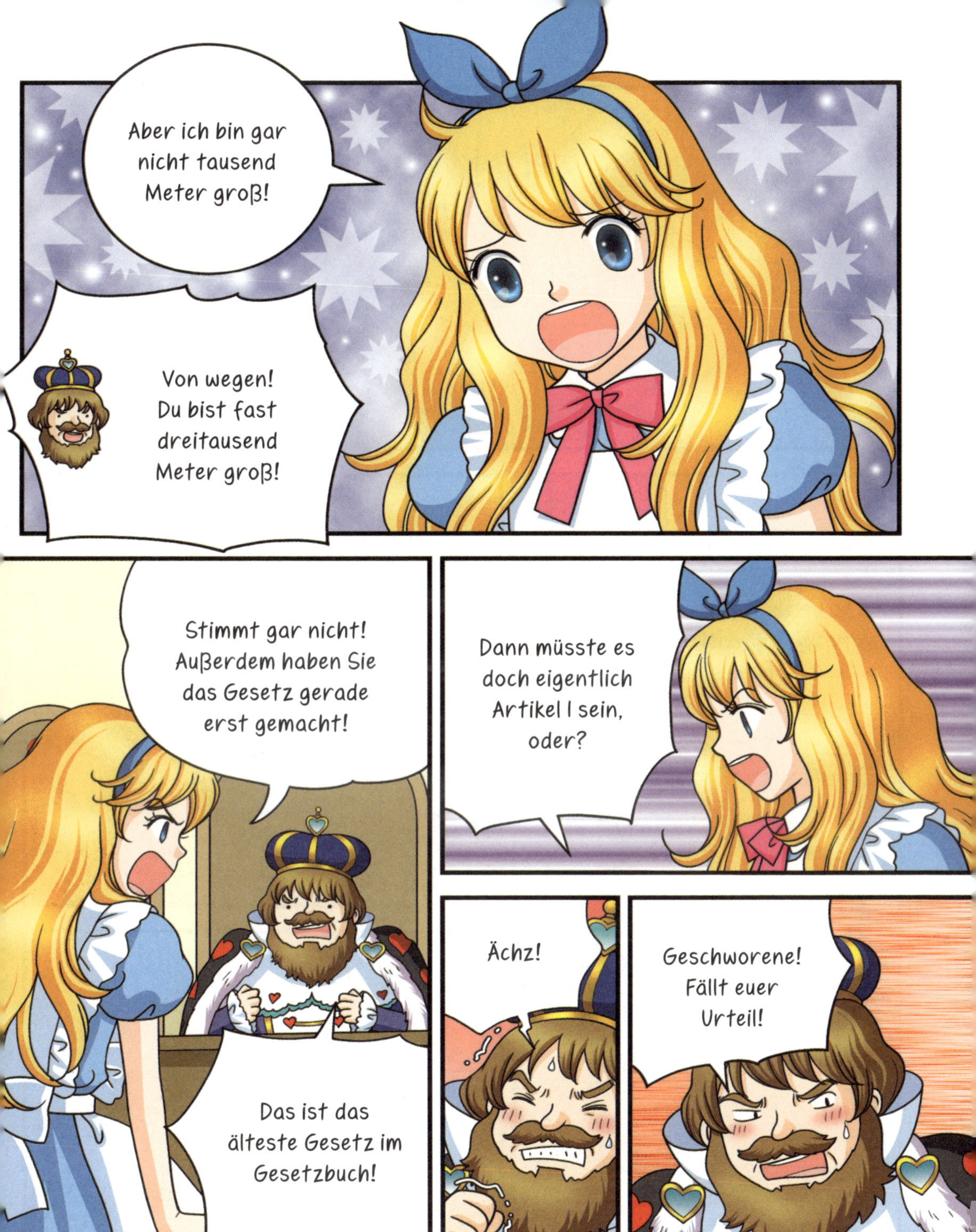
Aber ich bin gar nicht tausend Meter groß!
Von wegen! Du bist fast dreitausend Meter groß!
Stimmt gar nicht! Außerdem haben Sie das Gesetz gerade erst gemacht!
Das ist das älteste Gesetz im Gesetzbuch!
Dann müsste es doch eigentlich Artikel 1 sein, oder?
Ächz!
Geschworene! Fällt euer Urteil!

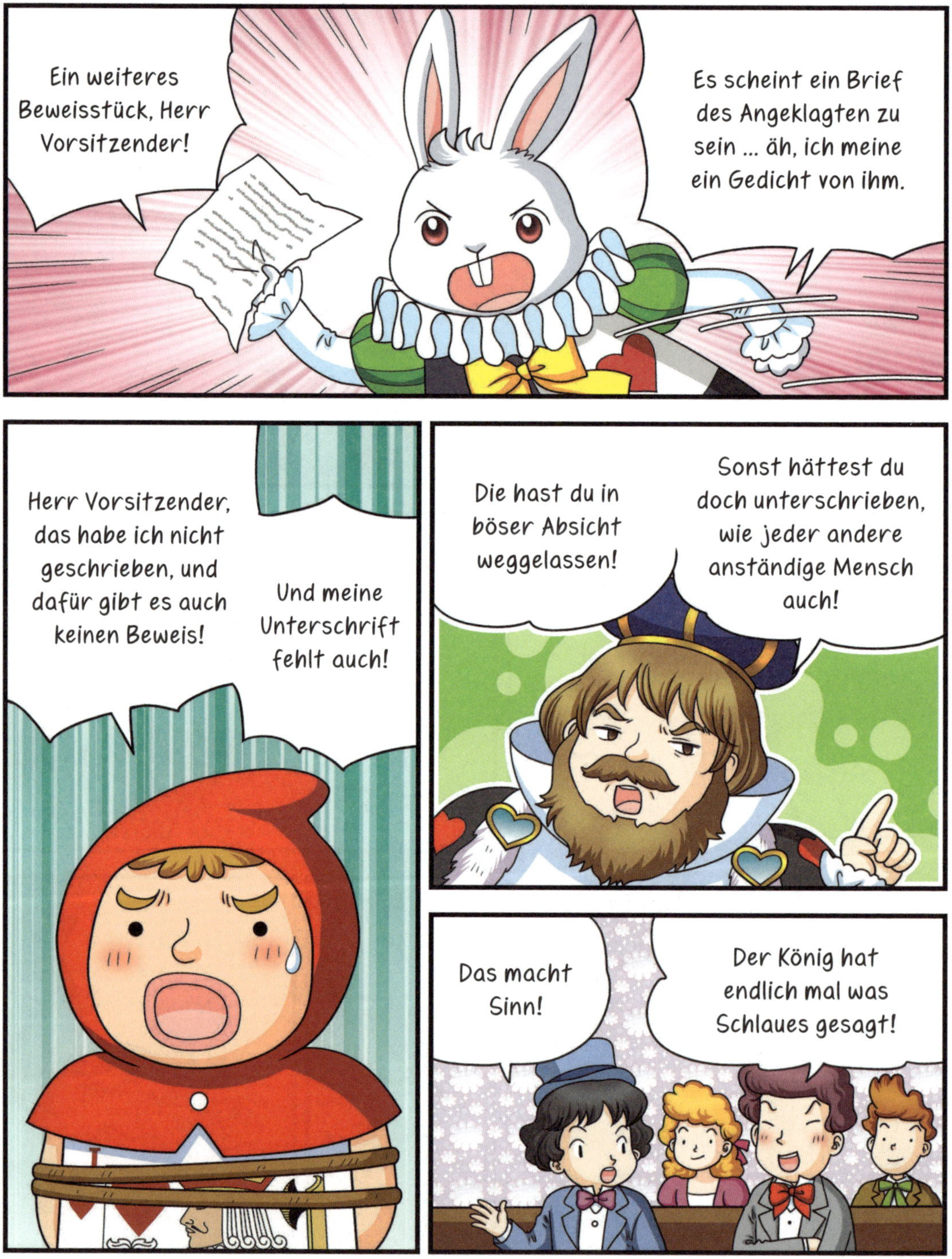
Ein weiteres Beweisstück, Herr Vorsitzender!
Es scheint ein Brief des Angeklagten zu sein ... äh, ich meine ein Gedicht von ihm.
Herr Vorsitzender, das habe ich nicht geschrieben, und dafür gibt es auch keinen Beweis!
Und meine Unterschrift fehlt auch!
Die hast du in böser Absicht weggelassen!
Sonst hättest du doch unterschrieben, wie jeder andere anständige Mensch auch!
Das macht Sinn!
Der König hat endlich mal was Schlaues gesagt!

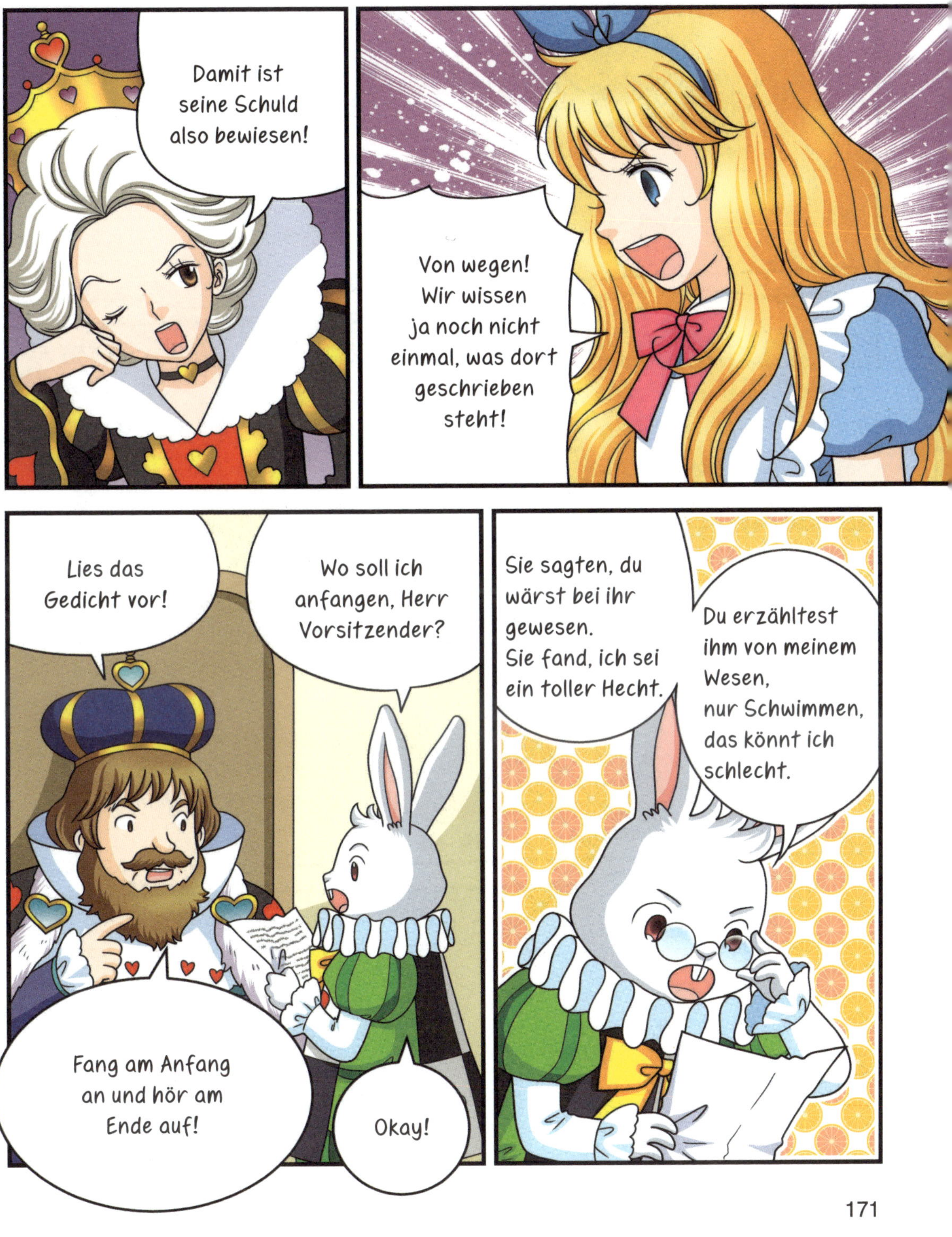
Damit ist seine Schuld also bewiesen!
Von wegen! Wir wissen ja noch nicht einmal, was dort geschrieben steht!
Lies das Gedicht vor!
Wo soll ich anfangen, Herr Vorsitzender?
Fang am Anfang an und hör am Ende auf!
Okay!
Sie sagten, du wärst bei ihr gewesen. Sie fand, ich sei ein toller Hecht.
Du erzähltest ihm von meinem Wesen, nur Schwimmen, das könnt ich schlecht.

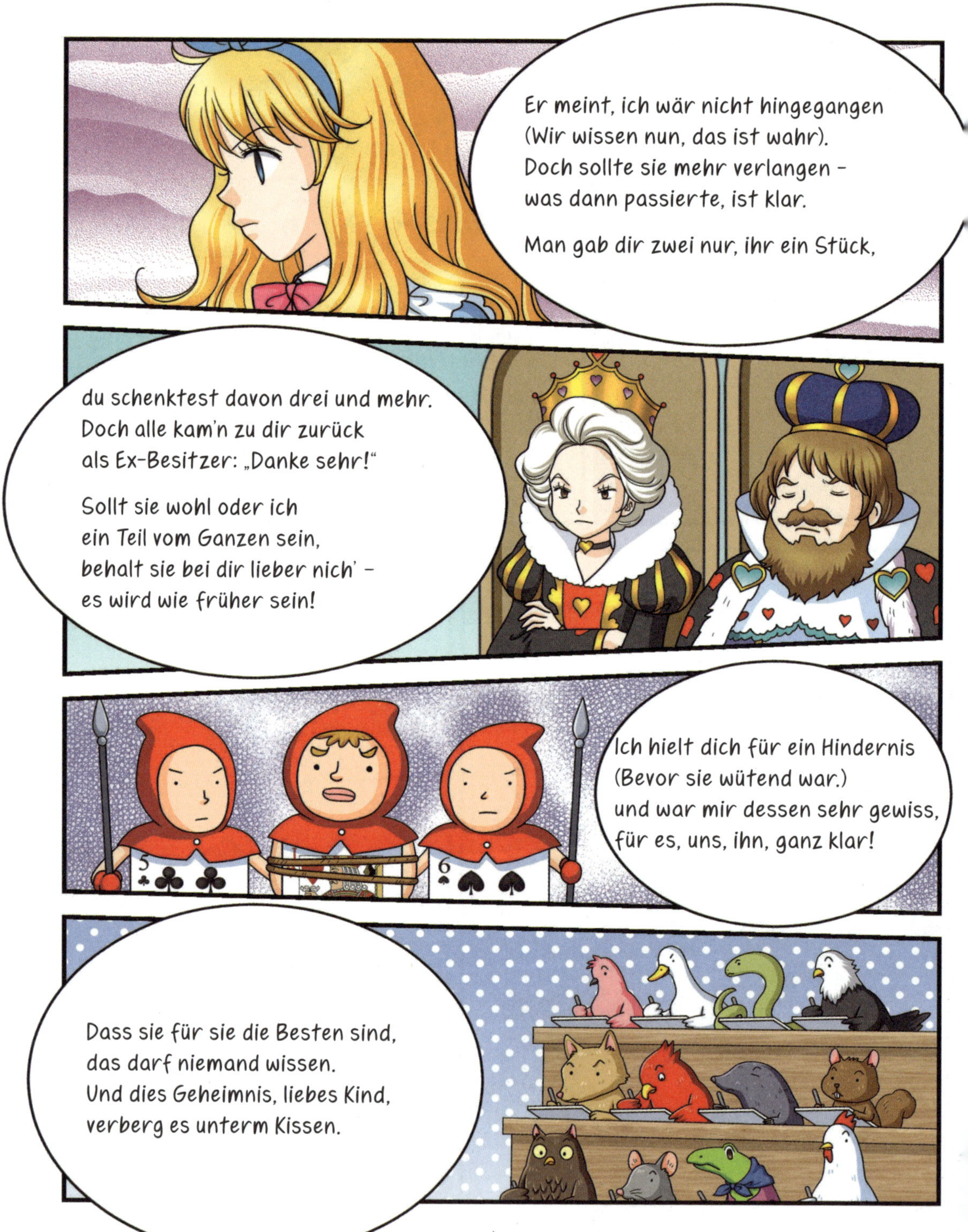
Er meint, ich wär nicht hingegangen (Wir wissen nun, das ist wahr). Doch sollte sie mehr verlangen – was dann passierte, ist klar.
Man gab dir zwei nur, ihr ein Stück,
du schenktest davon drei und mehr. Doch alle kam'n zu dir zurück als Ex-Besitzer: „Danke sehr!"
Sollt sie wohl oder ich ein Teil vom Ganzen sein, behalt sie bei dir lieber nich' – es wird wie früher sein!
Ich hielt dich für ein Hindernis (Bevor sie wütend war.) und war mir dessen sehr gewiss, für es, uns, ihn, ganz klar!
Dass sie für sie die Besten sind, das darf niemand wissen. Und dies Geheimnis, liebes Kind, verberg es unterm Kissen.

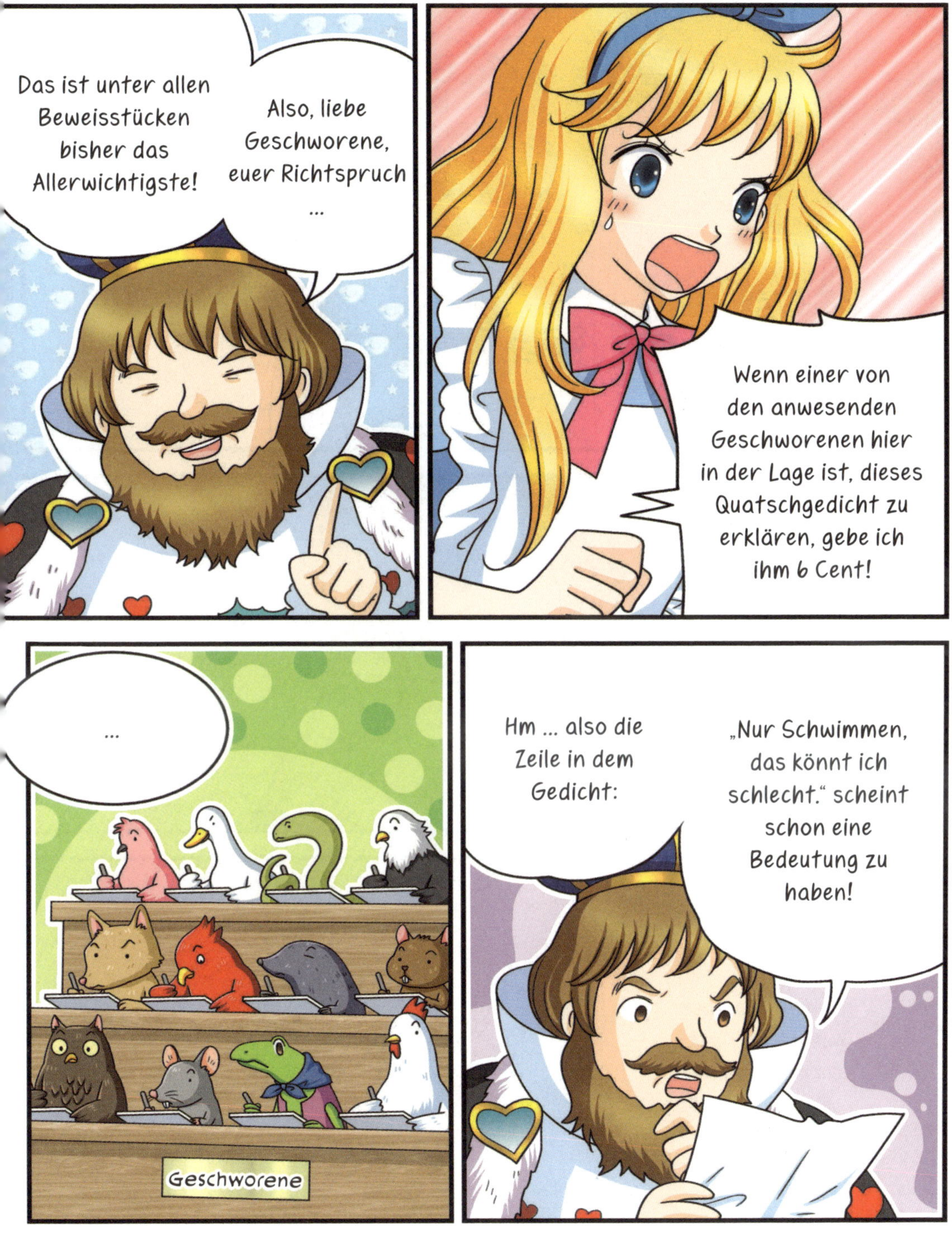

Das ist unter allen Beweisstücken bisher das Allerwichtigste!
Also, liebe Geschworene, euer Richtspruch ...
Wenn einer von den anwesenden Geschworenen hier in der Lage ist, dieses Quatschgedicht zu erklären, gebe ich ihm 6 Cent!
...
Geschworene
Hm ... also die Zeile in dem Gedicht:
„Nur Schwimmen, das könnt ich schlecht." scheint schon eine Bedeutung zu haben!

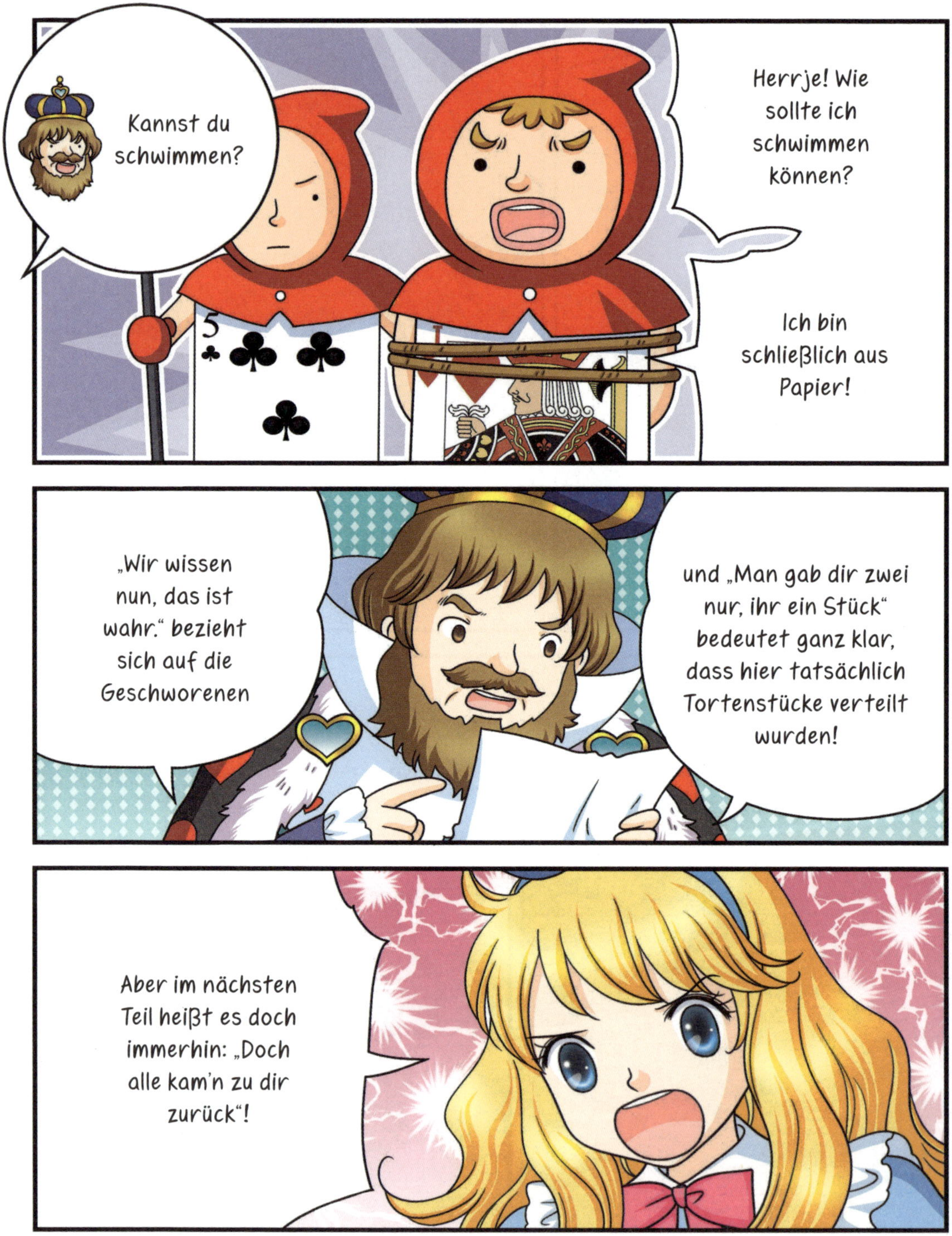
Kannst du schwimmen?
Herrje! Wie sollte ich schwimmen können?
Ich bin schließlich aus Papier!
„Wir wissen nun, das ist wahr." bezieht sich auf die Geschworenen
und „Man gab dir zwei nur, ihr ein Stück" bedeutet ganz klar, dass hier tatsächlich Tortenstücke verteilt wurden!
Aber im nächsten Teil heißt es doch immerhin: „Doch alle kam'n zu dir zurück"!

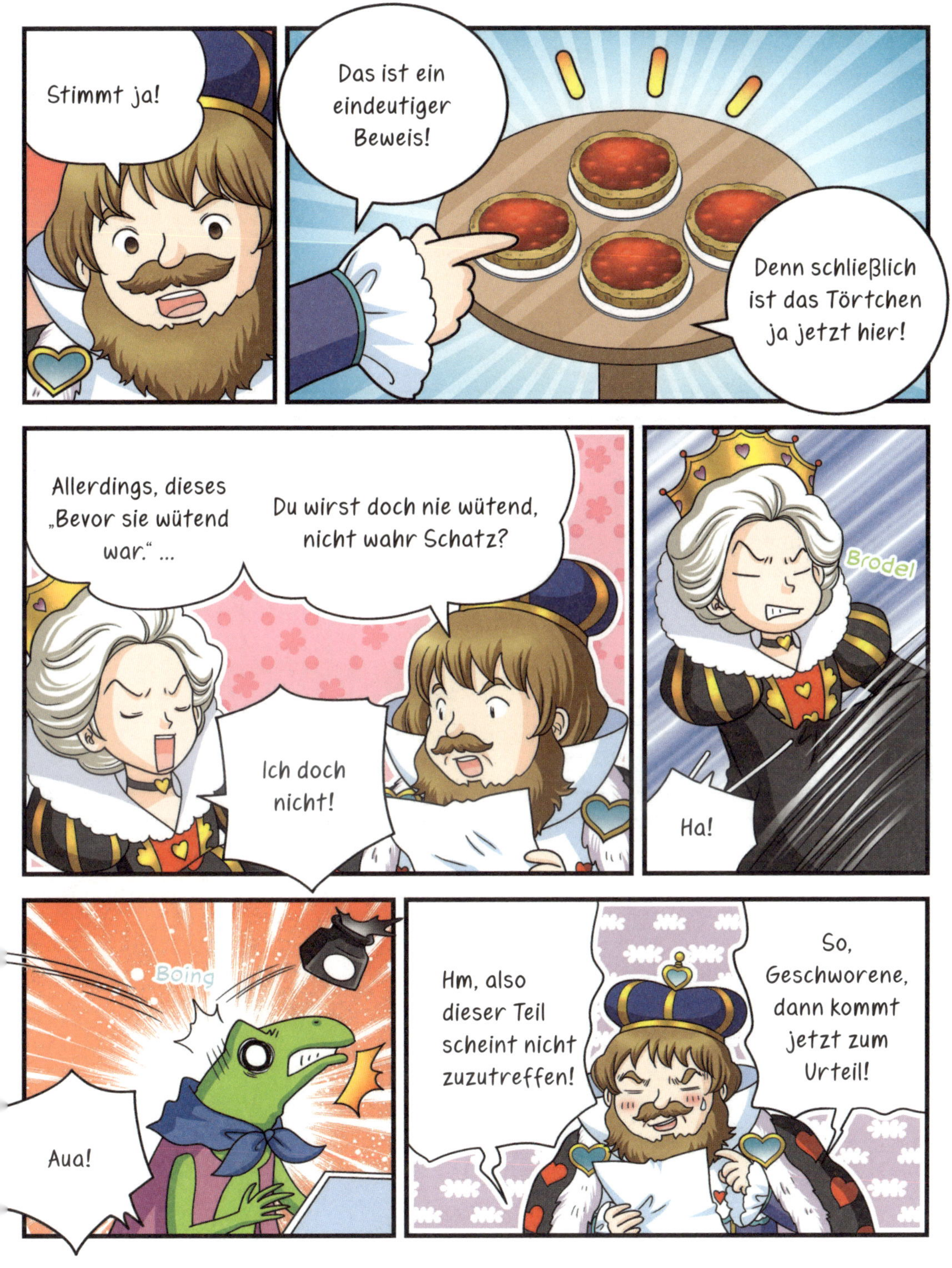
Stimmt ja!
Das ist ein eindeutiger Beweis!
Denn schließlich ist das Törtchen ja jetzt hier!
Allerdings, dieses „Bevor sie wütend war.“ ...
Du wirst doch nie wütend, nicht wahr Schatz?
Ich doch nicht!
Brodel
Ha!
Boing
Aua!
Hm, also dieser Teil scheint nicht zuzutreffen!
So, Geschworene, dann kommt jetzt zum Urteil!

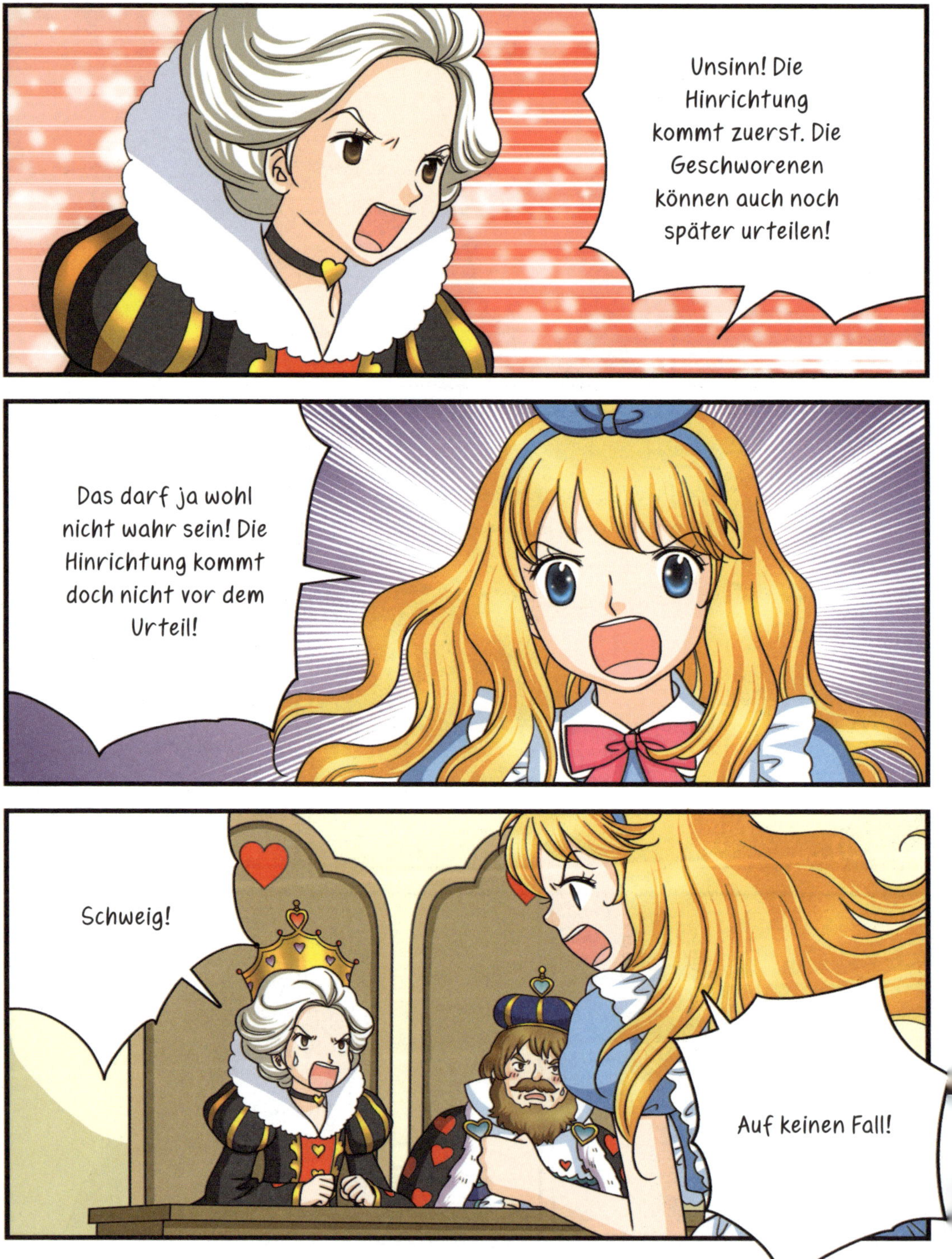
Unsinn! Die Hinrichtung kommt zuerst. Die Geschworenen können auch noch später urteilen!
Das darf ja wohl nicht wahr sein! Die Hinrichtung kommt doch nicht vor dem Urteil!
Schweig!
Auf keinen Fall!

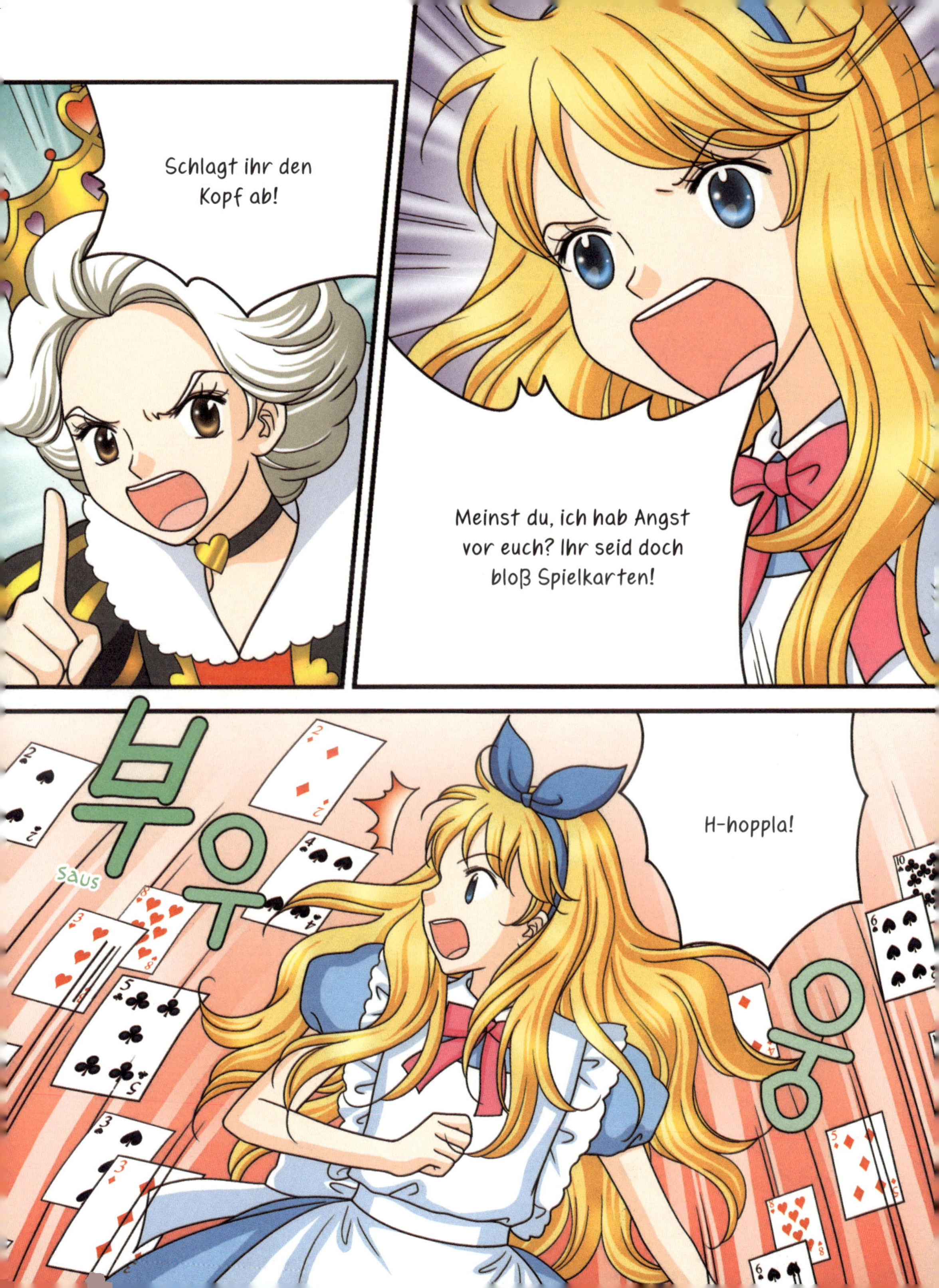
Schlagt ihr den Kopf ab!
Meinst du, ich hab Angst vor euch? Ihr seid doch bloß Spielkarten!
부웅
saus
H-hoppla!

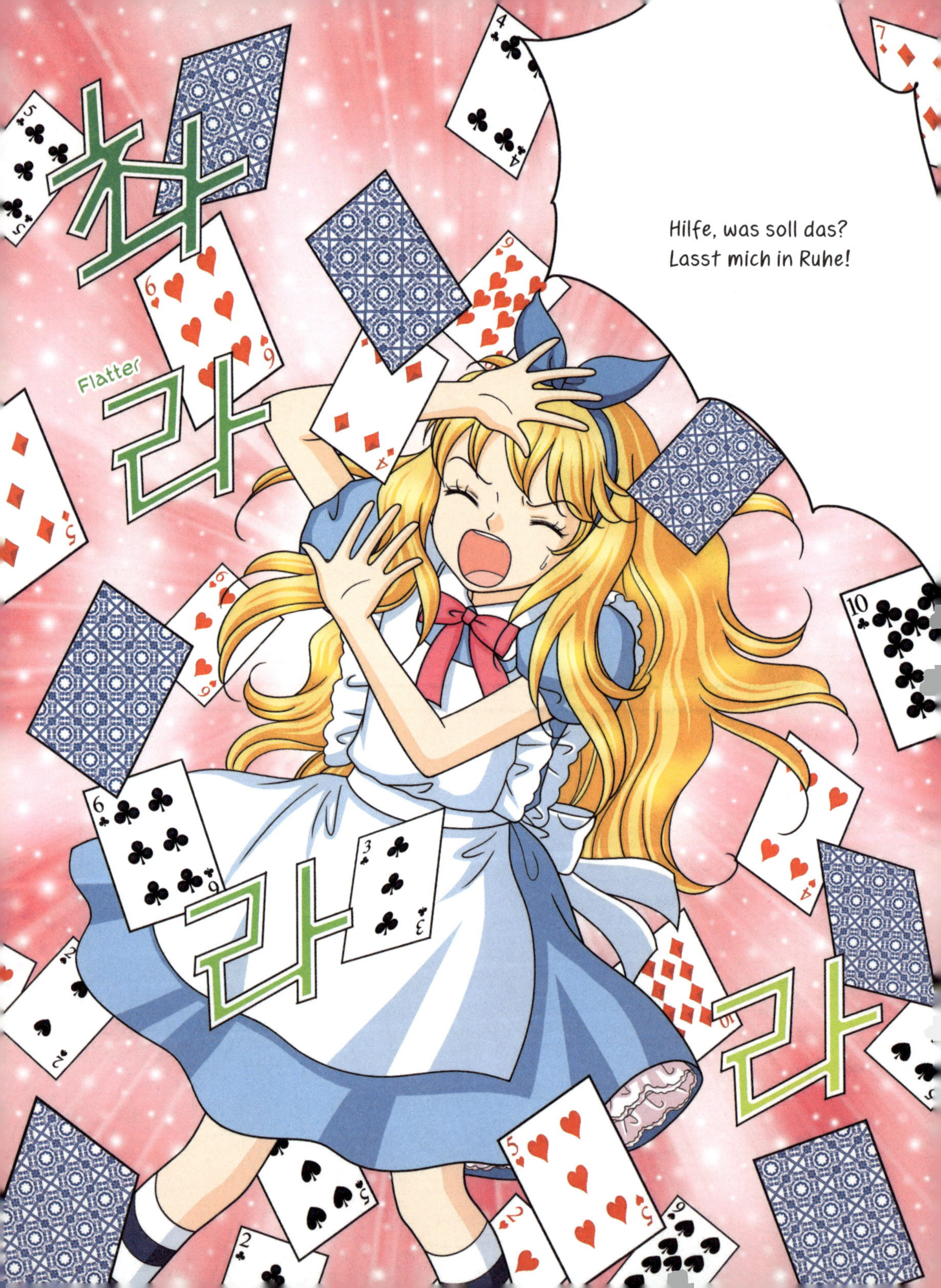
Hilfe, was soll das?
Lasst mich in Ruhe!
Flatter

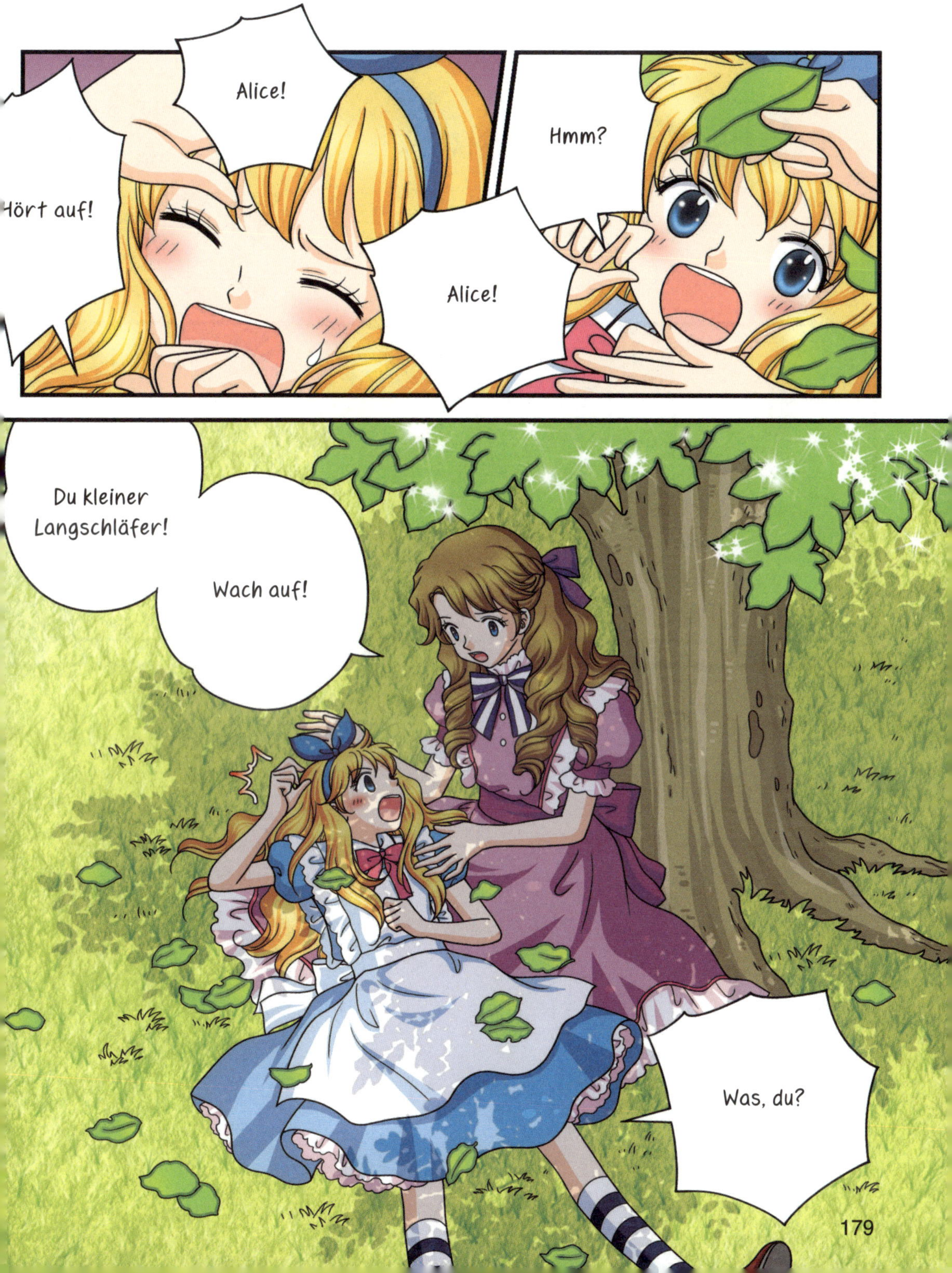
Alice!
Hört auf!
Hmm?
Alice!
Du kleiner Langschläfer!
Wach auf!
Was, du?

12. Kapitel

Aus dem Traum erwacht

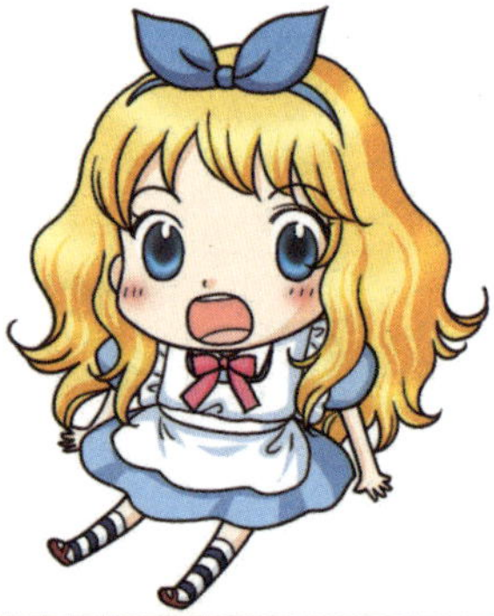

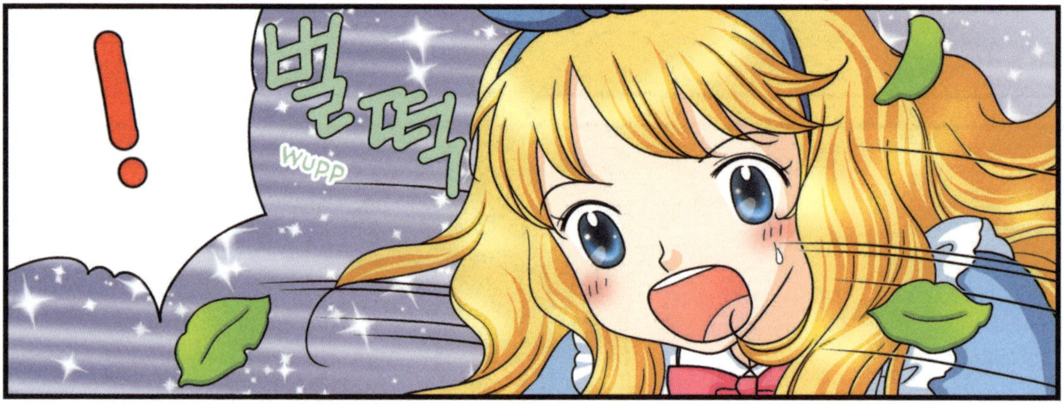

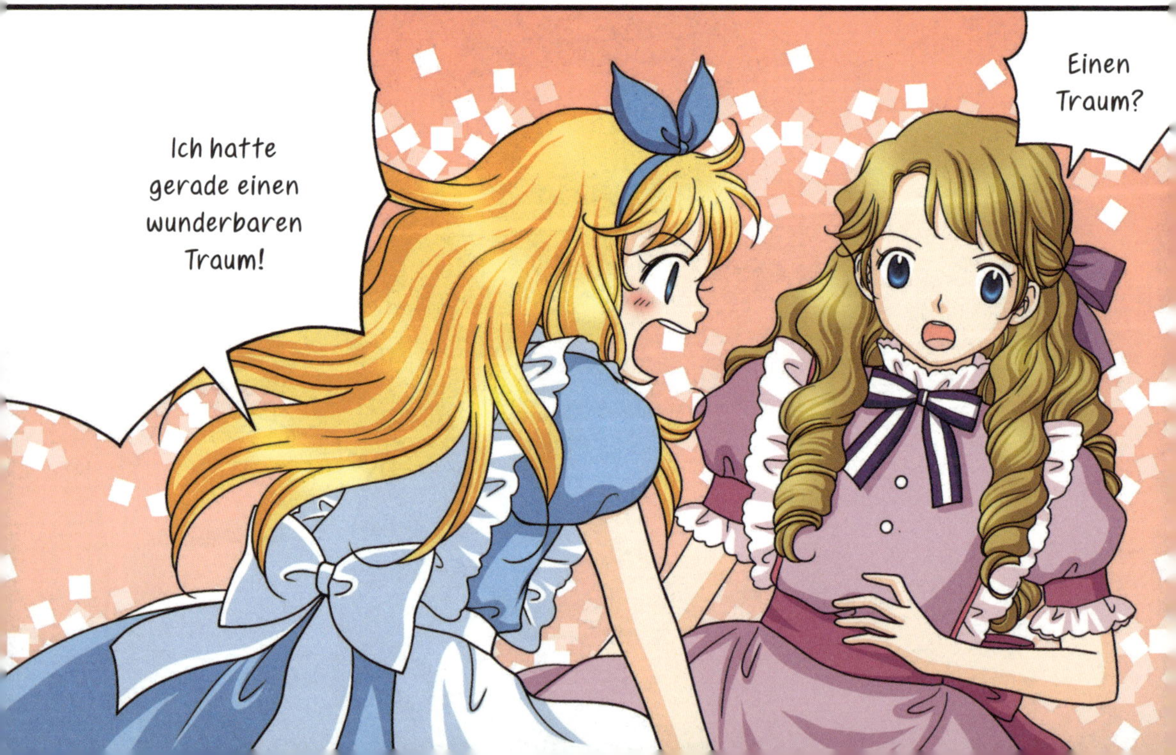

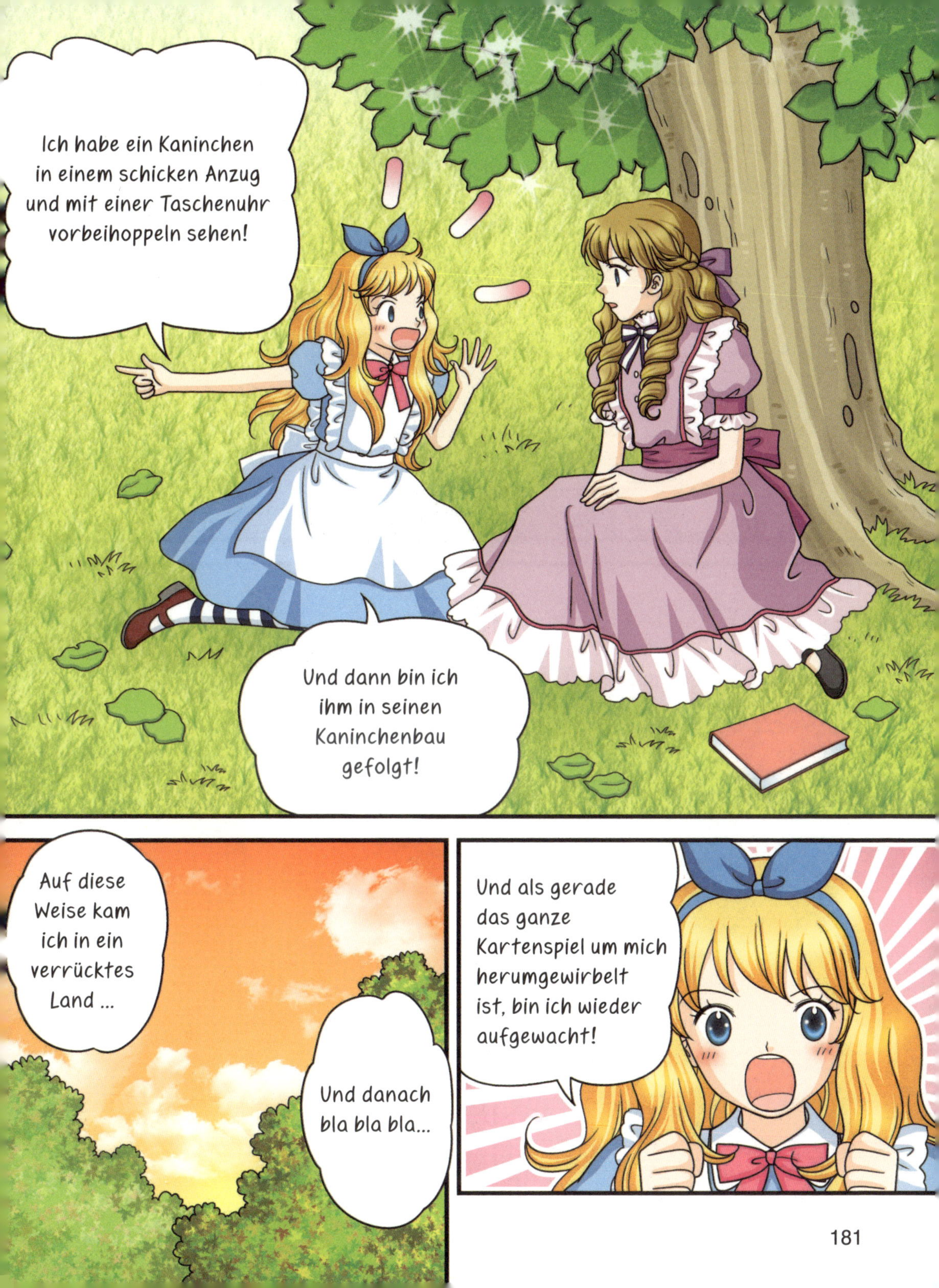
Ich habe ein Kaninchen in einem schicken Anzug und mit einer Taschenuhr vorbeihoppeln sehen!
Und dann bin ich ihm in seinen Kaninchenbau gefolgt!
Auf diese Weise kam ich in ein verrücktes Land ...
Und danach bla bla bla...
Und als gerade das ganze Kartenspiel um mich herumgewirbelt ist, bin ich wieder aufgewacht!

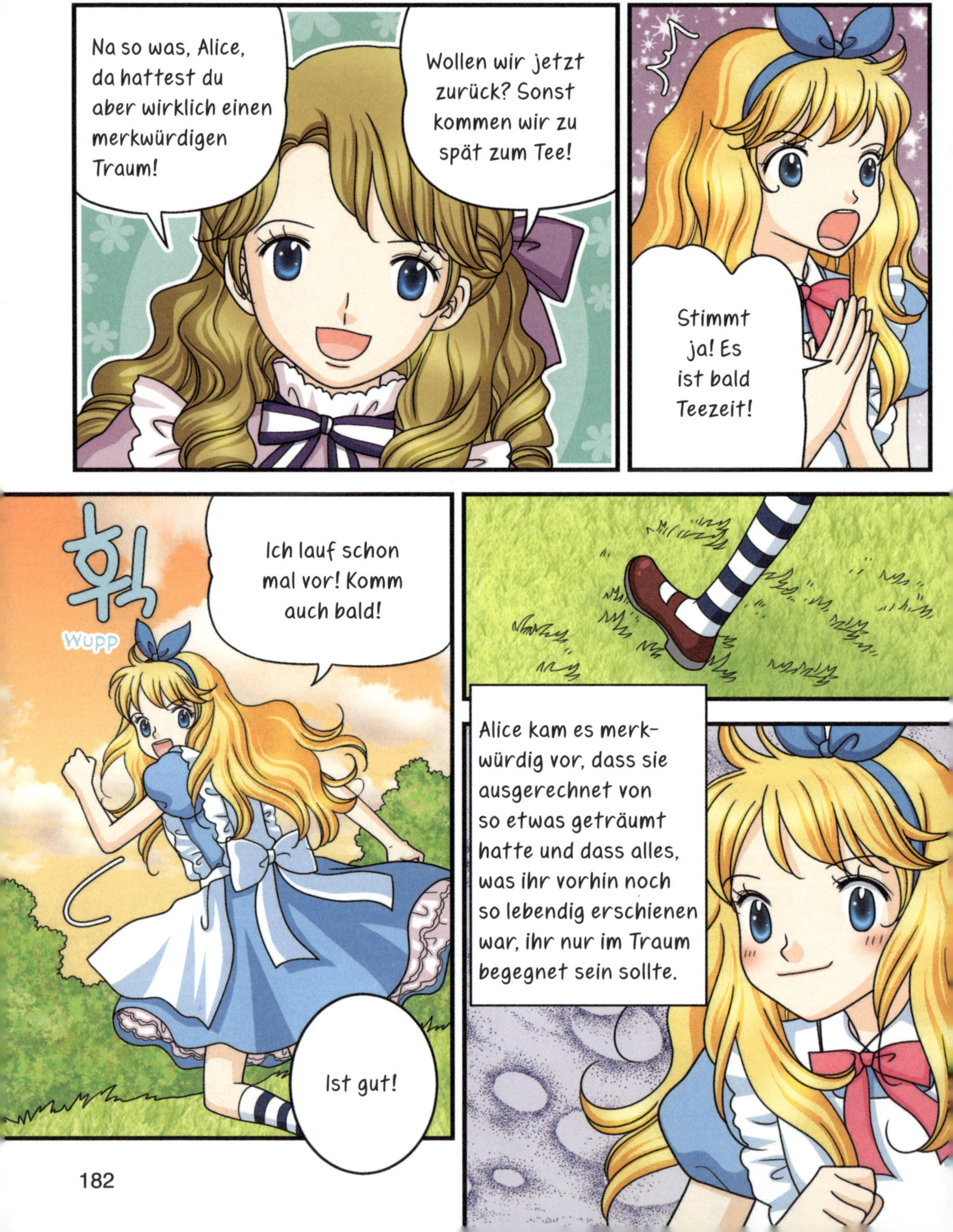
Na so was, Alice, da hattest du aber wirklich einen merkwürdigen Traum!
Wollen wir jetzt zurück? Sonst kommen wir zu spät zum Tee!
Stimmt ja! Es ist bald Teezeit!
휙
WUPP
Ich lauf schon mal vor! Komm auch bald!
Ist gut!
Alice kam es merkwürdig vor, dass sie ausgerechnet von so etwas geträumt hatte und dass alles, was ihr vorhin noch so lebendig erschienen war, ihr nur im Traum begegnet sein sollte.

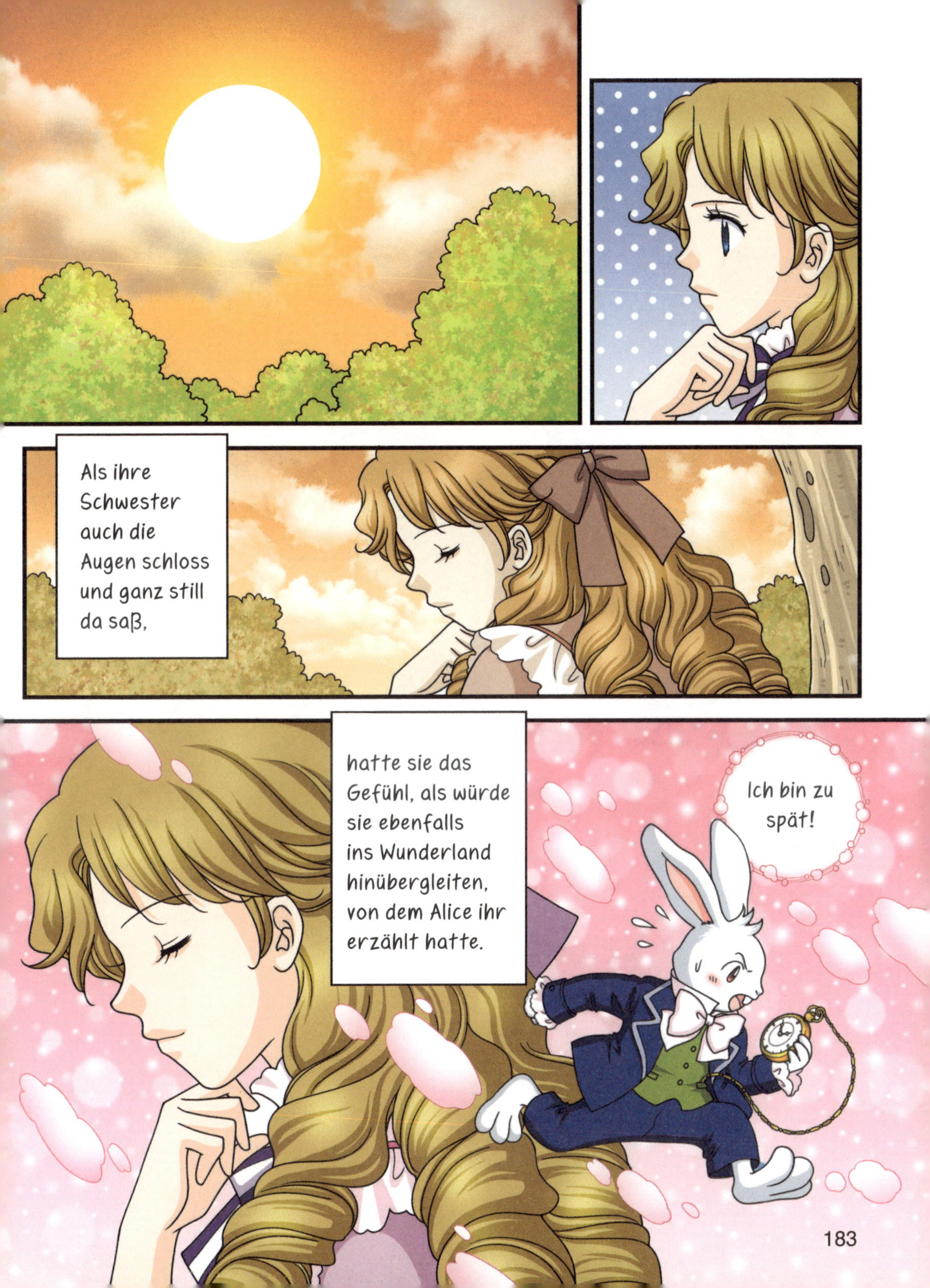
Als ihre Schwester auch die Augen schloss und ganz still da saß,
hatte sie das Gefühl, als würde sie ebenfalls ins Wunderland hinübergleiten, von dem Alice ihr erzählt hatte.
Ich bin zu spät!

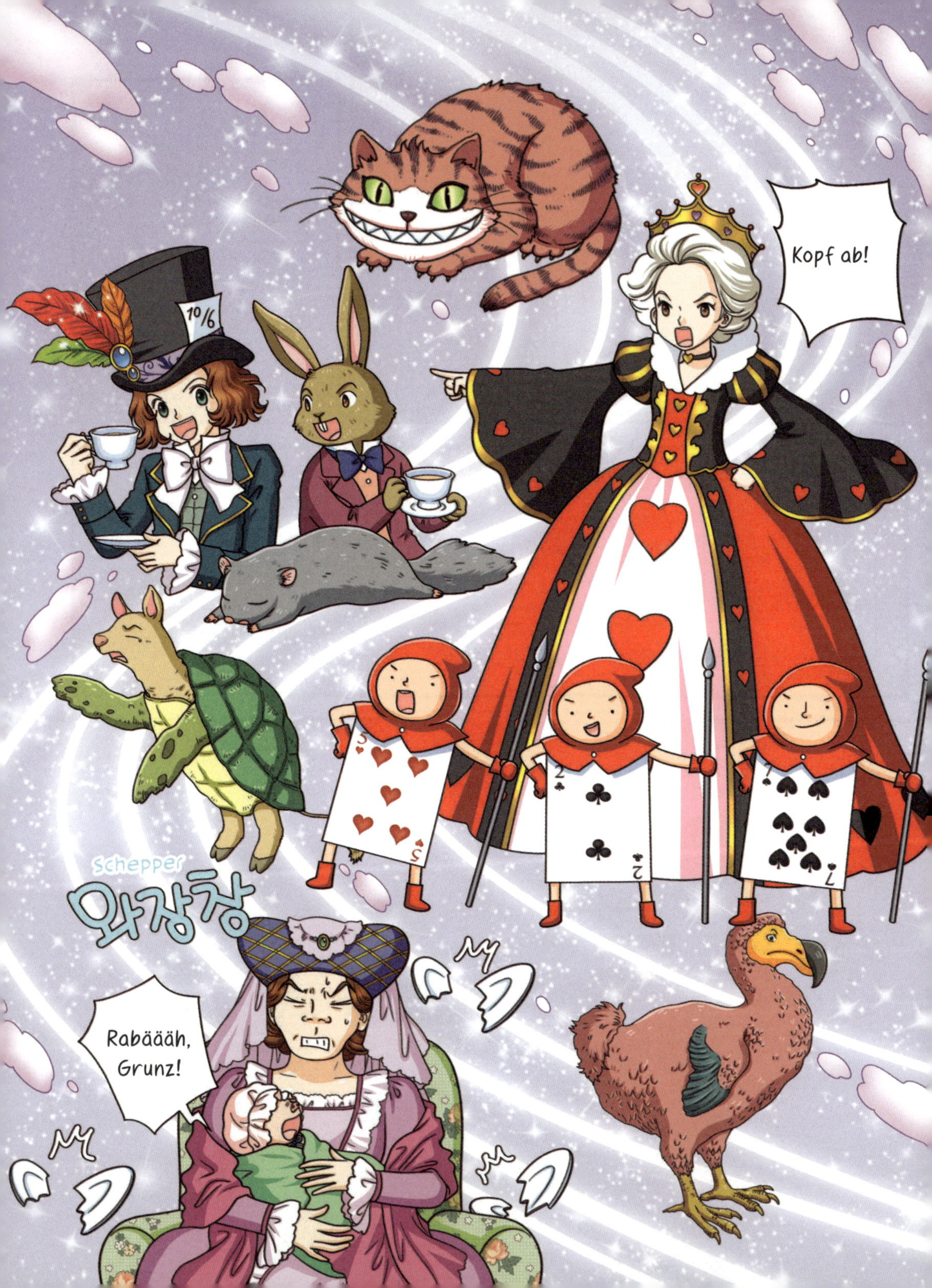

10/6
Kopf ab!
schepper
와장창
Rabäääh,
Grunz!

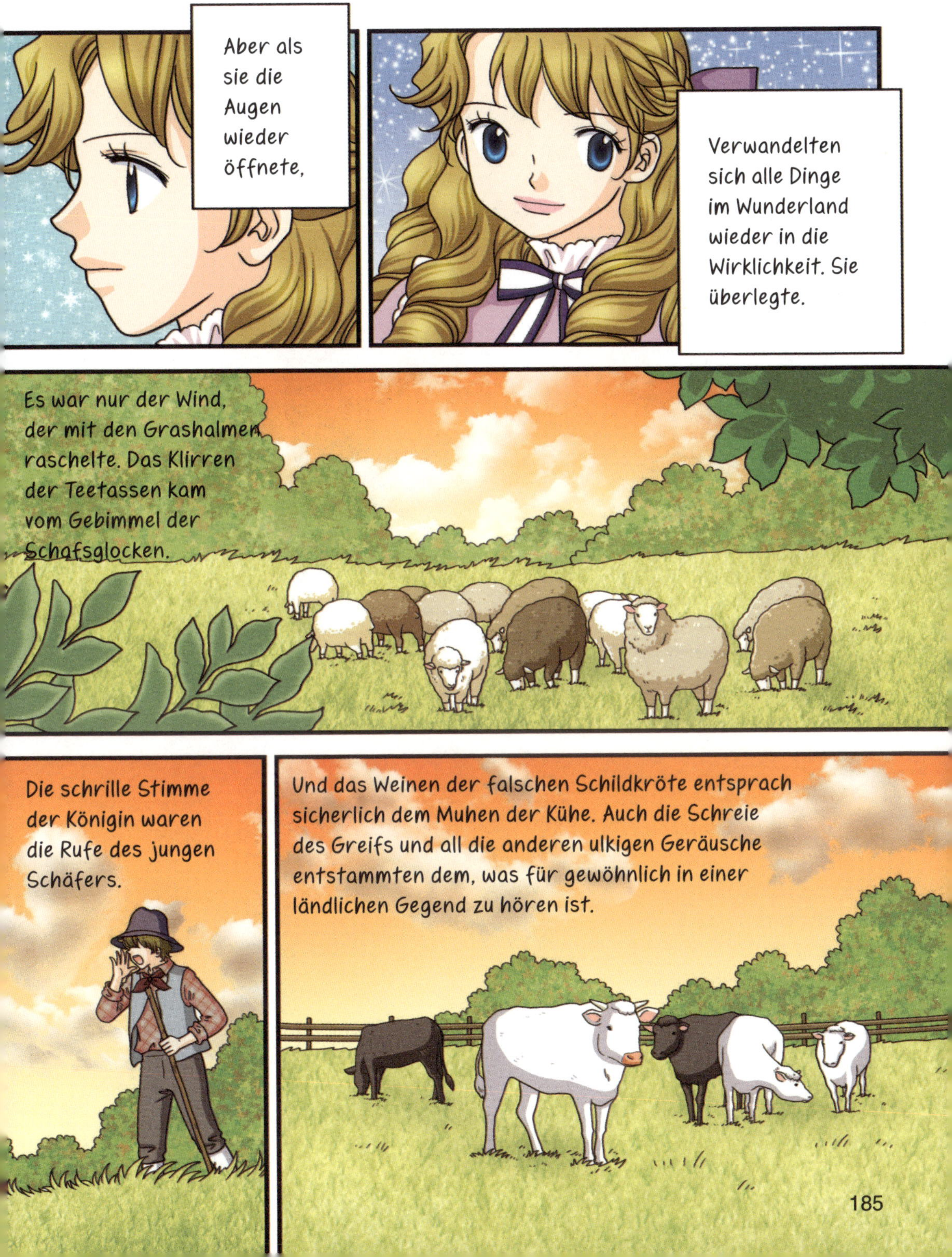
Aber als sie die Augen wieder öffnete,
Verwandelten sich alle Dinge im Wunderland wieder in die Wirklichkeit. Sie überlegte.
Es war nur der Wind, der mit den Grashalmen raschelte. Das Klirren der Teetassen kam vom Gebimmel der Schafsglocken.
Die schrille Stimme der Königin waren die Rufe des jungen Schäfers.
Und das Weinen der falschen Schildkröte entsprach sicherlich dem Muhen der Kühe. Auch die Schreie des Greifs und all die anderen ulkigen Geräusche entstammten dem, was für gewöhnlich in einer ländlichen Gegend zu hören ist.

Mein liebes Schwesterlein Alice!
Du wirst später einmal eine wunderschöne erwachsene Frau werden.

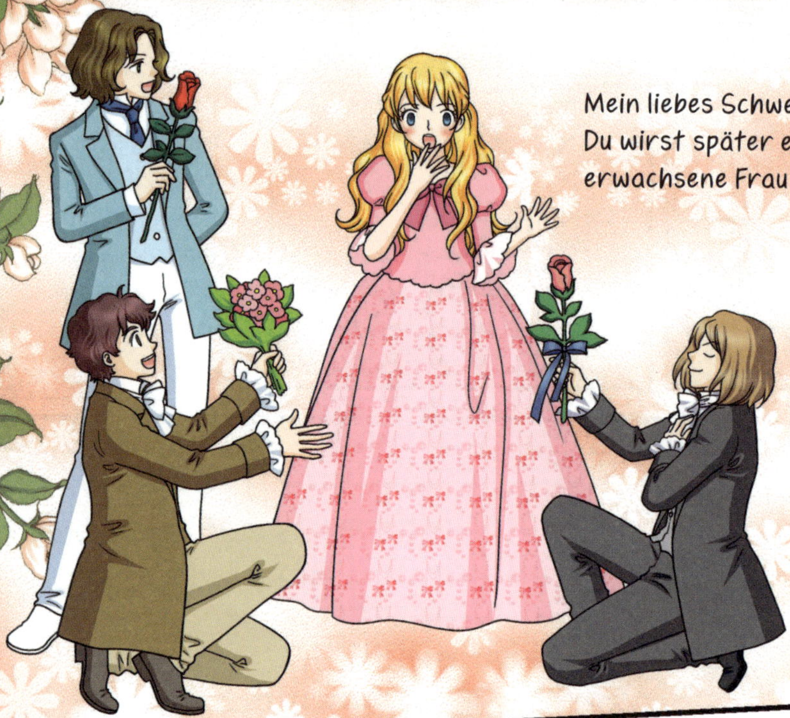

Und wenn noch mehr Zeit vergangen ist ...
wirst du selber Mama von ein paar niedlichen Kindern sein. Wie wirst du dann ihre Augen zum Leuchten bringen, wenn du ihnen von all den merkwürdigen Dingen berichtest, die dir vor langer Zeit im Wunderland geschahen!

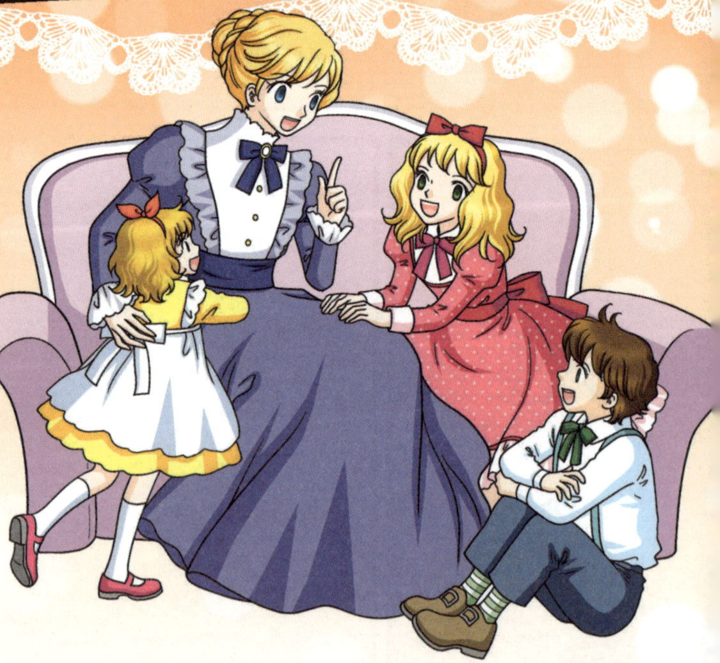

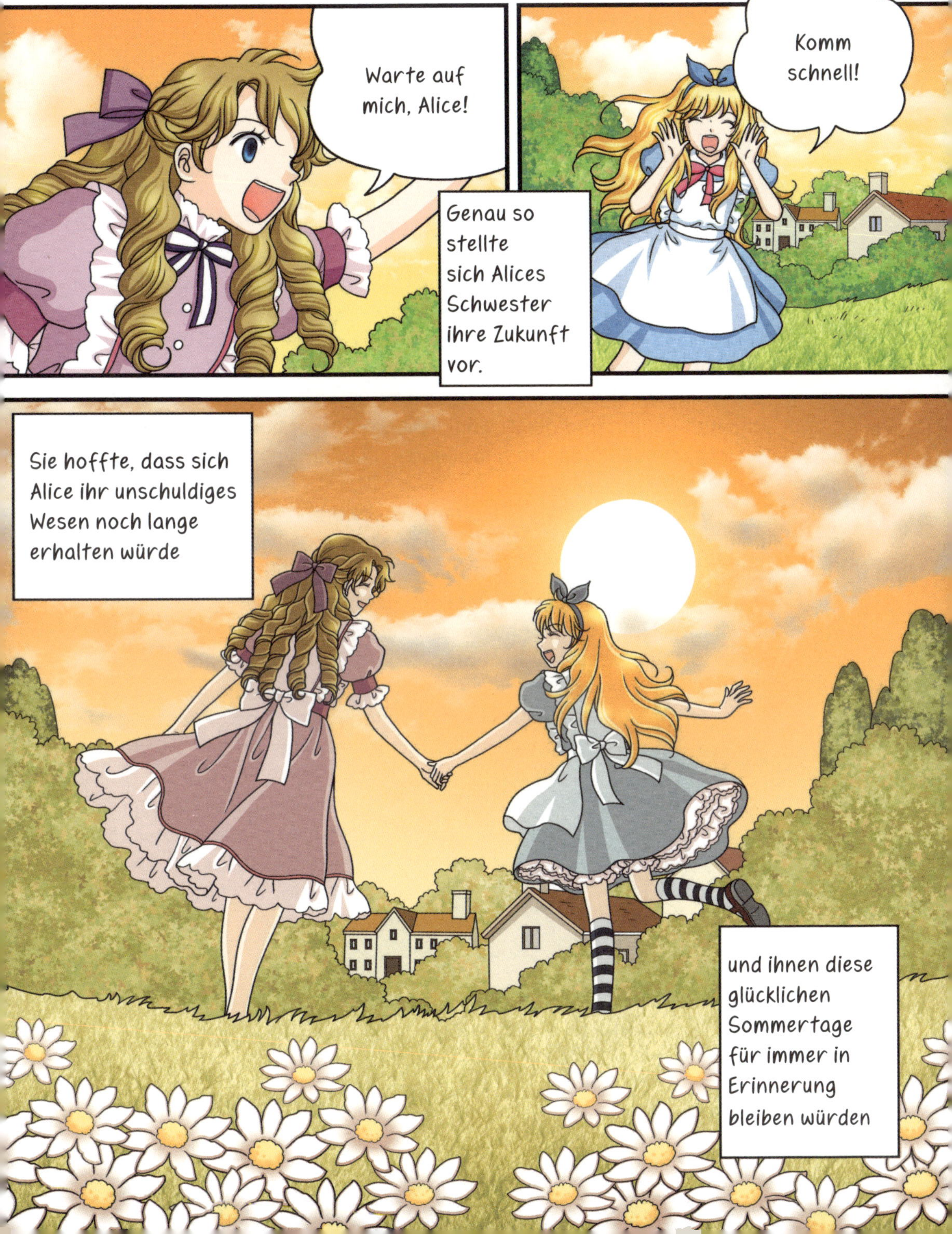
Warte auf mich, Alice!
Komm schnell!
Genau so stellte sich Alices Schwester ihre Zukunft vor.
Sie hoffte, dass sich Alice ihr unschuldiges Wesen noch lange erhalten würde
und ihnen diese glücklichen Sommertage für immer in Erinnerung bleiben würden

Lewis Carroll

Lewis Carroll wurde am 27.01.1832 in Daresbury im englischen Cheshire als Sohn eines anglikanischen Priesters geboren. Sein richtiger Name war Charles Lutwidge Dodgson. Er studierte am Christ Church College in Oxford Mathematik, Theologie und Literatur. Danach arbeitete er an der Universität als Tutor für Mathematik. Er war schüchtern und introvertiert und neigte zum Stottern. Daher hielt er sich größtenteils von den Menschen fern und spielte am liebsten mit kleinen Kindern.

Während Carroll an der Oxford University arbeitete, traf er sich häufig mit den drei Töchtern des Dekans, Henry Liddell. Für dessen zweite Tochter Alice Liddell erfand er eine Geschichte, in der sie als Hauptfigur in einer Fantasiewelt auftrat. Unter dem Pseudonym Lewis Carroll veröffentlichte er diese Erzählung 1865 unter dem Titel „Alice im Wunderland". 1871 brachte er mit „Alice hinter den Spiegeln" eine weitere Geschichte heraus, die er zuvor den Geschwistern Liddell erzählt hatte. Er verfasste noch weitere Werke, unter anderem „Die Jagd nach dem Schnark" und „Sylvie und Bruno". Seine Romane und Gedichte gelten als Wegbereiter der fantastischen und surrealistischen Literatur. Carroll war sein ganzes Leben über schriftstellerisch tätig. Er verstarb am 14.1.1898 während der Arbeit an einem Buch über symbolische Logik.

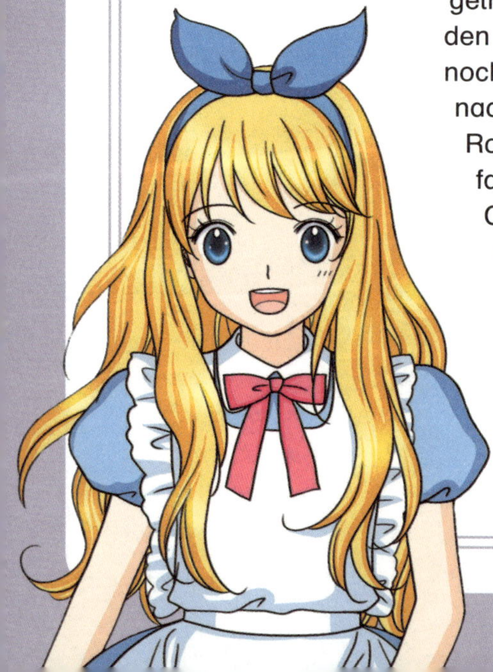

Alice erlebt im Wunderland viele fantastische Abenteuer: Sie wächst und schrumpft, gerät in eine Pfütze aus eigenen Tränen, begegnet allerlei merkwürdigen Tieren und bizarre Ereignisse. Viele ihrer Erlebnisse im Wunderland sind einfach nur völlig absurd und stellen Alices Geduld auf eine harte Probe. Obwohl sie ein kleines Mädchen ist, muss sie die Bewohner des Wunderlandes immer wieder zu Vernunft und gesundem Menschenverstand zurückrufen. Dabei ergeben sich auch einige ernste Situationen, die aber immer wieder durch Witze und lustige Wortspiele entschärft werden.

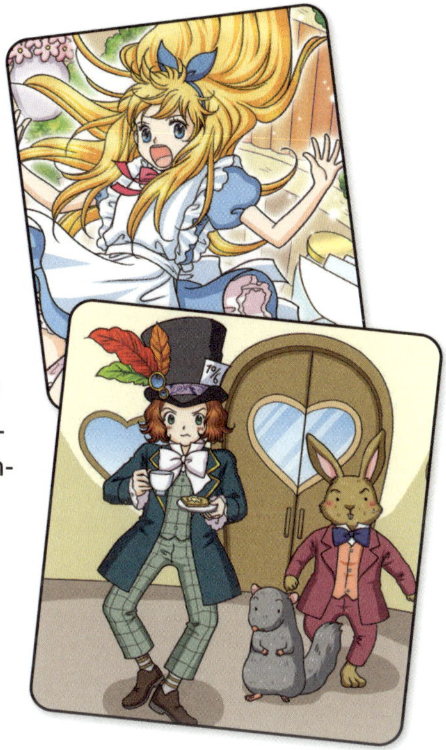

Lewis Carroll hat mit der lebhaften Vorstellungskraft von Kindern eine Fantasiewelt voller Witz erschaffen. In einer Zeit, in der man sehr auf Moral und Anstand bedacht war und Kinderbücher stets auch belehren sollten, stellte Carrolls Werk etwas Neues und Außergewöhnliches dar. Es wurde zu einem wichtigen Einfluss für die weitere Entwicklung der Kinderliteratur sowie einem maßgeblichen Vorreiter der fantastischen Literatur. Obwohl es bereits über 150 Jahre alt ist, erfreut „Alice im Wunderland“ sich nach wie vor überall auf der Welt großer Beliebtheit.